Autonomia privada, direitos fundamentais e democracia

Autonomia privada, direitos fundamentais e democracia

2024

Raphael Marcelino de Almeida Nunes

ALMEDINA

AUTONOMIA PRIVADA, DIREITOS FUNDAMENTAIS E DEMOCRACIA

AUTOR: Raphael Marcelino de Almeida Nunes

DIRETOR ALMEDINA BRASIL: Rodrigo Mentz
EDITORA-CHEFE: Manuella Santos de Castro
EDITOR PLENO: Aurélio Cesar Nogueira
PRODUTORA EDITORIAL: Erika Alonso
ASSISTENTES EDITORIAIS: Letícia Gabriella Batista e Tacila da Silva Souza

DIAGRAMAÇÃO: Almedina
DESIGN DE CAPA: FBA

ISBN: 9788584936632
Fevereiro, 2024

Dados Internacionais de Catalogação na Publicação (CIP)
(Câmara Brasileira do Livro, SP, Brasil)

Nunes, Raphael Marcelino de Almeida
Autonomia privada, direitos fundamentais e democracia / Raphael Marcelino de Almeida Nunes. – São Paulo: Almedina, 2024.

ISBN 978-85-8493-663-2

1. Autonomia privada 2. Democracia 3. Direitocivil 4. Direitos fundamentais – Brasil I. Título.

23-184083 CDU-347.44:164.041(81)

Índices para catálogo sistemático:
1. Autonomia privada : Direito civil
347.44:164.041(81)

Tábata Alves da Silva – Bibliotecária – CRB-8/9253

Este livro segue as regras do novo Acordo Ortográfico da Língua Portuguesa (1990).

EDITORA: Almedina Brasil
Rua José Maria Lisboa, 860, Conj.131 e 132, Jardim Paulista | 01423-001 São Paulo | Brasil
www.almedina.com.br

À Claudia, minha esposa, com amor, admiração e gratidão pela fortaleza nos momentos mais escuros e pelo aconchego nos leves.

À Maria Áurea e ao Joaquim, pela luz e pela esperança na renovação da vida.

“Amaldiçoamos a tirania onde quer que ela
desgrace homens e nações.”

Ulysses Guimarães

Trecho do discurso proferido em 5.10.1988
naAssembleia Nacional Constituinte

AGRADECIMENTOS

A centelha que me despertou para o tema deste trabalho foi lançada, ainda em 2017, durante a arguição de minha Dissertação de Mestrado na Universidade de Brasília, por uma provocação do Professor Doutor Edson Fachin, da Universidade Federal do Paraná, que me chamara a atenção, dentre outros aspectos, para a delicada (e instigante) questão da eficácia dos direitos fundamentais nas relações privadas, em determinado contexto de discussão sobre Democracia. Agradeço, assim, inicialmente, ao Professor Doutor Edson Fachin, pela luz inicial.

Agradeço ao Professor Associado José Levi Mello do Amaral Júnior, meu orientador, pela acolhida na Universidade de São Paulo. Sou grato, igualmente, pelas valorosas contribuições ao longo da elaboração desta pesquisa, tanto para a qualificação, obtida ainda em 2019, quanto para a presente versão desta obra. Os debates proporcionados em sala de aula, na disciplina "As tensões entre a Justiça Constitucional e os demais Poderes", muito engrandeceram os argumentos aqui desenvolvidos.

A banca de defesa da Tese de Doutorado foi composta, ainda, pelo Professor Titular Fernando Menezes de Almeida e pelo Professor Associado Otávio Luiz Rodrigues Junior, ambos apoiaram significativamente na elaboração deste trabalho, pelas disciplinas que tive a oportunidade de cursar, assim como pelas indicações bibliográficas, pelos apontamentos e pelas críticas realizados, tanto durante a defesa da qualificação, quanto durante a defesa da Tese de Doutorado.

O Professor Ingo Wolfgang Sarlet, da Pontifícia Universidade Católica do Rio Grande do Sul, dedicou-me, muito gentilmente, o seu tempo e a sua disponibilidade, para realizar uma leitura atenta deste trabalho, o que resultou em mais bibliografia, significativos aportes e inúmeras contribuições.

Igualmente, o Professor Titular Luís Roberto Cardoso de Oliveira, da Universidade de Brasília, agraciou-me com uma revisão minuciosa, o que o levou a tecer pertinentes comentários. A ambos, meus mais sinceros agradecimentos.

Ao Professor Gilmar Ferreira Mendes, da Universidade de Brasília e do Instituto Brasileiro de Desenvolvimento e Pesquisa (IDP), em cujo gabinete tive a honra de ser assessor, serei eternamente grato pelas providenciais intervenções nos momentos mais difíceis e por ter ajudado tanto durante a minha recuperação.

Agradeço, ainda, às Professoras, e amigas, Ana Paula Carvalhal e Beatriz Bastide Horbach, por compartilharem as dores e as angústias da vida acadêmica. Aos amigos Emerson César da Silva Gomes, José Carvalho dos Santos Filho, Daniel Marchionatti Barbosa, Diego Veras, Celso de Barros Correia Neto, Mirian Rodrigues Welker, Kellyn Sodré Constantino, Flávia Silva, Ana Paula Sak, Carol Finageiv, Renata Braz, Maria Clara Viotti, Suely Oliveira, Joécio Lima e Carla Zottmann, agradeço pela convivência durante o agradável e construtivo período em que trabalhamos juntos.

Além do Professor Gilmar Ferreira Mendes, agradeço imensamente à Dra. Cristina Marinho Martins, ao Dr. João Pantoja e ao Dr. Paulo Niemeyer Filho, a quem, definitivamente, devo a minha segunda vida. Foram, ainda, fundamentais para a minha plena recuperação a Dra. Claudia Lutterbach Lemos – em especial, a Dra. Simone Mello, o Dr. Astrogésimo Machado Júnior, o Dr. Mauro Mediano e a Dra. Tatiana Mediano. Meus agradecimentos e minhas congratulações pelo excepcional trabalho por elas e por eles desenvolvido.

Sou muito agradecido aos meus irmãos Bruno Marcelino e Gustavo Adolfo Marcelino, e aos meus pais, Eny Marcelino e Geraldo Nunes Sobrinho, pelo apoio incondicional. Agradeço, também, a Eunice Maria da Penha Nascimento de Amaral e Carlos Roberto Thuler do Amaral, meus sogros, pelas orações e por todo o suporte com que me agraciaram.

Agradeço, ainda, ao Padre Marcus Vinícius Brito de Macedo pelas orações, por todo apoio, incentivo e orientação espiritual.

Agradeço, também, aos amigos Alexandre Vitorino Silva, Daniel Rebello e Rodrigo de Bittencourt Mudrovitsch.

Por último, porém não menos importante, muita gratidão ao Prof. Atalá Correia, que, além de ter contribuído com a viabilização desta obra, afetuosamente, recebeu os frutos deste trabalho, antes mesmo de sua publicação.

APRESENTAÇÃO

«Deus disse: "Façamos o homem à nossa imagem, como nossa semelhança (...). Deus criou o homem à sua imagem, à imagem de Deus ele o criou (...)"» (Gênesis 1, 26-27). «E o Verbo se fez carne, e habitou entre nós (...)» (João 1, 14).

A dignidade da pessoa humana é síntese eloquente da cultura judaico-cristã, como se vê do Antigo e do Novo Testamentos, por exemplo, nas duas passagens acima. A dignidade é inata à pessoa humana (*Gaudium et Spes*, n. 21), assegura a sua liberdade (*Gaudium et Spes*, n. 17) e determina a igualdade entre todas as pessoas, superando-se e eliminando-se qualquer forma de discriminação "por razão do sexo, raça, cor, condição social, língua ou religião" (*Gaudium et Spes*, n. 29). Confira-se o sempre lembrado magistério de São Paulo: "Não há judeu nem grego, não há escravo nem livre, não há homem nem mulher; pois todos vós sois um só em Cristo Jesus." (Gálatas 3, 28). Ademais, a dignidade da pessoa humana "se revela em toda a sua plenitude no mistério do Verbo encarnado" (*Centesimus Annus*, n. 47). Em suma: da criação da pessoa humana à encarnação do Verbo Divino: a pessoa humana é criada por Deus à sua imagem e semelhança – daí a dignidade inata à pessoa humana – e o próprio Deus assume a humanidade no mistério da encarnação – a plenitude da dignidade da pessoa humana.

É precisamente essa "dignidade inalienável da pessoa e da sua liberdade" (*Fides et Ratio*, n. 60) que a Constituição brasileira de 1988 coloca como seu fundamento (art. 1º, inciso III), inclusive para "promover o bem de todos, sem preconceitos de origem, raça, sexo, cor, idade e quaisquer outras formas de discriminação" (art. 3º, inciso IV).

O fundamento teológico de conceitos políticos e jurídicos é examinado, por exemplo, na obra clássica de Ernst Kantorovicz, *The King's Two Bodies: a study in medieval political theology* (New Jersey: Princeton University Press, 1957). A propósito: «Os juristas, denominados pelo Direito Romano tão sugestivamente "Sacerdotes da Justiça", desenvolveram na Inglaterra não apenas uma "Teologia da Realeza" – que se tinha tornado habitual em todo o Continente no curso dos Séculos XII e XIII – mas elaboraram uma genuína "Cristologia Real".» (*op. cit.*, p. 16).

Em seu artigo *Os quatro Evangelhos e o Direito Civil* (Revista da Faculdade de Direito da Universidade de São Paulo, v. 104, p. 133-144, jan./dez. 2009), Antonio Junqueira de Azevedo examina a influência dos quatro Evangelhos no Direito Civil e destaca a igualdade – sem discriminações – entre as pessoas. E, logo no início do artigo, aponta a carência de obras que cuidam, especificamente, do Direito Civil à luz dos Evangelhos: "Há – e não são poucas – obras sobre Religião e Direito; em geral, porém, examinam o direito à luz da religião – e, por outro lado, não se limitam, no campo jurídico, ao Direito Civil nem, no religioso, aos Evangelhos." (*op. cit.*, p. 133). Com efeito, uma das projeções da dignidade da pessoa humana é, precisamente, no campo do Direito Civil, a autonomia privada.

Assim, Raphael Marcelino de Almeida Nunes, em sua tese de doutorado, por mim orientada, estuda *O estatuto constitucional da autonomia privada*, considerado pelo Autor um "*princípio fundante do Direito Privado, alçado ao texto constitucional, como princípio implícito*", na medida em que "*é conceito que decorre do princípio geral de liberdade*", que ora é publicada, em versão atualizada, sob o título "*Autonomia privada, direitos fundamentais e democracia*".

É neste contexto que defende: "*a autonomia privada, como direito fundamental, deve ser compreendida sob a perspectiva específica da liberdade democrática, assim compreendida aquela que conforma o conteúdo, os limites e os efeitos do referido direito fundamental por critérios de legitimação e reconhecimento pautados por fatores oriundos exclusivamente de concepção de democracia dogmaticamente determinada*".

Busca, assim, discutir a autonomia privada na ótica e na amplitude própria à Constituição. Trata-se de um empreendimento de grande amplitude e de ainda maior importância, o que é próprio a uma tese de doutorado, no caso, defendida com sucesso perante banca examinadora por mim presidida e composta pelos Professores Doutores Fernando Dias Menezes de

Almeida, Otávio Luiz Rodrigues Junior e Gilmar Ferreira Mendes, bem assim pelas Professoras Doutoras Christine Oliveira Peter da Silva e Telma Rocha Lisowski.

Por tudo isso, com muito gosto, recomendo a leitura do trabalho elaborado por Raphael Marcelino de Almeida Nunes.

Brasília, 24 de maio de 2023.

JOSÉ LEVI MELLO DO AMARAL JÚNIOR
Professor Associado da Faculdade de Direito da USP
Professor do Mestrado e Doutorado em Direito do CEUB
Livre-Docente, Doutor e Mestre em Direito do Estado
Procurador da Fazenda Nacional, cedido ao TSE
Foi Advogado-Geral da União

PREFÁCIO

O tema da eficácia dos direitos fundamentais no âmbito das relações privadas – também conhecido como eficácia horizontal ou eficácia em relação a terceiros (*Drittwirkung*) – definitivamente, há muito não é novo (recorde-se, apenas para ficarmos no caso brasileiro, da contribuição, entre outros, de Clóvis Bevilaqua, no seu texto sobre as relações entre a Constituição e o Direito Civil, fruto de conferência ministrada em Fortaleza), circunstância, que, todavia, não tem impedido que, a despeito dos rios de tinta já derramados em todos os continentes (embora, com maior destaque, no Europeu e nas Américas), muito ainda há (e deverá) ser escrito.

Ainda que se possa reconhecer que, a exemplo do que se deu com tantos outros temas, o problema da eficácia dos direitos fundamentais nas relações privadas tenha se transformado numa espécie de moda ou modismo, atraindo também no Brasil centenas de publicações, nem sempre primando pela qualidade (o que, bom frisar, de longo ocorre apenas entre nós), o fato é que isso, de modo algum, desqualifica o debate, já que indiscutíveis, não só a sua relevância, mas também a sua cada vez maior atualidade, o que ainda será objeto de sumária nota.

Nessa quadra, não convém esquecer as origens e o protagonismo no respeitante tanto à doutrina jurídica, quanto ao papel dos Juízes e Tribunais, destaque para os órgãos encarregados do controle de constitucionalidade das leis e da proteção, em sede de última (embora nem sempre a melhor) palavra nessa matéria, e no concernente à proteção dos direitos fundamentais.

Não sendo possível (tampouco e, principalmente, conveniente) neste espaço inventariar nem mesmo parte das bases teórico-dogmáticas e jurisprudenciais criadas e desenvolvidas ao longo de décadas, há, contudo, como sublinhar que as duas vertentes de longe mais importantes, das quais, com importantes acréscimos, decorrem praticamente todos os passos que nos levaram ao estado atual da "arte" na matéria e, diria, todas as variações em torno do tema, são, sem maior medo de errar, situadas nos Estados Unidos da América (EUA) e na Alemanha.

Dos EUA nos vêm a conhecida (mas, entre nós, pouco influente) doutrina da *state action*, que remonta à primeira metade do século XX, e que segue soberana no universo estadunidense e a sua – cada vez menor – zona de influência até os dias atuais. Em apertada síntese, de acordo com tal doutrina, patrocinada pela Suprema Corte, em primeira linha, as normas constitucionais, inclusive os direitos e as garantias, não vinculam os particulares, o que somente se verifica em duas situações: a) no caso de o legislador converter o discurso constitucional ao nível infraconstitucional e instituir direitos e obrigações correspondentes (v., por ex., a querela em torno da legislação sobre os direitos civis e do princípio da igualdade); b) quando – e aqui a contribuição da Suprema Corte – ainda que se tratar de atos de um agente privado, este atue como se fosse o poder público, em termos gerais, quando o "braço do Estado" se fizer claramente presente no caso.

Para ilustrar melhor a assertiva precedente, nada melhor do que recuperar alguns exemplos, como é o caso (ao que se tem notícia, o primeiro a ser julgado pela Suprema Corte) da impossibilidade dos estatutos/das convenções dos partidos políticos (pessoas jurídicas de direito privado) estabelecerem regras discriminatórias, vedando a determinados grupos (basicamente afro-americanos) a participação nas convenções partidárias, o que era prática disseminada, não só, mas basicamente em todos os Estados sulistas, dentre outras limitações impostas.

Outro exemplo importante, é o de uma práxis comum em muitos centros comerciais, de impedir a distribuição de panfletos e congêneres, até mesmo nas áreas comuns de circulação, o que acabou sendo derrubado pela Suprema Corte. Ainda que existam muitos outros exemplos, o fato é que, entre fases mais ou menos simpáticas a – pela via referida – assegurar a eficácia dos direitos constitucionais na esfera privada, a Suprema Corte jamais renunciou à sua doutrina de base.

Voltando-nos agora, com igual brevidade, para a segunda vertente, deparamo-nos com os desenvolvimentos (a despeito de manifestações anteriores mais esparsas) que se deram após a entrada em vigor da Lei Fundamental da Alemanha, em maio de 1949. Foi na Alemanha que, tanto em sede doutrinária, quanto pelo labor do Tribunal Constitucional Federal, o reconhecimento de que os direitos fundamentais têm uma eficácia nas relações privadas, mais ganhou força a partir de meados da década de 1950 em diante.

A despeito da existência de vozes cada vez mais isoladas em sentido contrário (designadamente ao "se" de uma eficácia privada), a controvérsia se estabeleceu em torno do "como", resultando, numa primeira fase, no embate fervoroso entre os defensores da assim chamada eficácia indireta forte (primeiro e principal representante, G. Dürig), e os advogados de uma eficácia direta praticamente absoluta (aqui destacam-se nomes como Nipperdey e Leisner).

No que diz respeito à jurisprudência do Tribunal Constitucional Federal alemão, a refutação, em regra, de uma eficácia direta, e a assunção da teoria de uma eficácia indireta, pode ser tida – a exemplo do que se deu com a Suprema Corte dos EUA – como o fio condutor a desembocar nos dias de hoje.

Todavia, ainda presos ao caso da Alemanha, é preciso dizer que houve importantes desenvolvimentos, tanto no âmbito da literatura, quanto mesmo na prática decisória do Tribunal Constitucional.

Nesse sentido, imprescindível reconhecer a contribuição de Claus-Willhelm Canaris, saudoso catedrático de Munique e muito conhecido no mundo luso-brasileiro, ao – já em meados dos anos 1980 – sustentar a necessidade de, sem deixar de lado a tese de uma eficácia mediata/indireta dos direitos fundamentais nas relações privadas, reforçar essa eficácia, mediante a incorporação de novas categorias, em especial o teste de proporcionalidade (veemente refutado por seu colega Dieter Medicus) e a categoria da proibição de proteção insuficiente, a qual, por sua vez, passou a influenciar a jurisprudência do Tribunal Constitucional.

Outro nome que, entre outros, não poderia deixar de ser citado, é o de Jörg Neuner, antigo discípulo de Canaris, a contar de sua excelente tese de livre-docência, sobre o Estado Social e o Direito Privado, passou a propor uma via intermediária, qual seja, a de que, no respeitante ao seu conteúdo em dignidade humana e o seu núcleo essencial, a vinculação dos particulares aos direitos fundamentais seria direta, ao passo que nas demais situações prevaleceria a solução de seu orientador.

Após essas sumaríssimas considerações sobre os antecedentes, o tema da eficácia privada dos direitos fundamentais passou a ganhar o Mundo, expandindo-se gradualmente, ainda que com importantes ajustes, como é o caso da Itália (embora adotando a fórmula genérica, e nem sempre consistente e convincente, da constitucionalização do Direito Civil), da Espanha e de Portugal, onde a *summa divisio* entre "mediatistas" e "diretistas" acabou cedendo, em regra, a fórmulas alternativas e mais flexíveis.

Limitando-nos a Portugal, é possível reconhecer as seguintes concepções: 1) seguindo, grosso modo, a mesma proposta de Neuner (inclusive antes deste) no que diz respeito à parte do núcleo essencial e à dignidade humana, não há como deixar de referir autores do Direito Privado (o pioneiro Carlos Alberto da Mota Pinto, seu grande discípulo António Pinto Monteiro, e seu filho Paulo Mota Pinto, todos da Escola de Coimbra) e do Direito Público (em especial José Carlos Vieira de Andrade, Coimbra); 2) dentre os que negam, categoricamente a eficácia direta, pontifica o constitucionalista Jorge Reis Novais, Catedrático em Lisboa; 3)ainda no âmbito do Direito Público, advogando uma eficácia diferenciada, em diversos planos (mas admitindo a eficácia direta não absoluta), a depender do caso concreto, destacam-se os nomes de inconteste envergadura de J.J. Gomes Canotilho (Coimbra), Jorge Miranda (Lisboa), que foram os que maior influência exerceram sobre a doutrina e jurisprudência constitucional brasileira.

Finalmente chegamos ao caso brasileiro, onde o tema passou a ganhar cada vez maior importância desde a promulgação da Constituição Federal de 1988 (CF), especialmente a contar dos anos 1990, o que se deu tanto por obra de grandes autores do Direito Privado, na linha, contudo, mais ligada à escola italiana de Perlingieri, como é o caso, dentre os pioneiros, de Luís Edson Fachin (então ainda na UFPR), Gustavo Tepedino e Maria Celina B. de Morais, ambos da UERJ, criadores do movimento do assim chamado Direito Civil-Constitucional entre nós.

Na mesma época, mas no campo do Direito Constitucional, é de relevar um importante texto da lavra de Gilmar Ferreira Mendes, apresentando, com ampla difusão, ao leitor brasileiro a experiência doutrinária e jurisprudencial alemã, seguindo-se, a partir do limiar do século XXI, aportes da lavra do signatário (2000), sustentando uma eficácia direta *prima facie* (portanto não absoluta e deferente às opções legislativas), e, em linha similar, contributos como os de Wilson Steinmetz, Daniel Sarmento, Luís

Roberto Barroso e Ana Paula Barcelos, Jane Reis Pereira, Thiago Sombra, André Rufino do Valle e outros. Mas também, mesmo entre os constitucionalistas, surgiram defensores de uma eficácia apenas indireta, como é o caso de Leonardo Martins e Dimitri Dimoulis e Marcelo S. Duque.

Ainda no campo doutrinário (mas também jurisdicional), especialmente considerando alguns exageros e distorções que visivelmente passaram a ocorrer em relação a algumas teses advogadas e praticadas, por exemplo, o uso indiscriminado e desacompanhado de necessário tempero e fundamentação dos princípios(que aqui não há como abordar), não há como deixar de referir contribuições críticas e alternativas de grande importância, destacando-se a tese de livre docência deOtavio Luís Rodrigues Jr., professor associado da USP, *Direito Civil contemporâneo – estatuto epistemológico, Constituição e direitosfundamentais*, publicada pela Editora Forense e já na sua terceira edição, que sustenta a recuperação da autonomia do Direito Privado e a defesa de uma eficácia indireta fraca dos direitos fundamentais em relação aos atores privados.

Já no âmbito da jurisprudência do Supremo Tribunal Federal, que não passou ao largo da discussão, embora a existência de uma série de julgados relativos ao tema, ainda assim é difícil, no nosso sentir, afirmar com segurança a existência de uma posição absolutamente dominante no respeitante ao problema de como os direitos fundamentais impactam as relações entre particulares. O que se pode ousar dizer, s.m.j., é que se observa, ao menos até agora, uma gradual e majoritária adoção da tese de uma eficácia direta mais mitigada, mas com diferenças importantes a depender dos casos submetidos ao julgamento da nossa mais alta Corte. Outro ponto a destacar é que o STF não se tem – em boa parte dos casos – limitado a fundamentar suas decisões recorrendo a apenas uma concepção sustentada pela doutrina e jurisprudência, seja ela brasileira, venha ela do exterior.

Exemplo emblemático que não poderia deixar de ser citado é o do julgamento, em 11 de outubro de 2005, do recurso extraordinário nº 201.819, de relatoria da Ministra Ellen Gracie, no qual, por maioria, a partir de paradigmático voto do Ministro Gilmar Mendes, relator para o Acórdão, foi dado passo marcante para o fortalecimento da eficácia dos direitos fundamentais nas relações privadas por parte do STF. A despeito de julgados anteriores (entre outros, sobre aplicação do princípio da igualdade e afastamento de sócio de cooperativa), no caso ora referido, a Corte acabou por reafirmar a eficácia dos direitos-garantias do devido processo legal e do contraditório nas relações entre atores privados, que devem ser assegurados no caso de exclusão de associado da União dos Compositores do Brasil (UCB) e, portanto, em situações similares. Dentre os argumentos colacionados no voto condutor, chama a atenção – além da referência às contribuições da Alemanha, de Portugal e da doutrina brasileira – o recurso convincente e consistente, ao menos para as circunstâncias do caso, a elementos da teoria da *state action*, no sentido de que a UCB, pela natureza de suas funções, exerce um múnus público regulatório e fiscalizatório, apesar de sua personalidade jurídica de direito privado.

De lá para cá, muito já ocorreu, tanto em nível doutrinário, quanto no plano jurisprudencial, não havendo, todavia, condições de aqui avançar mais, até mesmo pelo fato de que o intento é o de propiciar uma brevíssima sinopse no que diz respeito às origens e ao desenvolvimento dos aspectos centrais da discussão em torno da eficácia dos direitos fundamentais entre particulares.

O que ainda é o caso de salientar, antes de voltar os olhos ao objeto por excelência do texto, é, como adiantado já no início destas linhas, o fato de que, nos últimos anos, o tema aqui pontuado tem alcançado renovada e reforçada atualidade e relevância, em especial por conta dos desafios (e das ameaças) derivados da assim designada transformação digital em escala global, como se dá, em caráter ilustrativo, com o impacto das mídias sociais (em especial quanto ao fenômeno do discurso do ódio e da desinformação, ademais dos ataques à democracia e às suas instituições), a proteção de dados pessoais, os efeitos – inclusive nos dois domínios referidos – do uso da inteligência artificial, apenas para citar alguns dos mais (oni) presentes.

A circunstância de que, cada vez mais para além do poder público e de seus órgãos e agentes, a dignidade da pessoa humana e os direitos humanos e fundamentais (no plano internacional e nacional) são postos em causa e alvo de toda a sorte de violações e ameaças na esfera das relações privadas, num contexto cada vez mais marcado por agudas assimetrias de poder econômico e social, já é de todos conhecida, assim como conhecidas as discussões na esfera da política, das mais variadas áreas do conhecimento científico, da economia, mas também no mundo do Direito, o que, quanto ao último, pode ser ilustrado mediante referência à formação de um Direito Digital e mesmo de um ainda embrionário Constitucionalismo Digital.

É por tudo isso e muito mais que aceitei, honrado e com alegria, o convite do ilustre colega e amigo, Dr. RAPHAEL MARCELINO DE ALMEIDA

Nunes, de prefaciar a obra que ora vem ao público, que ostenta o título AUTONOMIA PRIVADA, DIREITOS FUNDAMENTAIS E DEMOCRACIA, e cujo texto, corresponde – salvo alguns ajustes e atualizações – à tese doutoral apresentada pelo autor na Faculdade de Direito do Largo de São Francisco da Universidade de São Paulo, sob a sempre competente orientação do Prof. Dr. José Levi Mello do Amaral Júnior, um dos expoentes do Direito Constitucional brasileiro.

Além disso, é de destacar a excelência dos membros da banca examinadora, formada pelo Ministro do STF, Gilmar Ferreira Mendes (UnB e IDP), pelo Professor Otavio Luís Rodrigues Jr. (USP) – ambos já referidos pela sua importância ímpar no que diz respeito ao tema da tese –, bem como pelos eminentes professores Fernando Dias Menezes de Almeida (USP), Cristine Oliveira Petter da Silva (CEUB-DF) e Telma Rocha Lisowski (IDP-SP).

A tese – basta a menção ao título – versa sobre o tema absolutamente central para (e mesmo fio condutor) a teoria e prática da eficácia dos direitos fundamentais nas relações privadas, visto que o que está – em termos gerais – posto em causa, é precisamente o valor atribuído à autonomia privada, expressão do direito geral de liberdade e da dignidade da pessoa humana, em cada ordem jurídica, e qual a natureza e intensidade dos limites constitucionais aos quais está submetida.

Sobre a tese, são muitas as observações positivas que se poderia fazer, mas que aqui o serão em caráter ilustrativo.

Um primeiro ponto a enfatizar diz respeito à estrutura e organicidade do trabalho, a principiar por uma introdução que realmente introduz (algo nem sempre presente mesmo em teses doutorais), apresentando, delimitando e problematizando o tema, descrevendo a metodologia utilizada, as hipóteses e, em especial, a tese e o seu viés original.

Outro aspecto a sublinhar diz respeito à construção cuidadosa do texto, a partir de marco teórico bem delineado e presente em todo o trabalho, iniciando por uma revisitação e reconstrução conceitual, histórico-filosófica e jurídica, das relações entre liberdade, autodeterminação e autonomia privada, com ênfase natural (dado o objeto do trabalho) na última.

Na sequência, o texto volta-se para o tema do papel da autonomia privada para e no contexto das relações entre os direitos fundamentais e o Direito Civil, enveredando pela eficácia dos direitos fundamentais nas relações privadas, sem descurar da problemática relativa dos limites da autonomia privada em face dos poderes estatais, visto que, e isso fica bem-posto na tese ora prefaciada, não há como dissociar pura e simplesmente tais domínios.

Além disso, o texto, escrito com fluidez e correção, é resultado de pesquisa profunda, intelectualmente honesta e fartamente amparada em referências de fato representativas para dar sustentação aos argumentos esgrimidos pelo autor e mediante os quais busca amparar a sua tese.

Assim, independentemente da concordância integral ou parcial com as posições advogadas pelo autor, o fato é que o texto agrega valor efetivo ao desenvolvimento do tema e – como deve ser com um trabalho acadêmico com o nível esperado de uma tese de doutorado – exige ser lido e levado a sério, tanto em sede doutrinária, quanto por todos aqueles que se dedicam à conversão da gramática dos direitos fundamentais em um discurso prático consistente e coerente, que, ao fim e ao cabo, não sacrifique a autonomia privada como expressão da dignidade da pessoa humana e do direito geral de liberdade.

Que o autor e sua obra sejam bem recepcionados, lidos e difundidos, é o que se espera.

Porto Alegre, 30 de abril de 2023.

INGO WOLFGANG SARLET
Professor Titular e Coordenador do Programa de Pós-Graduação em Direito da PUCRS
Advogado e Desembargador aposentado do TJRS

SUMÁRIO

1
INTRODUÇÃO

A tutela constitucional das liberdades comporta exames por perspectivas diversas, dentre as quais incluem-se, desde a tutela da liberdade pessoal de ir e vir, a direitos da personalidade, liberdades acadêmicas e científicas, sufrágio, e liberdades econômicas.

Nesse amplo espectro, a autonomia pode ser considerada como um dos pilares do Direito Civil moderno. É referenciada, em conjunto com o direito de propriedade, como um arcabouço normativo-institucional a serviço da liberdade dos agentes privados, na condução dos temas econômicos, patrimoniais e existenciais no âmbito de espaços protegidos da ingerência do Estado.

Tal aspecto evidencia uma tensão constante e inerente ao conteúdo, aos fundamentos e aos efeitos da autonomia no que concerne aos limites estabelecidos – e hodiernamente esmaecidos – pela clássica dicotomia Direito Público e Direito Privado. Trata-se, pois, de princípio jurídico sobre o qual foi edificado relevante arcabouço normativo institucional que opera exatamente entre as sinuosas linhas demarcatórias que especificam o espaço de atuação do indivíduo diante do Estado.

O desenvolvimento desse arcabouço normativo institucional não é passível de ser compreendido a partir de uma origem especificada no tempo e no espaço. Não se mostra, portanto, adequada, a título de ilustração, a perspectiva de Ana Prata, que reputa ao modo de produção capitalista o surgimento do conceito de autonomia privada.[1]

[1] *In verbis.* "A implantação do modo de produção capitalista acarretou assim a necessidade de universalização destes conceitos: todos passam necessariamente a ser proprietários, ou de

A rigor, é possível encontrar, como aponta Otávio Luiz Rodrigues Junior[2], as origens da autonomia em fontes judaico-cristãs, tanto no Velho Testamento (Adão, Gênesis, 3; Noé, Gênesis, 3; Abraão, Gênesis 14 a 17; e Moisés, Êxodo, 24) quanto no Novo Testamento (São João, 1), ao se referir à nova e eterna Aliança, consubstanciada na ideia de conformação da conduta humana aos preceitos cristãos, para o fim de se alcançar a remissão dos pecados e, por conseguinte, a salvação eterna.

Afora isso, como aponta Michel Villey, a vida cristã é pautada por relações intersubjetivas: a relação entre cada fiel e Cristo, que é uma pessoa, caracterizada, também, por deveres em relação à figura do "próximo".[3] O humanismo e o individualismo da doutrina cristã, associados às releituras pós-renascentistas da cultura helenística vão influenciar decisivamente a filosofia moderna e as suas principais premissas.

Da mesma forma, Octávio Luiz Rodrigues Junior reputa ao relativismo dos sofistas a atribuição à relevância da vontade como fundamento para a criação de contributos sociais relevantes. A partir dessa perspectiva, o homem emancipa-se da vontade dos deuses, e, assim, reconhece-se a vontade humana como fonte geradora das normas que norteiam o autogoverno.[4]

No Direito Romano – bem considerado o perfil pragmático e pouco conceitual dos institutos jurídicos – também é possível encontrar relevantes contribuições para o desenvolvimento da ideia de autonomia privada,

bens que lhes permita subsistir, ou de força de trabalho que vendam. Por isso todos passam a ser sujeitos jurídicos, todos passam a ter capacidade negocial.
Mas essa necessidade impõe-se contra a realidade anterior, que é a da vinculação do trabalhador à terra e ao senhor feudal: daí que, do ponto de vista filosófico, o ultrapassar dessa situação determine, antes do mais, e sobretudo, o afirmar da liberdade das pessoas, da sua libertação dos vínculos que as prendem à terra e aos senhores.
É neste momento que o conceito de autonomia privada ganha um conteúdo autônomo e operativo; e é esse conteúdo que vai investir a própria noção de negócio jurídico. Este deixa de ser visto na perspectiva de instrumento de troca de bens – na perspectiva da sua função – para ser acentuado o seu carácter de realização da liberdade econômica. O negócio é a firmação da liberdade da pessoa, o negócio é o efeito jurídico da vontade livre.". (PRATA, Ana. **A tutela constitucional da autonomia privada**. Coimbra: Almedina, 2017. p. 11.)

[2] RODRIGUES JUNIOR, Otávio Luiz. **Revisão judicial dos contratos:** autonomia da vontade e teoria da imprevisão. São Paulo: Atlas, 2006. p. 12.

[3] VILLEY, Michel. **Filosofia do direito:** definições e fins do direito. Os meios do direito. 3. ed. São Paulo: Martins Fontes, 2019. p. 128.

[4] RODRIGUES JUNIOR, **Revisão judicial dos contratos:** autonomia da vontade e teoria da imprevisão, pp. 12-13.

ainda que sua problematização e conceituação fossem elaboradas séculos mais tarde. A esse respeito, pode-se mencionar a compreensão romana do direito subjetivo, consubstanciado no emprego da expressão *ius*, em Ulpiano (D. I, 34, 41), em que se reconhece a faculdade de se realizar a aquisição, conservação ou perda do *ius suum* – nesse contexto, considerado como direito subjetivo, conforme esclarece José Carlos Moreira Alves.[5]

No que concerne à disciplina dos contratos, o Direito Romano passou por relevantes transformações. No Direito clássico, o encontro da vontade autônoma das partes contratantes não era suficiente para o surgimento de obrigações juridicamente tuteláveis. Além do acordo de vontades, era necessária a incidência do elemento objetivo que conferiria validade e eficácia jurídica à avença. Para tanto, impendia-se a observência das formas típicas então existentes. Essa tipicidade é relativizada até o advento do período justinianeu, quando, então, confere-se maior relevância para o acordo de vontades, em detrimento dos tipos contratuais existentes.[6]

A vontade humana, como elemento essencial dos direitos subjetivos, ganha considerável relevo para as teorias jusracionalistas, na medida em que se reconhecem os direitos atribuídos pela natureza a cada homem de perseguir os seus propósitos racionalmente desenvolvidos. Os direitos subjetivos, dessa forma, definidos como poderes de vontade garantidos pelo Direito, passam a constituir a base de todo o Direito Civil. Nesse contexto, o voluntarismo de Santo Agostinho – que outrora reconhecia a vontade criadora do homem apenas em seu aspecto derivado da vontade de Deus – é superado pela percepção de que é o elemento volitivo humano, autonomamente considerado, capaz de criar normas e obrigações.[7]

É no âmbito do liberalismo clássico, todavia, que a autonomia da vontade é estruturada conceitualmente, com a carga semântica desenvolvida pelo Direito moderno. Nesse contexto, destacam-se as contribuições de John Locke[8], e, notadamente, Immanuel Kant.

Para Kant, a liberdade é um conceito que decorre da razão pura e, dessa forma, não depende de quaisquer elementos empíricos ou contingenciais[9].

[5] ALVES, José Carlos Moreira. **Direito romano**. 16. ed. Rio de Janeiro: Forense, 2014. p. 93.

[6] *Ibid.*, pp. 471-473.

[7] HESPANHA, António Manuel. **Cultura jurídica europeira:** síntese de um milênio. Coimbra: Almedina, 2018. pp. 318-323.

[8] LOCKE, John. **Segundo tratado sobre o governo civil**. Petrópolis: Vozes, 2019.

[9] KANT, Immanuel. **Princípios metafísicos da doutrina do direito**. São Paulo: WMF Martins Fontes, 2014. p. 23.

Assim, tratando-se de um produto da razão prática pura, a norma (moral) não tem outra fonte se não a própria liberdade[10]. Em consequência, a norma jurídica (lei) decorreria do conceito kantiano de Estado Civil, no âmbito do qual a vontade legisladora unificada constituiria o arcabouço jurídico-normativo.[11]

Diante da relevância dos trabalhos de Kant para o desenvolvimento da compreensão acerca da ideia da autonomia, atribui-se, com justiça, ao referido autor a origem da expressão conceitualmente estruturada de *"autonomia da vontade"*.[12]

A autonomia da vontade, portanto, tem suas origens no liberalismo clássico, e constituiu um dos pilares sobre o qual se ergueu o Direito Civil moderno. Não por outra razão, é tradicionalmente identificada com os ideais próprios do liberalismo como individualismo, igualdade política e liberdade jurídica.[13]

Com o passar da efeverscência do ideário do liberalismo clássico e de suas repercussões político-sociais, a realidade concreta se impôs aos excessos de abstração do racionalismo. As desigualdades e as condições materiais em que se encontrava a maioria da população da Europa ocidental, especialmente nas décadas que sobrevieram à Revolução Francesa, produziram as condições empíricas suficientes para que perspectivas filosó-

[10] Nesse sentido, esclarece Kant: "Pessoa é aquele sujeito cujas ações são passíveis de uma imputação. A personalidade moral nada mais é, portanto, do que a liberdade de um ser racional sob leis morais (enquanto a psicológica é meramente a faculdade de se tornar consciente da identidade de si mesmo nos diversos estados de sua existência), do que se segue então que uma pessoa não está submetida a outras leis senão àquelas que ela mesma se dá (ou só ela ou ao menos simultaneamente com outros).". (*Ibid.*, p. 26.)

[11] *Ibid.*, pp. 126-129.

[12] Rodrigues Junior, **Revisão judicial dos contratos:** autonomia da vontade e teoria da imprevisão, p. 14.

[13] A mero título de exemplificação, pode-se mencionar a posição de Caio Mário da Silva Pereira a esse respeito: "Depois que o individualismo prosperou no século XVIII, proclamando a liberdade e a igualdade política, o homem do direito procurou defender a plenitude jurídica no século XIX. Daí adveio a ideia de mais ampla liberdade de contratar, traduzida no princípio da autonomia da vontade, que Demogue ainda eleva a termos demasiadamente amplos. Proclamou-se que cada um tem o direito de proceder livremente, contratando ou deixando de contratar; ajustando toda espécie de avenças; pactuando qualquer cláusula; e que o juiz não pode interferir, ainda quando do contrato resulte para uma das partes a ruína completa. O contrato, como expressão da liberdade individual, seria incompatível com as restrições que se oponham a esta liberdade.". (Pereira, Caio Mário da Silva. **Instituições de direito civil:** contratos. v. III. Rio de Janeiro: Forense, 2007. p. 27.)

ficas centradas (em maior ou menor grau) no materialismo subjugassem as premissas filosóficas liberais.

A liberdade metafísica que constituia o cerne do conceito liberal clássico de autonomia da vontade acabou por sucumbir às críticas que tinham por fundamento a disparidade entre a imaginada igualdade formal, que a fundamentava, das condições materiais verificadas pela maior parcela da população desprovida de meios suficientes para exercer, na propagada plenitude, o desenvolvimento de seu autogoverno, sob perspectivas tanto sociais quanto econômicas.

Enquanto a metafísica propunha debates a respeito de como o consentimento e a vontade resultariam na definitiva libertação humana, a carência e a necessidade de recursos materiais mínimos eliminavam a possibilidade de qualquer aspiração, para o homem comum, distinta da manutenção da própria sobrevivência. Nesse contexto se inserem as críticas de Karl Marx quanto a essa concepção de liberdade, ao ironicamente alertar que, em alusão à metáfora de Hegel relativa ao Senhor e ao Escravo[14], o homem nunca esteve escravizado sob a dominação da metafísica.[15]

A contundência das críticas de concepções materialistas foi responsável pela associação, que alcança os dias de hoje, da autonomia da vontade – ou da autonomia privada, para empregar a conceituação contemporânea – ao caráter individualista, voluntarista e profundamente desigual, do ponto de vista material.[16]

Com a crise do liberalismo, ganharam relevo as teorias de Léon Duguit[17] e Karl Renner em relação à compreensão da propriedade a partir da

[14] Hegel, Georg Wilhelm Friederich. **Fenomenologia do espírito**. Rio de Janeiro: Vozes, 2011. p. 126.

[15] Marx, Karl; Engels, Friedrich. **A ideologia alemã**. 9. ed. São Paulo: Hucitec, 1993. pp. 64-65.

[16] A reverberar exatamente essa compreensão, menciona-se, *v.g.*, a posição de Claudio Luiz Bueno de Godoy: "A concepção voluntarista da autonomia das partes para elaboração dos contratos tinha em consideração, portanto, ser esse o mecanismo de circulação de propriedade e de vinculação da força de trabalho aos meios de produção. Coerente, pois, a instrumentação jurídica baseada no princípio da igualdade formal, ligada ao reconhecimento da abstrata e genérica liberdade ao sujeito jurídico para a entabulação de contratos, livres das peias do Estado, do que era público.". (Godoy, Claudio Luiz Bueno de. **Função social do contrato:** os novos princípios contratuais. 4. ed. São Paulo: Saraiva, 2012. pp. 30-31.)

[17] Para o referido autor, a função social da propriedade poderia ser sistematizada da seguinte forma: (i) o proprietário tem o dever e, por conseguinte, o poder de empregar a coisa na

função social que exerce. A esse respeito, Renner defendia que a propriedade, no estágio de desenvolvimento da economia capitalista, havia se tornado mais complexa, funcionalmente diversificada, e, portanto, dependente de arcabouços institucionais. Nesse contexto, e diante da capacidade de afetar grupos de pessoas e coletividades, torna-se necessária, para legitimar o emprego dos mecanismos institucionais, a devida consideração do seu caráter funcional, notadamente em relação às finalidades públicas.[18]

A ideia da função social da propriedade disseminou-se no início do século XX e foi, originalmente, inserida no projeto da Constituição mexicana de 1917. No entanto, conforme explicita Karl Larenz, apenas com o advento da Constituição de Weimar o princípio jurídico da função social da propriedade foi, definitivamente, tornado norma constitucional.[19]

No Direito pátrio, a ideia da função social da propriedade apareceu, inicialmente, na Constituição de 1934, ainda que com formulação ligeiramente diversa da tradicional. Foi expurgada no texto de 1937, tendo retornado apenas com a Constituição de 1946, ao se condicionar o uso da propriedade ao "*bem-estar social*".

Com o advento da Lei nº 4.504 de 30 de novembro de 1964 ("Estatuto da Terra") foi articulada a expressão "*função social da propriedade*", então reforçada, finalmente, com a Carta outorgada em 1967, no art. 157 . Desde então, com pequenas modificações na sua formulação textual, o princípio da função social da propriedade tem figurado em todos os textos constitucionais do Brasil.

A ideia de funcionalização da propriedade acabou por influenciar, igualmente, as relações contratuais. Dessa forma, com a extensão da aplicação do conceito, o princípio da autonomia privada, no Brasil, tem sido compreendido a partir de seu conteúdo (pretensamente) funcional, notadamente no que concerne à sua função social. A chamada "nova" noção de autonomia privada é absolutamente interdependente da ideia de função

satisfação das necessidades individuais, no desenvolvimento de suas atividades físicas, intelectuais e morais; e (ii) o proprietário tem o dever e, portanto, o poder de empregar a coisa na satisfação das necessidades comuns, das necessidades de uma coletividade. (DUGUIT, Léon. **Les transformations générales du droit privé depuis le Code Napoléon**. Paris: Librarie Félix Alcan, 1912. pp. 165-166.)

18 RENNER, Karl. **The institutions of private law and their social functions**. Oxon: Routledge, 2001.

19 LARENZ, Karl. **Derecho civil:** parte general. Madri: Revista de Derecho Privado, 1978. p. 79.

social do contrato, não sendo possível, segundo seus defensores, a elaboração de seu conteúdo de forma autônoma. Daí porque assevera Claudio Luiz Bueno de Godoy que:

> (...) a autonomia privada como poder de autodeterminação não mais encontra justificativa em si, fazendo-se merecedor de tutela o ato que exprime apenas quando corresponda a uma função que o ordenamento considere socialmente útil.[20]

A referendar tal posicionamento, o art. 421 do Código Civil expressamente previa que "*a liberdade de contratar será exercida em razão e nos limites da função social do contrato*". Verifica-se, portanto, que o nosso Código Civil afiliou-se à tese de que a autonomia privada tem seu conteúdo intrinsecamente vinculado à função social. A interpretação do artigo leva à conclusão de que a autonomia privada não encontra amparo do ordenamento jurídico de forma independente, mas apenas quando for legitimada pelo cumprimento de sua função social.

Com a edição Lei nº 13.874, de 20 de setembro de 2019, objetivou-se estabelecer garantias de livre mercado, ao vincular a norma do art. 421 à observância do princípio da intervenção mínima.

Muito embora a função social, com o advento da nova lei, tenha deixado de se caracterizar como razão para fundamentar a liberdade contratual. não se alterou a posição da função social com princípio legitimador dos limites da tutela jurídica da autonomia privada:

> Art. 421.A liberdade contratual será exercida nos limites da função social do contrato.
>
> Parágrafo único. Nas relações contratuais privadas, prevalecerão o princípio da intervenção mínima e a excepcionalidade da revisão contratual.

A doutrina brasileira, ainda sob os influxos das teorias funcionalizantes do início do século, insiste em compreender a autonomia privada a partir de critérios funcionais. Trata-se, pois, de sintoma do fenômeno de propagação do ideário ainda em desenvolvimento do denominado Direito Civil Constitucional.

A reverberar parte desse conjunto de ideais, Luiz Edson Fachin argumenta que:

[20] GODOY, **Função social do contrato:** os novos princípios contratuais, p. 39.

> (...) do Direito Civil aos direitos fundamentais, a estrutura cede passo à função. O estatuto jurídico do patrimônio redimensiona-se, sem perder a essência, embora ontologicamente se reinsira como outra terra na Constituição[21]

Diante dessas perspectivas, pretende-se demonstrar que o recurso ao arcabouço instrumental propagado pelas premissas do Direito Civil Constitucional, no qual se inclui a defesa do emprego exagerado de princípios – com respectiva ampliação de sua eficácia, para a compreensão da autonomia privada resulta, não só em deficiências metodológicas, mas, principalmente, em imprecisões conceituais. A esse respeito, menciona-se, *v.g.*, a necessidade de conformação do conteúdo da autonomia por influxos de princípios de complexa acepção e concretude, como a dignidade da pessoa humana.[22] Ao passo que, por outras perspectivas, é a própria autonomia que fundamenta e preenche o conteúdo da dignidade humana.[23]

Afora isso, tais perspectivas teleológicas e funcionalizantes não se mostram mais adequadas para justificar a legitimidade jurídico-normativa da autonomia privada em face dos desafios contemporâneos que enfrenta. Nesse contexto, como seria possível preencher o conteúdo da autonomia privada, por critérios de legitimidade assentados na função social, se nem sequer é possível a definição, sob o ponto de vista dogmático-normativo, do "público" cujos interesses se objetiva resguardar?[24]

No âmbito dessa discussão, subjaz questão fundamental e urgente para o Direito contemporâneo, que trata, exatamente, da conformação da autonomia privada com um Direito que se pretende cosmopolita e que seja

[21] FACHIN, Luiz Edson. **Direito civil:** sentidos, transformações e fim. Rio de Janeiro: Renovar, 2015. p. 95.

[22] A esse respeito, assevera Luiz Edson Fachin: "Espera-se, assim, que se ocorrer, haja uma espécie de 'código de princípio', sem se reduzir o sentido oitocentista de codificação, promovendo uma abertura semântica do direito interno tendente à concretização da dignidade da pessoa humana, resguardando, com isso, tanto os direitos ente os iguais que venham a firmar um contrato entre si, quanto dos desiguais que venham a aceitar um contrato de adesão apresentado de modo unilateral por uma dada corporação". (*Ibid.*, p. 112.)

[23] SARMENTO, Daniel. **Dignidade da pessoa humana:** conteúdo, trajetórias e metodologia. 2. ed. São Paulo: Fórum, 2016. p. 92.

[24] A propósito do tema, pertinentes são as críticas de Antonio Manuel Hespanha: "O facto de ser um direito "sem pátria" quer dizer que é um direito sujeito ao arbítrio de quem o declara – juristas, árbitros, tribunais públicos ou privados, de primeira ou de última instância.". (HESPANHA, **Cultura jurídica europeira:** síntese de um milênio, p. 587.)

apto a normatizar, em uma sociedade pretensamente global, as relações jurídicas e econômicas que ultrapassam fronteiras geográficas, socioeconômicas e culturais.

Esse Direito cosmopolita, como bem observa Antonio Manuel Hespanha, reivindica valores axiológicos, normas e métodos que sejam universalmente aceitos.[25]

A questão que se coloca, todavia, é a legitimidade de tal universalização axiológica e normativa, diante de estruturas jurídico-institucionais inseridas em contextos oriundos de trajetórias civilizatórias diversas. Na centralidade dessa questão, insere-se a discussão a respeito do conteúdo, dos limites, dos fundamentos e da tutela jurídica da autonomia privada, notadamente diante de contratos e novas tecnologias, esses sim, de caráter universal, como *smart contracts,* os chamados mercados de atenção, ou outros negócios relacionados à denominada *sharing economy*, ou, ainda, relações econômicas a respeito de armazenamento e utilização de dados privados.

Nesse contexto, demonstrar-se-á, portanto, que a legitimidade jurídico-normativa da autonomia privada não está sujeita a fatores teleológicos ou funcionalizantes. A rigor, não é possível estabelecer, com segurança, fins coletivos públicos, se não é possível, nem sequer, definir propriamente de que coletividade se trata.

Defender-se-á, assim que, o conteúdo da autonomia privada, muito embora possa ser limitado ou expandido, é compreendido de forma completamente independente dos princípios acima referidos.

A perspectiva democrática da autonomia privada que consubstancia uma das hipóteses a serem defendidas, portanto, objetiva superar as concepções funcionalizantes, pois afasta do conteúdo da autonomia privada qualquer caráter teleológico. No entanto, em seu desenvolvimento, não recorre aos princípios jusnaturalistas de uma liberdade idealizada, como, p. ex., a autonomia da vontade kantiana. Afasta-se, dessa forma, do caráter individualista e metafísico que constitui o substrato das críticas ao liberalismo clássico. Reconhece o outro, o Estado e os demais interesses difusos e coletivos eventualmente incidentes em relações econômicas privadas. Releva, no entanto, o seu fundamento de legitimidade jurídico-normativa em critérios democráticos, norteados por metodologia assentada em releituras contemporâneas do positivismo jurídico.

[25] *Ibid.*, p. 581.

O objetivo deste trabalho é, portanto, a delimitação da disciplina e do conteúdo da autonomia privada.

Para o alcance deste propósito, o trabalho é dividido em quatro partes principais, que serão desenvolvidas após as seções introdutórias, e que fundamentarão a conclusão que sintetizará as hipóteses defendidas na tese formulada.

Na primeira parte, apresentar-se-ão as delimitações semânticas e conceituais necessárias para a especificação do tema que se pretende analisar. Nessa seção, serão realizadas as necessárias distinções e aproximações entre os conceitos de liberdade, autodeterminação e autonomia privada. Serão suscitadas as problematizações das diversas dimensões da liberdade, precisamente no âmbito das dicotomias liberdade positiva e liberdade negativa, e liberdade formal e liberdade substancial.

A segunda parte presta-se ao desenvolvimento do escorço histórico do conceito de autonomia privada. Essa digressão tem por objetivo delinear a evolução histórica do conceito e os respectivos limites diante das perspectivas modernas de Estado e suas relações com o privado. O objetivo principal é o alcance da precisão conceitual da autonomia, devidamente delimitada no tempo e no espaço, de modo a ser possível o seu afastamento das interpretações enviesadas de que tem sido objeto.

Nesse sentido, inicialmente será apresentada a percepção moderna sobre a autonomia da vontade, as suas fontes, as suas origens e o seu desenvolvimento no âmbito do liberalismo clássico.

Em seguida, discutir-se-ão os impactos da crise dessa perspectiva e do advento das teorias críticas aos excessos do individualismo, do voluntarismo e do racionalismo, próprios do liberalismo clássico.

Às perspectivas críticas serão acrescidas as análises que se fundamentam no denominado perfil existencial da autonomia privada, notadamente à luz de sua interpretação pelo princípio da dignidade humana.

Por fim, serão estabelecidas as bases conceituais, atualmente empregadas, para a problematização contemporânea do tema em análise.

Na seção seguinte, serão estabelecidas as premissas metodológicas e os fundamentos constitucionais que nortearão a análise da autonomia privada. Nesse particular, será desenvolvida a temática a respeito da constitucionalização do Direito Civil, para a finalidade de se estabelecer o arcabouço normativo de proteção e de conformação do conteúdo da autonomia e os respectivos efeitos no ordenamento jurídico. A propósito, e para fins metodológicos, será necessária a estipulação do âmbito de eficácia dos direitos fundamentais *vis-à-vis* o ordenamento jurídico vigente de Direito Civil. Objetiva-se, assim, estabelecer as premissas que delimitarão o conteúdo, os limites e as perspectivas da autonomia como princípio alçado ao nível constitucional.

Serão desenvolvidos, especificamente, o conteúdo e os respectivos limites do princípio da autonomia privada. Delimitar-se-ão, para essa finalidade, os fundamentos e valores constitucionais específicos, e as respectivas repercussões nas relações privadas. Nesse particular, serão estabelecidas as interconexões entre autonomia pública e privada, o que constitui um dos pontos principais da tese que se pretende defender.

Ao final, serão formuladas as necessárias conclusões que sintetizarão as premissas e hipóteses defendidas no decorrer do trabalho.

A pesquisa – de caráter teórico – será realizada fundamentalmente com base em fontes bibliográficas, jurisprudenciais e, eventualmente, em dados empíricos contendo informações sobre os efeitos concretos das perspectivas analisadas sobre a autonomia privada. O método a ser empregado é o analítico-dedutivo.

O objetivo do desenvolvimento acima pontuado é a formulação das seguintes hipóteses:

(i) A autonomia privada é conceito que decorre do princípio geral de liberdade. Não se presta a promover o caráter individualista que consubstancia a pecha pejorativa formulada pelos críticos ao liberalismo clássico. Não se trata, igualmente, de liberdade como concepção axiológica abstrata, mas, sim, de liberdade democrática consubstanciada na ideia de Estado Democrático de Direito. Assim, pretende-se formular a hipótese de que a autonomia privada, como espaço nomogenético democraticamente conferido aos particulares, decorre da recíproca fundamentação entre autonomia pública e autonomia privada.

(ii) As compreensões do princípio da autonomia privada como subproduto do princípio da função social da propriedade e/ou do princípio da dignidade humana não se mostram mais aptas a explorar adequadamente os desafios e as perspectivas do Direito na tutela da liberdade humana no que concerne às relações jurídicas entabuladas na atual dinâmica das relações econômicas.

(iii) A autonomia privada trata-se de princípio fundante do Direito Privado, alçado ao texto constitucional, como princípio implícito. Nesse sentido, reconhece-se a constitucionalização do Direito Civil[26], sem desconsiderar, nesse particular, o seu arcabouço dogmático, construído desde a problematização conceitual do princípio. Sob essa perspectiva, buscar-se-á apresentar os seus limites eficaciais, considerando, de um lado, os seus aspectos democráticos, no que concerne ao Estado e sociedade, e, de outro lado, quanto às relações privadas, as fronteiras postas pelo modelo de eficácia indireta.

(iv) A tutela constitucional da autonomia privada o eleva a princípio constitucional não explícito[27]. Trata-se, a rigor, de um direito fundamental que decorre de outros princípios constitucionais, como a liberdade de crença e consciência, a liberdade de manifestação do pensamento, a liberdade de expressão relativa à atividade intelectual, artística, científica e de comunicação, o direito à inviolabilidade da intimidade, da vida privada, a honra e a imagem, a liberdade de associação, dentre outros.

A tese que se pretende defender é: a autonomia privada, como direito fundamental, deve ser compreendida sob a perspectiva específica da liberdade democrática, assim compreendida aquela que conforma o conteúdo, os limites e os efeitos do referido direito fundamental por critérios de legi-

[26] Em especial, defende-se a existência de processos de constitucionalização por (i) elevação das normas ordinárias ao texto constitucional; (ii) reforma legislativa; (iii) juridicização das normas constitucionais; e (iv) irradiação (ou transformação), especialmente a partir do julgamento do caso Lüth, a ser oportunamente analisado. Adota-se, nesse particular, a acepção de Otávio Luiz Rodrigues Junior para preencher o conteúdo semântico da expressão "constitucionalização do Direito Civil", sem, no entanto, aderir aos preceitos do chamado Direito Civil Constitucional. (Rodrigues Junior, Otávio Luiz. **Direito civil contemporâneo:** estatuto epistemológico, constituição e direitos fundamentais. Rio de Janeiro: Forense Universitária, 2019. pp. 207 e ss.)

[27] Trata-se, na verdade, do que Canotilho conceitua como fundamentalidade material, ou mais especificamente como *fattispecie* aberta. Nas palavras do referido autor: "Preferimos chamar-lhe de 'norma com *fattispecie* aberta' (Baldassare) que, juntamente com uma *compreensão aberta do âmbito normativo das normas concretamente* consagradoras de direitos fundamentais, possibilitará uma concretização e desenvolvimento plural de todo o sistema constitucional. Canotilho, José Joaquim Gomes, **Direito Constitucional e Teoria da Constituição**, 7ª edição. Coimbra: Almedina, 2003. pp. 379-380.

timação e reconhecimento pautados por fatores oriundos exclusivamente de concepção de democracia dogmaticamente determinada.

Da enunciação da tese decorrem algumas consequências imediatas importantes. A primeira delas diz respeito ao distanciamento dos critérios de legitimação e reconhecimento[28] do conteúdo, dos limites e dos efeitos do direito fundamental da autonomia privada, sob a perspectiva democrática que se pretende adotar[29], daqueles decorrentes de concepções de Justiça, de princípios jurídicos e morais diversos, bem como de qualquer aspecto teleológico (ou funcionalizante).

A segunda indica que a tese, por consequência, refuta, no âmbito da formulação da autonomia privada, a compreensão da liberdade exclusivamente como direito fundamental de defesa (Schmitt)[30] ou como liberdade negativa (Berlin)[31]. Problematiza, ainda, as perspectivas de funcionalização da autonomia (Fachin e Ruzyk)[32][33]. Por fim, impõe restrições metodológicas para o fim de conformação do conteúdo da autonomia privada por concepções de liberdade que decorrem de outros princípios jurídicos e morais legitimadores.[34]

A terceira expressa que os critérios de reconhecimento e legitimação adotados determinarão as consequências para conformação do conteúdo,

[28] Adota-se, nesse contexto, a concepção de Hart quanto ao aspecto do *reconhecimento* como critério de validade. Em seus próprios termos: "*to say that a given rule is valid is to recognize it as passing all the tests provided by the rule of recognition and so as a rule of the system. We can indeed simply say that the statement that a particular rule is valid means that it satisfies all the criteria provided by the rule of recognition*". (HART, Herbert Lionel Adolphus. **The concept of law**. 3. ed. Oxford: Oxford University Press, 2012. p. 103.)

[29] Para tanto, será necessário avançar na análise dos fatores de legitimação do processo democrático, bem como na compreensão das respectivas consequências para a validação do direito. A esse respeito, menciona-se, em caráter preliminar, a perspectiva de Robert Dahl, para quem, em perspectiva idealizada, o processo democrático é, pelo menos, fundamentado em cinco níveis: (i) efetiva participação; (ii) igualdade de voto; (iii) compreensão esclarecida; (iv) controle da agenda; e (v) inclusão de todos os adultos. (DAHL, Robert. Decision-making in a democracy: the Supreme Court as a national policy-maker. **Journal of Public Law: Role of the Supreme Court Symposium**, n. 1, pp. 279–295, 1957.)

[30] SCHMITT, Carl. **Teoría de la Constituición**. Madri: Alianza Editorial, 2001. p. 169.

[31] BERLIN, Isaiah. Two concepts of liberty. *In*: MILLER, David (org.) **The liberty reader**. Nova Iorque: Routledge, 2016. pp. 33–57.

[32] RUZYK, Carlos Eduardo Pianovski, **Institutos fundamentais do direito civil e liberdade(s)**. Rio de Janeiro: GZ Editora, 2011.

[33] FACHIN, **Direito Civil:** sentidos, transformações e fim.

[34] SARMENTO, **Dignidade da pessoa humana:** conteúdo, trajetórias e metodologia, p. 161.

dos limites e dos efeitos do referido princípio. Ou seja, tais critérios nortearão a solução de problemas práticos em relação aos referidos aspectos, como, por exemplo: solução de conflitos entre princípios; limites e alcances eficaciais do Direito em questão diante do Estado e entre privados; limites hermenêuticos da jurisdição ordinária e da jurisdição constitucional.

Como **contribuição original** a que a tese se propõe, deve-se destacar, inicialmente, o desenvolvimento de trabalho inédito a respeito do perfil constitucional da autonomia privada, com o estabelecimento de seus fundamentos constitucionais; o seu conteúdo; o alcance e os limites de sua eficácia – a partir da delimitação dogmática da teoria de eficácia de direitos fundamentais ora adotada; bem como dos impactos que decorrem das hipóteses defendidas no âmbito da disciplina infraconstitucional, e, especialmente, diante dos desafios decorrentes das novas figuras contratuais que evidenciam a obsolescência da doutrina atualmente existente a respeito do tema em apreço.

A relevância e o ineditismo do trabalho se revelam na medida em que não se faz presente na doutrina nacional obra que tenha por objeto a análise do perfil constitucional da autonomia privada, tal como proposto. Entre autores de língua portuguesa, a respeito do tema, como obra especificamente dedicada ao tema, verifica-se, apenas, o trabalho da autora de naturalidade portuguesa Ana Prata.[35] Tal como se demonstrará no decorrer do desenvolvimento deste trabalho, a obra de Ana Prata, além de datada, não é exauriente quanto à disciplina constitucional do tema – porquanto se abstém de explicitar questões relevantes como os limites e a eficácia do direito fundamental em questão, à luz das teorias mais atuais –, bem como está fundamentada em tese que será refutada pela formulação das hipóteses acima sintetizadas.

A rigor, a doutrina nacional se restringe a tratar do tema, basicamente, sob dois aspectos. O primeiro revela a autonomia privada como mera evolução do conceito de autonomia da vontade e diz respeito, especificamente, à liberdade de contratar conferida àqueles capacitados para a prática dos atos da vida civil. O segundo, destacado entre autores mais recentes, trata da autonomia privada como um subproduto da função social da propriedade, que, na linha em que explicitada pelo art. 412 do Código Civil, se constituiria como limite e razão da liberdade de contratar.

[35] PRATA, **A tutela constitucional da autonomia privada.**

De forma igualmente inédita em nossa doutrina, o trabalho objetiva romper com essa dicotomia: em primeiro lugar, ao desenvolver análise exauriente a respeito das consequências jurídicas da compreensão da autonomia privada como direito fundamental, a partir de metodologia dogmaticamente definida que fixará sua base constitucional; em segundo lugar, ao ressaltar a impropriedade das teses majoritariamente aceitas no sentido da compreensão da autonomia privada como subproduto de princípios consequencialistas, desenvolver-se-á, a partir da crítica, uma nova perspectiva constitucional do princípio em questão.

Apenas a título de ilustração, registre-se que a tese defendida tem a pretensão de refutar teses atualmente aceitas, de autores como: Edson Fachin [36], inclusive quanto a reflexos importantes em relação a temas como direito de propriedade e teoria possessória; como Claudio Luiz Bueno de Godoy[37], notadamente quanto às perspectivas a respeito da autonomia privada constantes de sua obra "*Função social do contrato: os novos princípios contratuais*"; Daniel Sarmento, no que concerne à sua perspectiva sobre autonomia constante da obra "*Dignidade da pessoa humana: conteúdo, trajetórias e metodologia*"[38]; bem como Carlos Eduardo Pianovski Ruzyk, no que concerne à sua perspectiva teleológica sobre as liberdades no Direito Civil em sua tese de doutoramento publicada na obra "*Institutos fundamentais do Direito Civil e liberdade*".[39]

Ressalta-se, portanto, em benefício da ênfase, que o trabalho em apreço não pretende se ater às relações entre autonomia e liberdade que constituíram as discussões oitocentistas que fundamentaram a elaboração das codificações e, por consequência, o desenvolvimento da ideia da autonomia da vontade, como limite da atuação do Estado absolutista diante do privado.

Diferentemente, muito embora se pretenda desenvolver uma evolução histórica do instituto, a tese tem como ponto de partida, exatamente, a inconformidade quanto às propostas atualmente aceitas e propagadas por inúmeros autores contemporâneos, conforme os exemplos acima mencionados. Discutir-se-á, assim, a (in)adequação das teses em questão para a resolução dos problemas contemporâneos.

[36] FACHIN, **Direito civil:** sentidos, transformações e fim.

[37] GODOY, **Função social do contrato:** os novos princípios contratuais.

[38] SARMENTO, **Dignidade da pessoa humana:** conteúdo, trajetórias e metodologia.

[39] RUZYK, **Institutos fundamentais do direito civil e liberdade(s).**

O trabalho, portanto, considerando a tutela constitucional da autonomia privada, como princípio fundamental do Direito Civil, e para alcançar os propósitos especificados nas hipóteses acima mencionadas, propõe análise metodológica acerca do conteúdo e de seus efeitos, de modo a estabelecer a sua posição dogmática no âmbito das discussões acerca da eficácia jurídica dos direitos fundamentais nas relações privadas.

Nessa linha, as hipóteses em questão, bem como a análise de suas consequências, na elaboração do perfil constitucional que se defende, pretendem, exatamente, apresentar soluções aos problemas atuais em relação à compreensão do tema em apreço, em toda a extensão que se propõe uma obra especificamente a ele dedicada.

2
LIBERDADE, AUTODETERMINAÇÃO E AUTONOMIA PRIVADA

2.1. Considerações introdutórias

O objetivo deste capítulo é a delimitação semântica, conceitual e temática da autonomia privada como conceito específico da dogmática jurídica. Pretende-se, dessa forma, e para o fim de perseguir a hipótese defendida, assentar seus fundamentos jusfilosóficos, notadamente pela análise das diferentes concepções de liberdade, conforme a classificação adotada e, adiante, explicitada.

As distintas acepções de liberdade formam um conjunto de perspectivas que, de certo modo, se complementam e contribuem para o desenvolvimento do conteúdo axiológico que se encontra subjacente às normas que protegem a liberdade e garantem o seu exercício, nas mais diversas áreas de conduta humana.

Esse arcabouço jusfilosófico – delimitado tematicamente para desenvolver os propósitos deste trabalho – é necessário para fundamentar as análises quanto ao conteúdo e aos efeitos da autonomia privada, como princípio constitucional, conforme proposta articulada no capítulo 0.

A esse respeito, conforme se verá adiante, é importante, desde já, explicitar que não se está aqui a defender o esmaecimento das linhas divisórias entre o conteúdo e o efeitos de normas de natureza axiológicas e aqueles próprios das normas jurídicas. Ao contrário, o objetivo é estabelecer os critérios metodológicos para que seja possível, sob a perspectiva dogmática da Ciência do Direito, delimitar o espaço normativo da autonomia privada, como princípio constitucional, no Direito brasileiro.

Para tanto, todavia, faz-se necessária a discussão a respeito dos elementos conceituais jusfilosóficos sobre liberdade de modo a qualificar o princípio da autonomia privada, da qual é diretamente decorrente. Isso porque, muito embora não seja possível confundir princípios jurídicos com valores axiológicos, estes servem para o estabelecimento de fins, e, desse modo, para a qualificação positiva de um estado de coisas que se quer promover.[40]

Assim, serão apresentadas diferentes perspectivas a respeito da ideia de liberdade, e, ato contínuo, especificada aquela que, pelas razões abaixo desenvolvidas, assenta os fundamentos para o estabelecimento do conceito adotado de autonomia privada.

Em seguida, serão discutidas as relações existentes entre a ideia de autodeterminação, liberdade e autonomia privada. Nesse tópico, buscar-se-á a estipulação dos respectivos limites conceituais, de modo a viabilizar uma segura distinção. Por fim, estabelecidos os fundamentos e os respectivos limites conceituais, serão formulados os parâmetros para a articulação conceitual de autonomia privada que se pretende adotar.

2.2. Liberdade

Se é possível afirmar verossímil a hipótese de que o homem em sociedade tem em seu caminho evolutivo o objetivo de alcançar virtudes, ou bens comuns, certamente entre estes desígnios estará a busca por liberdade. Independentemente da perspectiva ideológica que se adote, não há ideal de sociedade que prescinda da liberdade[41] em alguma de suas inúmeras matizes.

Nesse sentido, e entre os clássicos, destaca-se a posição de Jean Jacques Rousseau. Em sua clássica obra "*O contrato social*", estabelece como ponto de partida para a formulação da hipótese fundamental de sua teoria a afirmação de que "*o homem nasceu livre, e por toda parte ele está agrilhoado*".[42]

É interessante notar a remissão realizada pelo referido autor ao momento utópico da liberdade inata, consubstanciada na ideia de Estado Natural e na afirmação de que "*todos os homens nascem livres*". A exaltação à liberdade utópica e a conclamação para a libertação das cadeias e dos grilhões inde-

[40] A esse respeito: ÁVILA, Humberto. **Teoria dos princípios:** da definição à aplicação dos princípios jurídicos. 18. ed. São Paulo: Malheiros, 2018. p. 104.

[41] BOBBIO, Norberto. **Igualdade e liberdade**. 3. ed. Rio de Janeiro: Ediouro, 1997. p. 10.

[42] ROUSSEAU, Jean Jacques. **O contrato social**. 3. ed. São Paulo: Martins Fontes, 1996. p. 9.

terminadamente referidos indicam uma busca constante por superações de óbices que se sucedem no tempo.

Cada conquista é antecessora de uma nova restrição, que, por sua vez, também deverá ser objeto de inédita emancipação, e assim sucessivamente, em empreendimento incessante da humanidade. Nas palavras de Norberto Bobbio, "*a liberdade é antiga mas seus problemas são sempre novos e se renovam continuamente, em resposta às formas sempre novas de opressão que aparecem no horizonte da história*".[43]

A perspectiva de Bobbio reforça a ideia de Benedetto Croce, a propósito, para quem a própria história da humanidade tem como força motriz a manutenção da liberdade, de modo que, dessa forma, se caracteriza, de um lado, como princípio explanatório do curso da história, e, de outro, como ideal moral da humanidade.[44]

Ainda que não se concorde com a posição de Benedetto Croce de que a própria história tem na liberdade o seu *télos*, não se coloca em maiores controvérsias a ideia de que a liberdade é algo desejável sob o ponto de vista evolutivo das sociedades. O mesmo consenso, todavia, não é possível de ser encontrado quando a questão se volta a que tipo de liberdade se almeja alcançar, bem como com que características e elementos seria ela formada.

Há, como se sabe, inúmeras perspectivas a estruturar o seu conteúdo e balizar os seus limites. Isso porque incontáveis são os obstáculos apontados como desafios à emancipação humana; alguns mais urgentes e relevantes do que outros, a depender da dimensão a partir da qual são considerados. Da mesma forma, por óbvio, diversas são as formas com que se propõe a superação dos desafios apontados.

Essas distintas percepções acerca de um mesmo fenômeno indicam a conclusão de que a liberdade não pode ser compreendida por conceito de significado unívoco. Comporta, adicionalmente, emprego em diversos sistemas sociais, com conotação e efeitos próprios, que variam no tempo e no espaço.

Diante de tais desafios, é importante destacar, desde já, que não se pretende, em absoluto, exaurir as discussões a respeito do direito à liberdade, ou da própria liberdade em si, como conceito próprio da filosofia ética ou

[43] Bobbio, **Igualdade e liberdade**, pp. 81-82.

[44] Croce, Benedetto. **History as the history of liberty**. 1. ed. Carmel: Liberty Fund, 2000. p. 54.

política. Tal como destacado na introdução, o objetivo deste trabalho é a análise da autonomia privada, em sua perspectiva jurídico-constitucional. Dessa forma, as perspectivas de análise da liberdade desenvolvidas neste capítulo, a rigor, servem de pano de fundo para o desenvolvimento de argumentos que possam subsidiar os fundamentos de suporte para as hipóteses que se pretende defender ao final.

Para o alcance desses propósitos, será realizada breve análise de algumas teorias mais influentes em relação ao tema, a partir das proposições teóricas de seus principais expoentes. Para tanto, torna-se necessário, de alguma forma, sistematizar convergências e divergências em categorias de pensamento com o específico propósito de facilitar a abordagem teórica a respeito, com o objetivo final de tornar mais apreensível o objeto de análise.

A esse respeito, não se deve desconsiderar o fato de que o enquadramento de teorias em categorias e classificações é tarefa desafiadora, complexa, e eventualmente sujeita a reduções conceituais e associações controversas entre teorias distintas.

Não obstante tais desafios, para o específico efeito de sistematização acadêmica do tema, serão adotadas, concomitantemente, duas classificações. A primeira delas determina as teorias entre as categorias: liberdade negativa e liberdade positiva. Essa categorização é amplamente reconhecida e adotada por autores como Norberto Bobbio[45], Isaiah Berlin[46], Benjamin Constant[47], Immanuel Kant[48] e Quentin Skinner[49], e, entre nós, Manoel Gonçalves Ferreira Filho[50], Fernando Dias Menezes de Almeida[51] e Gustavo Binenbojm[52].

[45] BOBBIO, **Igualdade e liberdade.**

[46] BERLIN, Isaiah. **Liberty.** Nova Iorque: Oxford University Press, 2016.

[47] Benjamin Constant, a rigor, muito embora adote classificação bastante semelhante à de Berlin e Bobbio, sob a perspectiva conceitual, utiliza expressões distintas para descrever as mesmas ideias de liberdade, quais sejam: liberdade dos antigos/liberdade dos modernos. A primeira se identifica com a liberdade positiva, enquanto a segunda com a liberdade negativa. (CONSTANT, Benjamin. **A liberdade dos antigos comparada à dos modernos.** São Paulo: Atlas, 2015.)

[48] KANT, Immanuel. **Fundamentação da metafísica dos costumes.** Lisboa: Edições 70, 2019. p. 99.

[49] Skinner, nesta obra, trata da dicotomia entre a liberdade negativa, defendida por Hobbes e a liberdade republicana, que, a rigor, congrega os fundamentos da ideia de liberdade positiva. (SKINNER, Quentin. **Hobbes e a liberdade republicana.** São Paulo: Unesp, 2010.)

[50] Manoel Gonçalves Ferreira Filho adota a classificação de Benjamin Constant, qual seja, "liberdade dos modernos" e "liberdade dos antigos". Enquanto a primeira se refere aos "poderes

Com vistas a bem delimitar o posicionamento de ambas as correntes, discutem-se as teorias representativas, tanto de autores tradicionais do pensamento liberal clássico, como de autores mais recentes. Em que pese a utilidade da referida classificação, evidentemente, as teorias inseridas em cada uma das categorias apresentam tanto pontos de convergência quanto de divergência.

Bem considerada a complexidade envolvida nos debates acerca do tema, tais pontos de identidade e de discussão serão desenvolvidos na medida de sua utilidade para os fins propostos neste trabalho.

2.3. A liberdade negativa

2.3.1. A liberdade negativa: introdução

Benjamin Constant, em seu clássico discurso proferido no Ateneu Real de Paris em 1819[53], anunciou o seu manifesto em defesa das liberdades individuais (a liberdade dos modernos), assim consideradas aquelas que propiciavam a manifestação de opinião, a escolha de uma profissão, a disposição da propriedade (ou mesmo o seu abuso), o direito de ir e vir, o direito de reunião, de culto, dentre outros.

Para tanto, desenvolveu o seu argumento em torno da dicotomia liberdade dos modernos/liberdade dos antigos, atribuindo, a esta última concepção, a ideia do exercício coletivo de muitas partes da soberania, incluindo a deliberação, em praça pública, sobre a guerra e a paz, a celebração de tratados de aliança com estrangeiros, a votação de leis, e outros temas.[54] A liberdade positiva, ou liberdade republicana, portanto, para Benjamin Constant, é identificada com a Antiguidade Clássica.

De fato, Tucídides, o pai da historiografia ocidental, em a História da Guerra de Peloponeso[55], já fazia a alusão a "*Estados livres*", assim considera-

de agir, ou não agir, independentemente da ingerência do Estado"; a segunda se caracteriza como "meios de participação no exercício do Poder Político". (Ferreira Filho, Manoel Gonçalves. **Direitos humanos fundamentais**. 15. ed. São Paulo: Saraiva, 2016. pp. 39-41.)

51 Almeida, Fernando Dias Menezes de. **Liberdade de reunião**. São Paulo: Max Limonad, 2001.

52 Binenbojm, Gustavo. **Liberdade igual:** o que é e por que importa. Rio de Janeiro: História Real, 2020. p. 14.

53 Constant, **A liberdade dos antigos comparada à dos modernos**.

54 *Ibid.*, pp. 77-78.

55 Thucydides. **The war of the Peloponnesians and the Athenians**. Cambridge: Cambridge University Press, 2013.

dos como aqueles livres da sujeição à vontade de quaisquer outros que não seus próprios cidadãos.[56][57] Assim como em Tucídides, os oradores Péricles e Hermócrates consideravam que viver em uma cidade livre é o que fundamenta o exercício da liberdade pessoal.[58]

A tese da liberdade republicana, à época, era defendida por autores como Gasparo Cantarini, em sua obra "*De magistratibus et republica Venetorum*", que representou uma apologia à experiência republicana veneziana.

De fato, a Veneza retratada por Cantarini tinha o Doge à frente da administração pública, o Senado no exercício da fiscalização dos atos de governo do Doge, e o Grande Conselho, que representava a autoridade legislativa final. Segundo Cantarini, o modelo tripartite de Veneza garantiu o desenvolvimento de uma república equilibrada, que, por suas características relacionadas à repartição de poder, ao consentimento na submissão à nobreza e à participação pública nas decisões, permitiu não só a liberdade da dominação estrangeira, mas também de toda sedição civil relevante.[59]

A tese de Cantarini, que então congregava o ideário da liberdade dos antigos – na expressão de Benjamin Constant – de que o poder soberano absolutista efetivamente poderia representar um óbice ao pleno exercício das liberdades civis foi objeto de relevante enfrentamento por Thomas Hobbes.

Não sem razão, portanto, Benjamin Constant associava a liberdade republicana à concepção da Antiguidade sobre o tema, exatamente em razão da predominância da percepção de que livres eram aqueles que tinham a oportunidade de deliberar sobre os temas relevantes do Estado.

[56] Skinner, **Hobbes e a liberdade republicana**, p. 76.

[57] A título de ilustração dessa percepção, menciona-se a seguinte passagem: "*Eventually, nearly all the tyrants in Athens and in the rest of Greece (most of which was ruled by tyrants from an earlier time) were finally deposed by the Spartans, though those in Sicily were an exception. Note that Sparta, though it went through the longest known period of civil strife after its present inhabitants, the Dorians, had taken possession of it, has nonetheless enjoyed good government78 from a very early period and has always been free of tyranny; for rather more than four hundred years before the date of the end of this war they have had the same constitution and have consequently been powerful enough to settle the affairs of other states as well as their own. After this final expulsion of the tyrants from Greece, then, it was not many years before the Battle of Marathon took place between the Persians and the Athenians.*". (Thucydides, **The war of the Peloponnesians and the Athenians**, p. 12.)

[58] Skinner, **Hobbes e a liberdade republicana**, p. 76.

[59] Contarini, Gasparo. **The republic of Venice:** de magistratibus et republica Venetorum. Toronto: University of Toronto Press, 2020. p. 3052.

Nesse contexto, portanto, se insere a obra de Thomas Hobbes e o seu arcabouço teórico que serviu de fundamento filosófico-político ao monarquismo absolutista. Para a formulação de projeto alternativo havia, efetivamente, a necessidade de refutação das teses vigentes.

A esse respeito, é interessante notar, aliás, que se reputa a Hobbes a popularização, na Inglaterra, da obra de Tucídides, em razão da tradução por ele realizada de *"História da Guerra de Peloponeso"*.[60] Para além da curiosidade do fato, tal aspecto revela que Hobbes, no desenvolvimento de suas teses sob a perspectiva absolutista da liberdade, precisou se posicionar diante da predominante compreensão dos efeitos na fruição da liberdade decorrentes da ausência de limites institucionais para o exercício do poder soberano.

Além de Hobbes, Jean Bodin também se posicionou contrariamente à percepção de que o exercício da soberania do monarca pudesse resultar em óbices às liberdades dos súditos, uma vez que o monarca régio, assim como os súditos, estaria submetido às leis naturais, assim compreendidas como aquelas em que se fundamenta o direito de submissão do homem apenas aos comandos impostos pela razão conforme a vontade de Deus.[61] Há, pois, em sua hipótese, a ideia de uma coincidência no que concerne ao poder do soberano e os direitos e deveres dos súditos, ante o fundamento comum da liberdade natural. Assim, na perspectiva de origem comum – vontade de Deus – do fundamento de legitimidade do poder normativo soberano e dos direitos de liberdade dos súditos, não há que se falar em conflito entre liberdade civil e soberania.

Bem considerado o contexto histórico-político no qual está inserida, a obra de Hobbes revela as possibilidades teóricas de compatibilização de fundamentos filosóficos sobre a perspectiva de liberdade com o sistema político das monarquias absolutistas. De fato, muito antes de Isaiah Berlin, Hobbes já antevia a desconexão entre a ideia de liberdade negativa e a estrutura política de governo dos Estados.[62]

60 SKINNER, **Hobbes e a liberdade republicana**, p. 75.

61 BODIN, Jean. **Les six livres de la République**. Paris: Myriel, 1993 [*edição Kindle*]. p. 73.

62 A esse respeito, esclarece Hobbes: "Nas Torres da cidade de Lucca está escrito em caracteres grandes a palavra LIBERTAS; mas, a partir disso, ninguém pode inferir que ali o indivíduo esteja mais Livre ou Imune de prestar serviços ao Estado do que em Constantinopla. Seja um Estado Monárquico ou Popular, a Liberdade é a mesma.". (HOBBES, Thomas. **Leviatã**. 1. ed. São Paulo: Edipro, 2015. p. 196.)

Mais do que isso, para Hobbes a concepção de liberdade apregoada por *autores gregos e latinos* representaria, a rigor, o "*lema falso de liberdade*", na medida em que, na verdade, estaria a serviço do controle de forma silenciosa das ações dos soberanos, ao custo do derramamento de sangue.[63]

O posicionamento de Hobbes quanto à concepção de liberdade dos autores gregos e latinos, amplamente difundida entre seus contemporâneos, tornou necessária a formulação de ressignificação ao conceito de *homo liber* vigente. Pode-se afirmar, nesse sentido, que Hobbes foi pioneiro na construção de conceito alternativo ao de homem livre da liberdade republicana.

A construção de Hobbes para desenvolver a sua concepção de liberdade é interessante. A premissa básica de seu pensamento está na hipótese de que os homens foram por Deus criados iguais em suas faculdades físicas e mentais. Dessa noção de igualdade decorre a conclusão de que não há, entre os homens, fundamentos para que uns tenham perspectivas maiores ou melhores que outros de acesso aos recursos naturais disponíveis. Assim, se mais de uma pessoa objetiva alcançar determinado recurso escasso, e se o acesso a esse recurso implicará na privação de outras pessoas de sua utilização, haverá uma disputa, na qual as pessoas tentarão subjugar umas às outras. [64]

Assim, antes da formação de um poder comum, que possa arbitrar as disputas (ou para manter as pessoas intimidadas) haverá o Estado de Guerra.

Nesse aspecto, residem a descrença de Hobbes quanto à viabilidade de um governo democrático, e, concomitantemente, a acusação de que a sua implantação é resultado de um alto custo consequente do derramamento de sangue a que se referiu anteriormente.

Assim, em decorrência da necessidade de se obedecer à Lei Natural que determina a busca da paz entre os homens, a liberdade dos súditos deve ser compatibilizada com a *soberania* exercida pelo monarca, sob pena de perpetuação do Estado de Guerra, no qual o exercício absoluto de liberdades individuais resultará em inevitáveis conflitos.

A perspectiva de Hobbes, portanto, pressupõe a compreensão de que parte da liberdade será efetivamente cerceada para o fim de obtenção da pacificação social. Essa premissa torna-se viável apenas na medida em que

[63] *Ibid.*, p.197.

[64] *Ibid.*, p. 115.

a liberdade é concebida, não como a possibilidade de participação popular nos assuntos de governo, mas, sim, como ausência (maior ou menor) de restrições objetivas externas ao seu exercício.

Nesse sentido, portanto, o posicionamento objetivo e peremptório de Thomas Hobbes se firmou na seguinte afirmação "*a liberdade significa propriamente a ausência de Oposição*", entendendo-se por oposição "*os obstáculos externos ao movimento*"; de modo que "*um homem livre é alguém que não está impedido de fazer tudo o que desejar e for capaz de fazer por meio de sua força e inteligência*".[65]

O exercício da liberdade, portanto, segundo a concepção que a qualifica como ausência de limitação externa, não está atrelado a qualquer modo de organização do governo. Por essa razão, assevera Hobbes que não se pode afirmar que o indivíduo seja mais ou menos livre em um estado monárquico ou popular.[66] Isso porque, segundo o referido autor, a maior liberdade dos súditos depende do silêncio das leis; ou seja, o espaço de exercício de liberdade será maior ou menor, a depender da conveniência daquele (ou daqueles) que exerce(m) a soberania, na medida em que estabelece os limites nos quais poderá se desenvolver a livre conduta humana.

2.3.2. O liberalismo clássico e a concepção utilitarista de liberdade

Para John Stuart Mill, um dos principais expoentes do pensamento utilitarista do liberalismo clássico, a discussão em torno da liberdade se pautou, historicamente, pelo confronto entre a *liberdade* e a *autoridade*. Em civilizações antigas, como na Grécia ou em Roma, como se demostrou anteriormente, a liberdade significava proteção contra a tirania de governantes. A preocupação, nesse contexto, residia exatamente no fato de que os governantes eram vistos em uma posição antagônica à do povo por eles governados, disso resultando a necessidade de se resguardar a liberdade contra as pretensões dos conquistadores.[67]

Ocorre que, com o advento do *Estado liberal*, assim como do arcabouço cultural do liberalismo clássico, a percepção da relação entre povo e governantes se altera significativamente.

[65] *Ibid.*, pp. 191-192.

[66] *Ibid.*, p. 196.

[67] MILL, John Stuart. On liberty. *In*: MILL, John Stuart. **John Stuart Mill:** the collection. [s.l.]: 1901 [*edição Kindle*]. p. 4041.

Se a premissa do liberalismo clássico, no sentido de que a vontade dos governantes do *Estado liberal* coincide com as pretensões do povo, não faria sentido imaginar-se uma proteção dos cidadãos contra a própria vontade autonomamente manifestada pelos seus representantes.

Stuart Mill, todavia, alerta que identidade perfeita entre vontade de governantes e governados, ainda que sob o *Estado liberal*, a rigor, não existe. Nesse contexto, ressalta que a concepção do liberalismo clássico pode resultar em uma tirania da maioria, também exercida pelas autoridades públicas, assim como todas as demais tiranias.[68]

Diante disso, é indispensável, segundo o referido autor, estabelecer os limites à interferência da opinião pública majoritária na independência individual. Esses limites são tão importantes para a manutenção da boa condição humana quanto a proteção contra o despotismo político. [69]

A propósito, defende Mill que a única liberdade que merece tal denominação é aquela em que se persegue o próprio bem por seus próprios meios, na medida em que não se tolha os outros de persegui-lo, ou se impeça os seus esforços para obtê-lo.[70]

Mill ressalta a importância da garantia da existência de limites à interferência externa, no que concerne à autodeterminação humana. Destaca que, ainda que as pretensões de determinados indivíduos, eventualmente, possam não coincidir com valores sociais relevantes, é necessário o resguardo da esfera de autonomia. O limite, no entanto, será especificado quando houver danos ou risco de danos a terceiros.

Nota-se, portanto, nesse particular, um afastamento da concepção utilitarista das teorias metafísicas de liberdade, na medida em que os limites são estabelecidos a partir de elementos empíricos e concretos. A preocupação do utilitarismo clássico não é, propriamente, com o dever, como produto de uma razão pura prática, alheia a qualquer contingência material – como defende Kant –, mas, sim, com o próprio resultado da conduta humana.

Para aferir o valor da conduta humana, os utilitaristas não recorrem ao preceito determinado pela norma estabelecida (um imperativo categórico, por exemplo); preocupam-se, todavia, com os critérios de utilidade do resultado da conduta.[71]

[68] *Ibid.*, p. 4084.

[69] *Ibid.*, p. 4099.

[70] *Ibid.*, p. 4224.

[71] A propósito do tema, defende John Stuart Mill: "*I regard utility as the ultimate appeal on all ethical questions; but it must be utility in the largest sense, grounded on the permanent interests of man*

Para Mill, o utilitarismo, ou o princípio da maior felicidade, sustenta que as ações são consideradas corretas na proporção em que tendem a promover a felicidade, e erradas na medida em que produzem o contrário da felicidade. Como felicidade entende-se o prazer e a ausência de dor; enquanto a infelicidade, a dor e a privação do prazer.[72]

O arcabouço teórico do utilitarismo tem influenciado diversos autores contemporâneos, notadamente naqueles que defendem a existência de um suposto direito à felicidade.

2.3.3. A acepção contemporânea de liberdade negativa

Um dos autores contemporâneos mais relevantes no que concerne à discussão sobre liberdade é Isaiah Berlin. Seu conhecido texto "*Two concepts of liberty*" teve o mérito de sistematizar a discussão em torno de tal conceito a partir da dicotomia liberdade positiva e liberdade negativa.

Para o autor, essa dicotomia serviria para o fim de responder a duas perguntas. A primeira diz respeito a qual seria a área em cujo âmbito um sujeito – uma pessoa ou um grupo de pessoas – é ou deveria ser deixado para fazer ou ser o que esse sujeito é capaz de ser ou fazer, sem a interferência de outras pessoas. A segunda se refere a que ou a quem seria a fonte de controle ou de interferência que poderia determinar alguém a fazer ou ser isso em vez daquilo.[73]

Seguindo a classificação de Berlin, a resposta à primeira pergunta indicaria a compreensão da liberdade em seu sentido negativo, enquanto a resposta à segunda, o seu sentido positivo.

Em seu sentido negativo, para o referido autor, a liberdade política consistiria no âmbito de ação no qual determinado sujeito pode agir sem qualquer interferência de terceiros. Ou seja, se o sujeito é obstado em sua faculdade de fazer algo de que seja capaz, ele não será livre na medida do óbice que lhe for imposto.[74]

as a progressive being. Those interests, I contend, authorize the subjection of individual spontaneity to external control, only in respect to those actions of each, which concern the interest of other people. If any one does an act hurtful to others, there is a prima facie case for punishing him, by law, or, where legal penalties are not applicable, by general disapprobation." (*Ibid.*, p. 4193)

72 MILL, John Stuart. Utilitarianism. *In*: MILL, John Stuart. **John Stuart Mill:** the collection. [s.l.]: 1901 [edição *Kindle*]. p. 37109.

73 BERLIN, **Two concepts of liberty**, p. 34.

74 *Ibid.*, p. 34.

Berlin alerta que, em sua concepção de liberdade, não trata de qualquer óbice que possa impedir o sujeito de realizar seus desejos. Por exemplo, ele não considera, sob a perspectiva da liberdade política, alguém menos livre pelo fato de ser portador de alguma contingência física incapacitante que, eventualmente, o impeça de exercer alguma atividade. A restrição de que trata se refere àquela decorrente de opressão provocada por outro ser humano, de modo a frustrar os seus desejos. Assim, quanto maior a área de não interferência de terceiros, maior a liberdade.

O autor não desconsidera, a rigor, a existência de condições materiais que podem, efetivamente, frustrar o exercício da liberdade. É evidente que o sujeito que não tem condições socioeconômicas de se manter propriamente jamais poderá usufruir da mesma liberdade que os demais. Ocorre que, em sua perspectiva, Berlin defende que não se deve confundir liberdade com justiça, ou com igualdade. Trata-se, pois, de um conceito autônomo, com conteúdo próprio.[75]

É necessário destacar que, como dito acima, a liberdade em sentido negativo tem como questão principal os limites da área de não interferência de outros. Ou seja, preocupa-se com o nível de opressão em torno de determinada esfera privada, no âmbito da qual o sujeito é livre para tomar suas próprias decisões. Nesta questão, portanto, não estão incluídas preocupações em relação às fontes do poder que governa determinada comunidade.

Para fins da análise da liberdade negativa, portanto, pouco importa se o regime de governo é democrático ou autocrático. Um déspota – por mais ilegítimo que possa ter sido o processo de chegada ao poder – poderá, perfeitamente, garantir a existência de uma esfera de liberdade do indivíduo compatível (ou até em maior extensão) do que qualquer regime democrático. Isso porque a liberdade negativa não depende da existência de qualquer garantia de que os cidadãos tenham participação direta ou indireta nas decisões tomadas pelo governo.

A noção de liberdade positiva, por outro lado, indica a possibilidade de determinado sujeito agir e viver de acordo com as suas próprias decisões. Deriva do desejo do indivíduo de ser o próprio mestre; ou seja, o sujeito

[75] Nesse sentido, assevera: "*Everything is what it is: liberty is liberty, not equality of fairness or justice or culture, or human happiness or a quiet conscience. If the liberty of myself or my class or nation depends on the misery of a number of other human beings, the system which promotes this is unjust and immoral. But if I curtail or lose my freedom in order to lessen the shame of such inequality, and do not thereby materially increase the individual liberty of others, an absolute loss of liberty occurs.*". (*Ibid.*, pp. 37-38)

(e não o objeto) a conduzir-se conforme seus próprios preceitos racionalmente elaborados.[76]

Isaiah Berlin apresenta severas críticas contra a liberdade em seu sentido positivo. O autor destaca que a autodeterminação política dos cidadãos não se realiza, propriamente, de forma isolada, mas no âmbito de uma estrutura organizacional que excede os indivíduos isoladamente considerados. Nesse sentido, os cidadãos exercem, quando muito, determinadas funções para a tomada de decisões em nome de todos os demais que deverão se sujeitar àquelas deliberações. Essa estrutura orgânica ou coletiva, portanto, se legitimará para tomar conclusões definitivas, inclusive em detrimento das opiniões de algum membro recalcitrante da sociedade. Essa restrição de liberdade, todavia, se justificará em nome de um nível maior de liberdade para todos.

Tal argumento, todavia, levado ao extremo, poderá justificar todo tipo de coerção e opressão em nome de um bem maior, relativo a uma pretensa fruição mais elevada de liberdade. Assim, as percepções particulares em relação a determinadas decisões poderão ser suprimidas diante de uma autoridade que imponha sua própria compreensão de um bem maior. Essa legitimidade decisória, inclusive, deverá permitir, em razão dessa finalidade, o uso da violência para ajustar a conduta dissonante daquela determinada pela autoridade.

Em síntese, segundo o autor, sob essa perspectiva, no caso ideal, liberdade coincide com lei e autonomia com autoridade.[77]

Encontra-se, portanto, no cerne da discussão acerca de liberdade positiva, o problema da tirania da maioria em regimes que privilegiam a tomada de decisões majoritárias.

Pretende-se, no item 2.5, retomar essa crítica de modo a estabelecer posicionamento próprio para os fins pretendidos neste trabalho.

2.3.4. A acepção libertária de liberdade

A liberdade, sob a perspectiva de autores libertários, como Hayek, pode ser considerada como a ausência de coerção arbitrária da vontade de um sujeito por parte de outra pessoa. O objeto de análise, portanto, dirige-se à fruição do espaço de liberdade do indivíduo contra fatores externos pro-

[76] *Ibid.*, p. 43.

[77] *Ibid.*, p. 51.

vocados pela ação humana.[78] Essa concepção, em certa medida, se assemelha à liberdade negativa, nos termos da classificação empregada por Isaiah Berlin, conforme se explicitará adiante.

A coerção ocorre, segundo essa concepção, quando as ações se prestam para servir a vontade de outro homem; não para os próprios fins do agente, mas para propósitos de outrem. Nesse contexto, o agente possui alternativas; mas a escolha é manipulada de tal forma que a opção do coator passa a se tornar a menos nociva, e, portanto, a mais elegível.

Assim, a ideia de coerção não comporta todo tipo de influência que o agente pode perceber para a realização de suas escolhas. Requer, para se configurar, a ameaça do dano associada à intenção de que seja praticada a conduta almejada por quem coage.

Evidentemente, a coerção não pode ser confundida com os mecanismos econômicos e sociais pelos quais as pessoas voluntariamente se conduzem, de tal forma, para atender a interesses de outrem, como se verifica, por exemplo, na realização de negócios jurídicos sinalagmáticos. Em tais casos, todavia, é possível a existência de condições que resultem em efetivas coerções, como, por exemplo, naquela exercida por um monopolista em um mercado de bens essenciais em que não há produtos substituíveis.

Há, portanto, diferentes níveis de coerção. Há aquelas que se aproximam de cenários de total ausência de liberdade, assim como de circunstâncias em que a liberdade do agente não restará gravemente comprometida.

Hayek procura diferenciar a liberdade, considerada como uma esfera privada dotada de circunstâncias em que se permite a atuação do sujeito sem interferências internas, do que ele denomina de liberdade política. Essa outra acepção se refere à garantia de possibilidade de participação do cidadão nas decisões políticas do governo, notadamente no que concerne às decisões tomadas no legislativo ou em âmbito administrativo.

Igualmente, a concepção de liberdade de Hayek não deve ser confundida com as concepções metafísicas, que tratam de restrições de liberdade impostas por questões de natureza emocional, moral ou intelectual. Da mesma forma, a liberdade não deve ser confundida com a falta de capacidade (física) de obtenção de todos os desejos do sujeito. Nesse sentido, liberdade também não pode ser confundida, propriamente, com poder

[78] FRIEDRICH, A. Hayek. Freedom and coercion. *In*: MILLER, David (org.). **The liberty reader**. Londres: Routledge, 2006. pp. 80-81.

político. Essa última acepção, aliás, é bastante propensa à tirania, o que se verifica como a própria antítese da liberdade.

É interessante notar que para os libertários, a liberdade não deve ser definida em conformidade com qualquer critério de utilidade. Até porque é possível que de certa parcela de liberdade decorram consequências negativas. É factível, portanto, que as pessoas sejam livres, e, ainda assim, miseráveis.[79]

Hayek defende que, para que seja possível a manutenção de uma esfera privada cujos limites não poderiam ser afrontados por terceiros, é necessária a existência de uma autoridade que detenha poder suficiente para impor a observância dessa norma, sob a legítima ameaça de que a violação poderá resultar em sanções ao infrator.

Para a garantia efetiva da esfera privada de liberdade, também se faz necessária a estipulação de regras de reconhecimento, que permitam, aprioristicamente, a definição dos limites em relação aos quais é vedada a interferência. Sem a definição das regras de reconhecimento, de fato, não é possível evitar que a liberdade seja tolhida pela coerção.

A esse respeito, Hayek defende que, para que a atividade de estipulação das regras de reconhecimento não seja, ela própria, uma forma de coerção, é imprescindível que se garanta a possibilidade dos indivíduos de se manifestarem e influenciarem na definição dessas normas. Até porque, se a definição das normas de reconhecimento da esfera privada for realizada por autoridades que não sejam, elas próprias, destinatárias das normas, haveria amplo espaço para o exercício de arbitrariedades. Sustenta, assim, que as regras de reconhecimento devem fazer parte do arcabouço normativo-institucional de garantia dessa esfera de liberdade individual.

As regras de reconhecimento, portanto, devem ser de caráter universal e definidas aprioristicamente, de modo a permitir que sejam previsíveis e, consequentemente, evitáveis.

2.4. A liberdade positiva

2.4.1. A liberdade positiva: introdução

A liberdade positiva, como mencionado anteriormente, é frequentemente associada a autores da Antiguidade Clássica, assim como o fizeram Benjamin Constant, Jean Bodin, Hobbes, Tucídides, dentre outros.

[79] *Ibid.*, p. 87.

Boa parte da influência filosófica a respeito do tema, que se perpetrou através do tempo, se deve, não só a fatores históricos, culturais e sociais, mas, principalmente, à relevância que teve a obra de Aristóteles para a posteridade. De fato, tanto Hobbes como Jean Bodin[80], nas respectivas apologias aos regimes monárquicos absolutistas foram instados a se manifestarem a respeito do posicionamento de Aristóteles sobre liberdade e democracia. A perspectiva da liberdade como ausência de limites externos precisou superar, especificamente, verdadeiro paradigma consistente na percepção aristotélica de liberdade.

Não por outro motivo, Hobbes precisou se lançar à perquirição do que seria efetivamente o *homo liber* em sua concepção de liberdade. Isso porque Aristóteles foi enfático ao afirmar que o homem livre apenas o poderia sê-lo sob a forma democrática de governo.[81]

Aristóteles, em *Política*, consignou o seu conhecido posicionamento no que concerne à relação entre liberdade e democracia, ao defender que o princípio fundamental da forma democrática de governo é a liberdade, pois ela é objetivo de toda a democracia. Prossegue, na célebre passagem do Livro VI de "*Política*", asseverando que o princípio da maioria – que pressupõe o critério da igualdade na tomada de decisões – é "*um sinal característico da liberdade, que todos os democratas estabelecem como princípio de sua constituição*". E, por fim, sustenta que outro sinal característico (e a própria função) da liberdade seria o homem viver como quer, o que é o oposto do que ocorre no âmbito da escravidão. Desse preceito decorre, segundo Aristóteles, o segundo princípio da democracia, que consiste na pretensão de não ser governado.[82]

É importante destacar que Aristóteles, propriamente, não pode ser enquadrado como um defensor incondicional do governo democrático – ao menos com as características por ele definidas, ou, até então, conhecidas. A rigor, o filósofo rejeita a adoção da regra absoluta do princípio da maioria, sob pena de se alcançarem resultados arbitrários pela decisão majoritária. A esse respeito, assevera que a democracia extremada – assim como a oligarquia – é, na realidade, tirania exercida por várias pessoas.[83]

80 Skinner, **Hobbes e a liberdade republicana**, pp. 85-86.

81 Aristóteles. **Política**. 2. ed. Brasília: Universidade de Brasília, 1988. p. 204.

82 *Ibid.*, p. 204.

83 *Ibid.*, p. 194.

Ademais, e apesar dos consideráveis desafios envolvidos no julgamento moral de personagens dissociados de seu contexto histórico-social, as concepções de Aristóteles sobre a escravidão, assim como sobre a igualdade de gênero – para pinçar algumas das mais relevantes – não permite, propriamente, o seu enquadramento na categoria de pensamento democrata contemporâneo.[84]

A essência da concepção de liberdade republicana também pode ser encontrada no *Digesto* do Imperador Justiniano. No Título Quinto do Livro I, que trata do estado dos homens, consta, a partir de Gaio, que "*a divisão principal do direito das pessoas consiste em todos os homens ou serem livres ou escravos*". Essa passagem é complementada pelo título seguinte no qual se especifica que a *libertas* do homem livre é aquela exercida de forma independente do poder de outrem, em contraposição ao estado das pessoas *alieni iuris*, que, por outro lado, são dependentes do poder alheio.[85]

A concepção de liberdade dos juristas romanos, em conjunto com a ideia da dignidade do homem, derivada dos valores do Cristianismo, foram essenciais na formação da percepção da individualidade do ser humano, que constitui a essência da cultura jurídica europeia, tendo a pessoa como figura central e referência intelectual do Direito, conforme aponta Reinhard Zimmermann.[86]

De fato, o reconhecimento da individualidade – e a desintegração da coletividade – como a unidade primária da vida humana consistiu em mudança significativa no pensamento europeu medieval[87][88], com impactos relevantes na conformação da ideia de liberdade.

A recíproca influência da concepção romana de liberdade, com a ideia da pessoa humana à imagem e semelhança de Deus, alterou significativamente a percepção sobre liberdade, igualdade e escravidão.[89]

[84] A propósito das referidas concepções de Aristóteles, vide, especialmente, o Capítulo V do Livro I de *Política*. (*Ibid.*, pp. 31-33)

[85] VASCONCELLOS, Manoel da Cunha Lopes e. **Digesto ou pandectas do imperador Justiniano.** v. I. São Paulo: YK, 2017. pp. 78-82.

[86] ZIMMERMANN, Reinhard. Direito romano e cultura europeia. **Revista de Direito Civil Contemporâneo**, v. 7, p. 254, 2016.

[87] Não se deve desconsiderar os problemas inerentes à categorização de um pensamento europeu unificado. A propósito de tal alerta, bem como dos elementos que poderiam consubstanciar essa perspectiva, vide ZIMMERMANN, Direito romano e cultura europeia, p. 254.

[88] CARLYLE, Alexander James. **Political liberty:** a history of the conception in the middle ages and modern times. Londres: Routledge, 1988 [*edição digital*]. p. 1.

[89] *Ibid.*, p. 7.

Enquanto Aristóteles foi capaz de articular argumentos que legitimavam regimes de escravidão, a Ética cristã, radicalmente fundamentada na igualdade natural consubstanciada na semelhança do ser humano com o seu Criador, é incompatível com a ideia da condição inata de escravidão.

A esse respeito, deve-se compreender que a relação entre Cristianismo e Antiguidade foi pautada não apenas pela oposição de concepções de mundo e de aspectos político/sociais, mas, principalmente, pela "intraposição", *i.e.*, integração e criação de novas ideias, perspectivas e percepções.[90]

De tal aspecto, decorre, portanto, o fato de que autores fundamentais na doutrina cristã, como, *v.g.*, o Papa Gregório, utilizaram-se de fontes do *Digesto* para a articulação de concepções sobre a igualdade humana.[91]

Da mesma forma, os autores medievais que se debruçaram sobre a natureza e características do poder político secular se inspiraram nas fontes estabelecidas no *Corpus Iuris Civilis*. Pode-se destacar, nesse sentido, a percepção de que, para os autores considerados absolutistas, o poder político do monarca é, em certa medida, limitado por princípios de Justiça que decorrem diretamente da *Lei Natural*.[92]

As influências recíprocas entre a Antiguidade e o Cristianismo muito contribuíram para o estabelecimento das bases conceituais e filosóficas sobre as quais foram erguidas as estruturas de pensamento do liberalismo clássico, notadamente quanto à evolução do conceito moderno de liberdade.

Conforme apontado anteriormente, se Hobbes precisou dialogar com tais fontes, ainda que para refutá-las, ao menos em parte, para elaborar a sua própria concepção de liberdade negativa, o desenvolvimento da ideia de liberdade republicana foi extremamente profícuo na recepção de tais influências.

Jean Jacques Rousseau, *v.g.*, foi, inclusive, responsável pela renovação do pensamento aristotélico no que concerne à sua filosofia política, conforme se poderá perceber dos apontamentos formulados no item seguinte.

[90] BETZ, Hans Dieter. Antiquity and christianity. **Journal of Biblical Literature**, v. 117, p. 6, 1998.

[91] CARLYLE, **Political liberty:** a history of the conception in the middle ages and modern times, pp. 6-7.

[92] *Ibid.*, p. 11.

2.4.2. A liberdade positiva no liberalismo clássico

Jean Jacques Rousseau – para se retornar ao autor destacado no fim do último tópico – estrutura a sua percepção sobre a liberdade suscitando como perspectiva de análise, não só o modo de alcance, mas, principalmente, os alicerces de sua legitimidade.

Nesse sentido, estabelece que a legitimação da liberdade se dá no âmbito da passagem do Estado Natural ao Estado Civil. Essa transformação teria se dado quando os homens tiveram sobrepujadas as suas forças individuais pelos obstáculos prejudiciais à sua própria conservação.[93] Diante desse estado de coisas, outra solução não restou senão a reunião de forças contra os obstáculos comuns, por meio da formação da associação civil, qualificada pelo *contrato social*.

A passagem do Estado Natural ao Estado Civil, segundo Rousseau, teria resultado na supressão da liberdade natural – caracterizada pelo direito ilimitado a tudo aquilo disponível aos desejos humanos – e no surgimento da liberdade civil – limitada pela vontade geral – e da liberdade moral, que, nas palavras de Rousseau, seria *"a única que toma o homem verdadeiramente senhor de si, porquanto o impulso do mero apetite é escravidão, e a obediência à lei que se prescreveu a si mesmo é liberdade"*.[94]

Nota-se, a propósito, um afastamento da percepção hobbesiana quanto ao Estado Natural. Para Rousseau, a concretização do homem, portanto, se dá com a passagem para o Estado Civil; ou seja, há, nesse aspecto, uma renovação da concepção aristotélica do ser humano como um ser político, em cuja essência está a formação da sociedade.

Nesse contexto, a liberdade para Rousseau, portanto, está intimamente relacionada à formulação do Estado Civil, qualificado por um contrato social, por meio do qual a vontade geral é manifestada para o fim de dirigir o Estado com o objetivo de alcançar o bem comum em sociedade. Nesse sentido, a liberdade de Rousseau é eminentemente de natureza republicana.

A perspectiva de Rousseau é fundamentalmente norteada por uma liberdade que se perfaz pela construção de limites autoimpostos em sociedade, no âmbito do Estado Civil. Esse aspecto, aliás, é o que o distancia dos posicionamentos dos fundadores da doutrina cristã, assim como do *Corpus Iuris Civilis*, e o aproxima da teoria política aristotélica. Reside, nesse

[93] ROUSSEAU, **O contrato social**, p. 20.

[94] *Ibid.*, p. 26. e p. 204.

particular, consequentemente a relevante distinção entre sua teoria e a de John Locke.

Locke é considerado um dos principais expoentes do jusnaturalismo teológico. Exatamente em razão da influência de suas convicções religiosas – o que decorre do contexto cultural em que produziu sua obra – suas perspectivas têm sido objeto de certo desprezo por parte de jusfilósofos contemporâneos.

Não é possível negar que alguns de seus posicionamentos sejam, para dizer o mínimo, datados. Menciona-se, a título de ilustração, certa aparente condescendência do autor com o trabalho escravo, em sua perspectiva de liberdade.[95]

Nada obstante, é possível extrair relevantes contribuições para perspectivas atuais relacionadas a liberdade e democracia, ainda que considerado o seu fundamento teológico.

Para a compreensão da perspectiva de autonomia de Locke, é fundamental a noção do que Jeremy Waldron denomina de intelecto democrático, consubstanciada na conhecida obra *"An essay concerning human understanding"*[96]. Para Locke, os humanos se igualam entre si em razão de possuírem uma capacidade intelectual suficiente para formar e desenvolver ideias abstratas que permitem a racionalização da existência de Deus, bem como a compreensão do que Ele requer dela[97].

A autonomia em Locke, portanto, decorre da Lei Natural, que, em último nível, está fundamentada na vontade de Deus. Sua origem é metafísica, razão pela qual não é passível de restrições do mundo terreno, a não ser em função daquelas que decorram da própria liberdade do homem livre que as manifesta por meio de seu consentimento.

[95] Nesse sentido: "Admito que se verifica entre os judeus, assim como em outras nações, homens que se venderam, mas, evidentemente, isto só aconteceu em relação ao trabalho servil, não à escravidão. Porque é certo eu a pessoa vendida não estava sob um poder absoluto arbitrário e despótico, e o senhor não tinha poderes para matá-lo, qualquer que fosse a situação porque em uma data determinada ele era obrigado a deixá-lo abandonar livremente o seu serviço; longe de poder dispor arbitrariamente da vida de um tal servidor, o senhor não podia sequer mutilá-lo propositalmente, pois a perda de um olho ou de um dente imediatamente implicaria non retorno de sua liberdade." (LOCKE, **Segundo tratado sobre o governo civil**, pp. 105-106.)

[96] LOCKE, John. **An essay concerning human understanding**. Adelaide: University of Adelaide, 2015. p.83.

[97] WALDRON, Jeremy. **God, Locke and equality**. Cambridge: Cambridge University Press, 2002.

Nesse sentido, defende que a liberdade natural torna o homem livre de qualquer poder terreno, não se sujeitando, assim, à vontade ou à autoridade legislativa do homem. O homem, portanto, submete-se, apenas, à regra da Lei Natural, que lhe garante a liberdade inata e restringível apenas por seus próprios limites livremente estabelecidos.[98]

Essa liberdade inata integra a própria essência da preservação do homem, de modo que não lhe é lícito dela dispor, ainda que de forma consentida, a não ser que o faça em conjunto com a disposição da preservação da própria vida.[99]

Na concepção de Locke, o homem livremente se estabelece em sociedade – valendo, para tanto, uma manifestação tácita – e assim se submete às leis e às instituições existentes. Trata-se, a rigor, da passagem do Estado Natural para o Estado Civil. Nesse particular, é importante destacar que a perspectiva de Locke não envolve, necessariamente, a existência cronológica de fatos. Assim, para a validade de sua tese, é indiferente a verificação factual da passagem do Estado Natural para o estado da sociedade política e do governo (Estado Civil).

Por ser o objetivo principal do homem a formação de sociedade que o permita desfrutar da propriedade em paz e segurança, a primeira providência a ser tomada na formação do Estado Civil é o estabelecimento do Poder Legislativo, uma vez que as leis são os instrumentos pelos quais tal objetivo é alcançado.[100]

98 A propósito do tema, assevera John Locke. "A liberdade natural do homem deve estar livre de qualquer poder superior na terra e não depender da vontade ou da autoridade legislativa do homem, desconhecendo outra regra além da lei da natureza. A liberdade do homem na sociedade não deve estar edificada sob qualquer poder legislativo exceto aquele estabelecido pelo consentimento na comunidade civil; nem sob o domínio de qualquer vontade ou constrangimento por qualquer lei, salvo o que o legislativo decretar; de acordo com a confiança nele depositada. Portanto, a liberdade não é o que Sir Robert Filmer nos diz, O.A. *(observations on Aristotle)* 55 'uma liberdade para cada um fazer o que quer, viver como lhe agradar e não ser contido por nenhuma lei'. Mas a liberdade dos homens submetidos a um governo consiste em possuir uma regra permanente à qual deve obedecer, comum a todos os membros daquela sociedade e instituída pelo poder legislativo nela estabelecido. É a liberdade de seguir minha própria vontade em todas as coisas não prescritas por esta regra; e não estar sujeito à vontade inconstante, incerta, desconhecida e arbitrária de outro homem: como a liberdade natural consiste na não submissão a qualquer obrigação exceto a da lei da natureza.". (LOCKE, **Segundo tratado sobre o governo civil**, p. 104.)

99 *Ibid.*, p. 105.

100 *Ibid.*, p. 186.

A rigor, portanto, a legitimidade do Poder Legislativo reside, exatamente, em sua compreensão da liberdade humana. Não por outra razão, Locke considera que o Poder Legislativo é o poder supremo da comunidade, sagrado e intocável nas mãos de quem a comunidade o confiou. Dessa forma, afirma que qualquer ato normativo que não for submetido à sanção do Poder Legislativo não pode ter força e validade de lei, pois:

> (...) sem isso faltaria a esta lei aquilo que é absolutamente indispensável para que esta seja uma lei, ou seja, o consentimento da sociedade, acima do qual ninguém tem o poder de fazer leis: exceto por meio de seu próprio consentimento e pela autoridade de que dele emana.[101]

Por caminhos e fundamentos diversos, Kant se aproxima da percepção da relação entre liberdade e Poder Legislativo desenvolvida por John Locke, para, igualmente, estabelecer a legitimidade do poder normativo em sua concepção de autonomia da vontade, que, por sua vez, decorre do conceito de liberdade.

Para Kant, diferentemente de Locke, a liberdade é um conceito puro da razão; ou seja, não pode ser aferível por nenhum dado empírico. Ressalta, todavia, que a liberdade transcende para o mundo prático, por meio de princípios práticos,

> (...) os quais, como leis, demonstram em nós uma causalidade da razão pura na determinação do arbítrio, independentemente de todas as condições empíricas (do sensível em geral), e uma vontade pura, na qual têm sua origem os conceitos e leis morais. [102]

A liberdade para Kant, portanto, tem um sentido positivo, na medida em que é revelada pela aptidão de criação de uma norma (moral) que a todos obriga incondicionalmente. A obrigatoriedade para Kant é, exatamente, a necessidade de uma ação livre sob um imperativo categórico da razão. [103]

O imperativo categórico – que se constitui como elemento central na sua teoria – por sua vez, é aquele que torna objetivamente a ação imediatamente necessária, e não mediatamente, ou seja, com o objetivo de alcançar determinado fim.[104]

[101] *Ibid.*, p. 186.
[102] Kant, **Princípios metafísicos da doutrina do Direito**, p. 93.
[103] *Ibid.*, p. 24.
[104] *Ibid.*, p. 25.

Assim, para o referido autor, lícita será a ação que não contrarie a obrigação; e autorizada será a ação não restringida por nenhum imperativo contraposto. A *contrario sensu*, ilícita será ação que contraria o imperativo prático.

Muito embora o imperativo categórico esteja relacionado à norma moral kantiana, o princípio universal do Direito, por ele desenvolvido, tem os mesmos fundamentos. Nessa linha, o princípio universal do Direito residiria exatamente na compatibilização das liberdades, de modo que a liberdade de cada um possa coexistir com a liberdade do outro, segundo uma lei universal.

Dessa forma, o Direito, compreendido como autorização de coagir, teria sua legitimidade na restrição da liberdade na exata medida em que essa limitação esteja a obstar um "*impedimento da liberdade*", segundo as leis universais.[105]

Assim como na perspectiva de Locke, o Poder Legislativo exerce um papel central na Filosofia do Direito de Kant, pois é exatamente de onde deve proceder todo o Direito. No âmbito do Poder Legislativo, se congrega a vontade unificada e concordante de todos; onde a vontade universalmente unificada do povo se torna legisladora.[106]

Para Kant, portanto, a liberdade, em seu sentido positivo, é a própria legitimação da criação do Direito, como decorrência da atuação do Poder Legislativo, na medida em que representa a vontade unificada de todos para a criação de normas jurídicas de observância universal e obrigatória.[107]

2.4.3. Liberdade, autoridade e perfeccionismo

Em contraposição às teses do liberalismo clássico, Joseph Raz faz uma análise crítica do princípio da neutralidade, segundo o qual a lei deve manter-

[105] *Ibid.*, p. 36.

[106] *Ibid.*, p. 128.

[107] A propósito do tema, Kant assevera que: "Os membros de tal sociedade (*societas civilis*) *i. e.*, de um Estado, reunidos para a legislação, chamam-se cidadãos (*cives*), e seus atributos jurídicos, inseparáveis de sua natureza (como cidadãos), são a liberdade geral, de não obedecer a nenhuma lei a que não tenham dado seu consentimento – a igualdade civil, de não reconhecer com relação a si mesmo nenhum superior no povo, a não ser um em relação ao qual ele tenha a mesma faculdade moral de obrigar juridicamente que o outro tem de obriga-lo; terceiro, o atributo da independência civil, de não ficar devendo sua existência e sustento ao arbítrio de um outro no povo, mas a seus próprios direitos e forças, como membro da república, por conseguinte a personalidade civil, de não poder ser representado por nenhum outro em assuntos jurídicos". (*Ibid.*, pp. 128-129.)

-se neutra às diferentes visões dos cidadãos sobre o que é viver bem, ou o que dá valor à vida. A neutralidade exigida do Estado, detentor do monopólio do exercício legítimo da força, visa a garantir o tratamento igualitário dos cidadãos, especialmente, quando do exercício da produção e da aplicação dos ordenamentos estatais.

Ao analisar a neutralidade no contexto de uma revisão significativa e intransigente dos princípios fundamentais do liberalismo, Raz afirma que o Estado não pode reivindicar nenhuma autoridade sobre seus cidadãos, a menos que possa ser demonstrado que, submetendo-se à autoridade do Estado, os cidadãos são mais propensos a agir de determinada maneira do que se atuassem por sua própria iniciativa[108]. Esse argumento permite que o filósofo afaste a exigência de neutralidade do Estado como pressuposto de sua autoridade e, com isso, defenda um liberalismo perfeccionista.

Segundo essa teoria, o Estado Liberal deve ser comprometido com a autonomia pessoal de seus cidadãos, sendo função do Direito promover os interesses do seu titular (*the interest theory of rights*). Segundo o autor, considerada a maneira como organizamos a nossa sociedade, a autonomia pessoal, além de compatível com o perfeccionismo, afasta peremptoriamente o princípio de neutralidade[109]. Assim, o Estado tem o direito, e talvez o dever, de não ser neutro.

Isto porque, para Raz, alguns modos de vida são moralmente piores do que outros. Trata-se, pois, de um dever do legislador desencorajá-los ao redigir as leis, estimulando o que é bom e valioso na vida. Nas palavras do autor, "*o princípio da autonomia permite e, até mesmo, exige que o governo crie oportunidades moralmente valorosas e elimine as repugnantes*". [110]

Importante observar, portanto, que o perfeccionismo de Raz não é uma teoria anti-liberal, que rechaça a liberdade individual. Ao contrário, Raz faz um estudo profundo da liberdade, no qual defende que, mais importante do que definir um conceito único de liberdade, é entender e esta-

[108] Nas palavras de Raz: "*The main argument for the legitimacy of any authority is that in subjecting himself to it a person is more likely to act successfully for the reasons which apply to him than if he does not subject himself to its authority.*" (RAZ, Joseph. **The morality of freedom**. Oxford: Oxford University Press, 2009. p. 71.)

[109] Nesse sentido, defende: "*The fact that our self-interest, and more generally, what counts towards out well-being, is to a considerable extent determined by our own actions, does not presuppose free or deliberate choice of options.*" (*Ibid.*, p. 369.)

[110] *Ibid.*, p. 417.

belecer a sua importância para os indivíduos e a vida em sociedade. Para tanto, o filósofo diferencia os conceitos de liberdade apresentados pelas doutrinas liberal e individualista para, em seguida, criticar a defesa, pelos individualistas, de que o Estado é uma ameaça à liberdade, razão pela qual deve ser contido por limites morais. [111]

Apesar de reconhecer que o Estado pode ser uma ameaça à liberdade individual, Raz defende que o Estado pode ser uma fonte dessa liberdade. Rechaça, portanto, o conceito negativo de liberdade defendido pelos liberalistas clássicos, como Isaiah Berlin, resguardando um conceito positivo de liberdade o qual, segundo o autor, deve ser delineado a partir da identificação do valor determinante para que uma pessoa seja considerada livre, ou seja, do porquê de a liberdade ser um ideal importante.

O exercício da autonomia defendida por Raz pressupõe três condições: capacidade, independência[112] e disponibilidade de uma gama de opções a serem escolhidas.[113]

Para o autor, pessoa autonoma é aquela que usa sua capacidade de escolha para alcançar seus objetivos e evitar fracassos, estabelecendo uma razão para viver a vida e concretizando sua integridade pessoal, senso de dignidade e autorrespeito. A autonomia pessoal, todavia, não basta para definir o conceito de liberdade. Segundo Raz, é necessário que essa autonomia seja significante.

Outrossim, ressalta o autor que a autonomia significante não está atrelada à imutabilidade dos planos de vida e dos objetivos e desejos traçados em dado momento. Uma pessoa autonoma e, portanto, livre, para Raz, é aquela que vive uma vida planejada, mas com espontaneidade e flexibi-

[111] *Ibid.*, pp. 17-18.

[112] Raz diferencia conceitualmente coerção e manipulação, mas reconhece a mesma importância em ambos na redução da independência do indivíduo e, portanto, em sua autonomia. Segundo o autor, a coerção impõe deliberadamente custos insuportáveis à adoção de uma determinada atitude e, com isso, reduz as opções que seriam atraentes para uma pessoa. Já a manipulação, apesar de interferir nas escolhas do indivíduo ao perverter o modo como as decisões são tomadas (ou as preferências são estabelecidas ou as metas são traçadas), não afeta as opções disponíveis ao indivíduo. (*Ibid.*, pp. 377-378.)

[113] A propósito, esclarece que: "*For a person to enjoy autonomous life he must actually use these faculties to choose what life to have. There must in other words be adequate options available for him to choose from. Finally, his choice must be free from coercion and manipulation by others, he must be independent. All three conditions, mental abilities, adequacy of options, and independence admit of degree... One's life may be more os less autonomous.*". (*Ibid.*, p. 373.)

lidade. Reconhece, assim, que uma pessoa tem múltiplas facetas, sendo improvável que a vida seja ordenada e vivida segundo apenas um esquema de valores. A percepção de pluralismo de valores e, portanto, da mutabilidade dos seres humanos e da consequente necessidade de mudança e ajustes do plano de vida, com a possibilidade de alcançar objetivos diferentes daqueles inicialmente desejados é outro traço determinante no conceito de liberdade por ele desenvolvido.[114]

Raz pontua, ainda, que a satisfação das necessidades básicas do indivíduo é indispensável para a capacidade de realização autonoma de metas [115]. Isso porque, para o autor, a autonomia pessoal de alguém que está sempre lutando para manter condições mínimas de subsistência é reduzida. Ou seja, as escolhas feitas em razão da necessidade de sobrevivência se equivaleriam àquelas tomadas mediante coerção ou manipulação, nada revelando sobre a pessoa autônoma em particular que um indivíduo pode escolher ser.

No ponto, insta salientar que Raz busca conceituar a autonomia pessoal e não moral. Assim, a relação entre liberdade e autonomia pressupõe que a escolha feita pelo cidadão seja não apenas entre feixe de alternativas, mas entre diversas opções boas. Reconhece-se, assim, que não há apenas um modo bom de vida e que a escolha do indivíduo por um, ou mais, desses modos é influenciada não apenas pelas razões que teriam levado à escolha no início, mas também pelos motivos que levam o indivíduo a seguir pelo mesmo caminho. Algumas dessas, segundo o autor, seriam razões que a escolha em si gera, que não existiriam se o agente tivesse escolhido de forma diferente.

O fato de vivermos em uma sociedade cujas formas sociais são, em sua maioria, baseadas em escolhas individuais e, tendo em vista que as opções disponíveis para escolha dos cidadãos são limitadas pelo arcabouço jurídico criado pelo Estado e pela dinâmica social em si, o indivíduo somente prosperará se gozar de autonomia.

Outrossim, a pluralidade de valores morais – nem sempre compatíveis e igualmente valoráveis entre si, destaca Raz – presente nas sociedades modernas é fundamental para a realização da autonomia. Ressalta que essa pluralidade de valores gera conflitos entre os indivíduos que buscam formas de vida válidas e, ao mesmo tempo, incompatíveis.

[114] *Ibid.*, pp. 370-371.
[115] *Ibid.*, p. 279.

A necessidade de garantir a existência dos diversos valores morais e formas de vida existentes e, por conseguinte, da autonomia, torna necessário refrear as ações das pessoas e as suas atitudes nesses conflitos por meio de princípios de tolerância, os quais integram o conceito amplo de liberdade e configuram uma parcela do dever de respeito da autonomia individual.

Dessa forma, afirma o autor, apesar de a autonomia pressupor uma série de escolhas a serem pontuadas pelo indivíduo, ela não impõe a necessidade de que uma determinada opção esteja disponível. Assim, não apenas é legítima a restrição das opções pelo Estado, como é inegável a sua variação em decorrência da mutabilidade da realidade social[116].

A autonomia, conforme defendido por Raz, é valiosa para cada indivíduo na sociedade moderna, ainda que ele não a reconheça como um ideal a ser alcançado e defendido.[117] No entanto, apesar de reconhecer a sua importância e afirmar que a liberdade política consiste no direito à autonomia, Raz não a reconhece como um direito individual do cidadão.[118]

Conforme anteriormente demonstrado, o conceito de liberdade defendido por Joseph Raz encontra seu fundamento primário na importância da autonomia individual e no pluralismo de valores sociais. Assim, para alcançar a liberdade, faz-se necessário assegurar que o indivíduo alcance uma boa vida (aquela criada autonomamente) bem como que as opções de vida e os valores disponíveis sejam diversificados e favoráveis ao indivíduo.[119]

2.5. A acepção democrática de liberdade

A autonomia privada, conforme se explicitará adiante, diz respeito, a rigor, a um espaço protegido por – e instrumentalizado de – um arcabouço normativo-institucional que garante (em sentido amplo) aos cidadãos a condução de seus negócios privados sem a interferência indevida de terceiros, incluindo o próprio Estado. Considerando que o objeto deste trabalho se restringe a esse aspecto específico, entre as diversas dimensões que constituem o universo de ideias sobre a liberdade, é oportuno restringir a análise a essa temática.

Esse recorte de análise pode nos levar à conclusão de que o aspecto de liberdade de que ora se trata guarda semelhanças com o sentido negativo

[116] *Ibid.*, pp. 410-411.

[117] *Ibid.*, p. 394.

[118] *Ibid.*, p. 247.

[119] *Ibid.*, p. 412.

de liberdade – utilizando-se a dicotomia de Isaiah Berlin – e, consequentemente, com a elaboração desenvolvida por Hayek. Há, evidentemente, diferenças sensíveis entre a abordagem a ser desenvolvida e as concepções anteriormente apresentadas, diferenças essas que serão destacadas adiante.

A analogia, no entanto, neste momento, torna-se válida para o fim de se estabelecer um ponto de partida conceitual, sobre o qual serão adicionados os elementos democráticos que poderiam subsidiar a compreensão da acepção da liberdade democrática que constitui o objeto deste item.

Conforme se explicitou anteriormente, Isaiah Berlin realiza uma diferenciação entre liberdade positiva e liberdade negativa. Expressamente, sustenta que a existência de um espaço de liberdade negativa não pressupõe, necessariamente, a existência de uma democracia. Segundo o referido autor, um "déspota esclarecido" poderia, perfeitamente, garantir o exercício de liberdades em sentido negativo, independentemente de qualquer garantia de participação política por parte da população em geral.

Hayek, diferentemente de Isaiah Berlin, defende que a garantia dessa esfera privada de atuação pressupõe a participação política dos destinatários das normas que a delimitam no processo de elaboração das normas de reconhecimento. Caso contrário, estar-se-ia diante de cenário propício à arbitrariedade e à coerção. Mais ainda, argumenta que o direito de participação política em tais decisões é tão essencial à garantia da liberdade que deve ser considerado como parte integrante do próprio sistema de normas que compõe o conteúdo da liberdade individual.

Nesse particular nota-se uma profunda divergência entre Hayek e Berlin. Enquanto Hayek defende que o direito de participação nas decisões acerca dos limites das garantias individuais é intrínseco à liberdade individual, Berlin, como visto, não só defende que se trata de coisas absolutamente distintas, como argumenta que esse poder resultaria, em *ultima ratio*, na tirania da decisão majoritária contra minorias.

De fato, conforme se pontuou acima, Berlin é crítico feroz do liberalismo clássico no que concerne às teses relativas à liberdade como forma de manifestação política das maiorias. Afora isso, argumenta que, com a impossibilidade de se consultar a todos, a todo instante, sobre questões a serem decididas, abre-se espaço para o governo dos sábios.[120]

[120] BERLIN, Isaiah. Two concepts of liberty. *In*: MILLER, David (org.). **The liberty reader**. Londres: Routledge, 2016. p. 55.

É de se destacar, todavia, que Berlin, em suas críticas ao que ele denomina de liberdade positiva, não analisa os fundamentos e as possibilidades de solução do problema (real) por ele apontado. Trata-se, a rigor, de uma análise de tudo ou nada, em que não são apresentadas discussões acerca de eventual viabilidade de convivência da regra da decisão majoritária com outros mecanismos institucionais que possam impor limites às possíveis tiranias da maioria contra minorias.

A esse respeito, são precisas as críticas formuladas por Jeremy Waldron, no sentidode que Isaiah Berlin teria negligenciado, em suas conclusões, as contribuições desenvolvidas pelo Constitucionalismo Iluminista, responsável pela elaboração de teses sobre formas de governo e sobre a estruturação de instituições governamentais para promoção do bem comum, garantia da liberdade, restrição de monarcas, sustentação do Estado de Direito, e para realizar a tentativa de estabelecimento de um governo popular – representativo, se não diretamente democrático – seguro e viável para uma república moderna relevante.[121]

De fato, atribuiu-se a Montesquieu, em evolução às concepções de John Locke[122], a criação da ideia da necessidade de separação de Poderes como forma de evitar abusos no exercício do poder.

Sobre esse aspecto, é interessante notar que ambos os autores se fundamentam, no desenvolvimento de suas respectivas hipóteses, em valores tipicamente contextualizados no âmbito do ideário do liberalismo clássico. Muito embora – exageradamente, diga-se de passagem – comumente se reforce, em Locke, os seus fundamentos teológicos, é de se notar que a sua teoria é formulada no "*Segundo tratado sobre o governo*" ante a concepção, por ele defendida, de igualdade entre os homens, nos termos acima explicitados[123].

Montesquieu, por sua vez, assenta a sua percepção, no que concerne ao tema em destaque, na obra *Espírito das leis*, em sua concepção de liberdade, que consistiria no "*direito de fazer tudo aquilo que as leis facultam*"[124]. Nesse particular, é possível identificar certa aproximação com a concepção de

[121] WALDRON, Jeremy. **Political political theory**. Cambridge: Harvard University Press, 2016. p. 275.

[122] LOCKE, **Segundo tratado sobre o governo civil**.

[123] WALDRON, **God, Locke and equality**, p. 83.

[124] MONTESQUIEU. **Do espírito das leis**. São Paulo: Martin Claret, 2006. p. 164.

Estado Civil encontrada em Kant, que, por sua vez, também tem sua origem na ideia de liberdade.[125]

A preocupação de Montesquieu, todavia, mostra-se mais pragmática ao se direcionar à formulação de proposta de estruturação do Estado em conformação tal que evite o abuso de Poder por aqueles que o detêm. Nesse particular – sem categoricamente defender o modelo tripartite como única forma de garantir o equilíbrio no exercício do Poder – alude às funções legislativas, executivas e jurisdicionais, e estabelece a necessidade de se exercerem de forma autônoma, equilibrada e reciprocamente independente.

Nesse sentido, assevera que o cidadão seria aniquilado caso o mesmo corpo da magistratura tivesse, como executor da lei, todo o poder que, como legislador, ele houvesse atribuído a si próprio. Assim, defende que:

> (...) tudo estaria perdido se o mesmo homem, ou o mesmo corpo dos principais, ou o dos nobres, ou o do povo, exercesse estes três poderes: o de criar as leis, o de executar as resoluções públicas e o de julgar os crimes e as querelas dos particulares.[126]

A independência dos Poderes defendida por Montesquieu, todavia, não implica na compreensão de que haveria entre eles uma separação intransponível a resguardar absolutamente a soberania recíproca. Diferentemente, o referido autor faz alusão à necessidade de se estabelecer certo controle, como, por exemplo, se verifica no poder que o Executivo teria de impedir determinados atos do Legislativo, sob pena de tornar-se, este último, em poder despótico. Não obstante, apesar dessa prerrogativa, jamais poderia o Executivo confundir-se com o Legislativo e promulgar normas gerais e abstratas em seu lugar, sob pena de incorrer em abuso de Poder.

Esse controle recíproco, portanto, deve ser efetivado de forma tal que não se incorra na cumulação de duas ou mais funções no âmbito de um mesmo órgão.

No que concerne ao Judiciário, especificamente, nesse contexto, exsurge a célebre concepção – equivocadamente atribuída ao positivismo clássico – de que os juízes não são mais do que *"a boca que pronuncia as palavras da lei, seres inanimados que desta lei não podem moderar nem a força e nem o rigor"*.[127]

[125] Kant, **Princípios metafísicos da doutrina do direito**,p. 125.

[126] Montesquieu, **Do espírito das leis**, p. 166.

[127] *Ibid.*, p. 172.

Interessante notar que Montesquieu defende que o poder de julgar deve ser exercido por pessoas extraídas da classe popular, em certas épocas do ano, para formar um tribunal que dure apenas o tempo necessário.[128]

Tais concepções mereceram o devido reparo por Alexander Hamilton, nos "*Federalist papers*". De fato, Hamilton defende expressamente a necessidade de se atribuir a um Judiciário independente, composto por pessoas tecnicamente capacitadas, a prerrogativa de pronunciar a nulidade da lei que se mostre contrária ao texto constitucional. Mais especificamente, defende a existência de uma Suprema Corte – em estrutura diversa do Legislativo – que tenha o poder para impor a necessária sanção de nulidade da lei que não esteja em conformidade com a Constituição.[129]

Tal prerrogativa não acarretaria, necessariamente, uma submissão do Legislativo ao Judiciário, mas a compreensão de que ambos, assim como o Poder Executivo, estão submetidos à Constituição.

A acepção da liberdade democrática, portanto, deve ser compreendida no âmbito do contexto de normas e instituições previstas na Constituição, que permitem, se não evitar, mas, ao menos, mitigar os riscos de eventuais posições opressoras de decisões majoritárias em desfavor de direitos legítimos de grupos minoritários.

Às soluções propostas pelo Constitucionalismo Iluminista, para adotarmos a expressão de Jeremy Waldron,[130] devemos acrescentar as ferramentas e as experiências desenvolvidas pelas teorias constitucionais contemporâneas, notadamente no que concerne à disciplina dos direitos fundamentais.

É exatamente no âmbito da discussão sobre aspectos que este trabalho objetiva desenvolver os fundamentos para a construção do conteúdo contemporâneo do princípio da autonomia privada.

A esse respeito, é oportuno, desde já, realizar um alerta. Não se pretende reduzir a discussão em torno da autonomia privada a uma análise meramente principiológica, tal como defendido pelos preceitos neoconstitucionalistas. Aliás, almeja-se desenvolver uma separação conceitual de princípios correlatos e valores axiológicos que, comumente, são empregados, sem qualquer rigor metodológico, para o fim de estabelecer o conteúdo

[128] *Ibid.*, p. 167.

[129] HAMILTON, Alexander. Federalist n. 78: the Judiciary Department. *In*: HAMILTON, Alexander; MADISON, James; JAY, John. **The federalist papers**. Nova Iorque: Amazon Classics, 2019 [*edição Kindle*]. pp. 569-577.

[130] WALDRON, **Political political theory**, p. 275.

do direito fundamental de liberdade, como, por exemplo, dignidade da pessoa humana, função social e direito à felicidade.

Ao contrário, defender-se-á um sistema de eficácia dos direitos fundamentais restrito e condizente, exatamente, com a legitimidade democrática conferida pela ideia de liberdade positiva. Mais especificamente, pretende-se desenvolver, no que concerne à garantia do direito fundamental de liberdade, com fundamento na proposta de Hayek, a hipótese de que o espaço de proteção privada é, necessariamente, integrado por garantias relativas ao que Berlin denominaria de liberdade positiva.

Essa liberdade positiva, a rigor, manifesta-se, primordialmente, pela produção normativa de lei em sentido estrito, mediante procedimentos deliberativos democráticos, levados a efeito no âmbito do Poder funcionalmente especializado para tanto.

2.6. Liberdade, autodeterminação e autonomia privada

Não se deve confundir liberdade com autodeterminação[131], e, muito menos, ambas com autonomia privada.

Os itens anteriores já suficientemente abordaram conceitos e perspectivas distintas a respeito da liberdade, de modo que, neste tópico, torna-se necessário contrapô-los aos conceitos de autodeterminação e autonomia privada.

A autodeterminação é um fato da vida, aferível empiricamente ou por elaborações metafísicas, como as desenvolvidas por Kant[132], em sua filo-

[131] Ou, ainda, no dizer de Paulo Mota Pinto "liberdade geral de acção". (PINTO, Paulo Mota. Autonomia privada e discriminação: algumas notas. *In*: SARLET, Ingo Wolfgang (org.). Constituição, direitos fundamentais e direito privado. 2. ed. Porto Alegre: Livraria do Advogado, 2006. p. 382.)

[132] Para os fins deste trabalho, considera-se o conceito kantiano de autonomia, que não se confunde com a ideia de autonomia privada – ou, ainda, com autonomia da vontade como conceito jurídico. O conceito de Kant se refere à conduta humana e, não necessariamente, a conduta humana que tem repercussões no mundo jurídico. Sob a perspectiva kantiana, a autonomia está essencialmente ligada à sua percepção de lei moral: "A autonomia da vontade é o único princípio de todas as leis morais e dos deveres conforme a elas: contrariamente, a toda heteronomia do arbítrio não só não funda obrigação alguma mas, antes, contraria o princípio da mesma e da moralidade da vontade. Ou seja, o único princípio da moralidade consiste na independência de toda a matéria da lei (a saber, de um objeto apetecido) e, pois, ao mesmo tempo na determinação do arbítrio pela simples forma legislativa universal, da qual uma máxima tem que ser capaz. (...) Portanto, a lei moral não expressa senão a autonomia da razão prática pura, isto é, da liberdade, e esta é ela mesma a condição formal de todas as

sofia a respeito da Ética, por Locke ou por Hegel, para mencionar alguns dos autores referidos anteriormente.

Trata-se, a rigor, da faculdade ou aptidão inata dos seres humanos para agir em conformidade com preceitos racionalmente formulados. A autodeterminação inclui as atividades humanas, como andar, trabalhar, comer, se relacionar etc. No exercício dessas faculdades, é possível (do ponto de vista abstrato) que os agentes exercitem livremente suas escolhas. Essa liberdade de escolha é aqui referida, também, em sua acepção fática; e não, necessariamente, como direito constitucionalmente protegido.

A ideia de autodeterminação referida também não se confunde com o princípio da autodeterminação dos povos, conforme alerta feito por Otávio Luiz Rodrigues Junior, ao tratar da hipótese prevista no art. 4º, *caput*, inciso III, da Constituição Federal.[133] Muito embora seja possível o estabelecimento de ligações e reflexões entre os conceitos ora tratados, sob perspectivas epistemológicas.

O princípio da autodeterminação dos povos é a expressão própria do exercício da liberdade no âmbito das relações entre Estados. Nesse sentido, assevera Hildebrando Accioly que:

> (...) o direito à liberdade confunde-se com a noção de soberania, que deixou de ser o direito absoluto e incontestável de outrora. Admitida a noção dessa soberania relativa, é lícito falar em direitos decorrentes da soberania interna e externa (que se confunde com o conceito de independência).[134]

Nesse sentido, J. J. Gomes Canotilho associa a ideia de autodeterminação a um dos pressupostos – juntamente com o autogoverno – da ideia de soberania da República. A autodeterminação é representada, em sua concepção, pela *"criação e manutenção de instituições políticas próprias assentes na decisão e participação dos cidadãos no governo dos mesmos (self-government)"*.[135]

máximas, sob a qual elas unicamente podem concordar com a lei prática suprema.". (KANT, Immanuel. **Crítica da razão prática**. 4. ed. São Paulo: WMF Martins Fontes, 2016. pp. 55-56.)

133 RODRIGUES JUNIOR, Otávio Luiz. Autonomia da vontade, autonomia privada e autodeterminação: notas sobre a evolução de um conceito na modernidade e pós-modernidade. **Revista de Informação Legislativa**, v. 41, n. 163, p. 126, 2004.

134 ACCIOLY, Hildebrando; SILVA, Geraldo Eulálio do Nascimento; CASELLA, Paulo Borba. **Manual de direito internacional público**. 19. ed. São Paulo: Saraiva, 2011. p. 320.

135 CANOTILHO, José Joaquim Gomes. **Direito constitucional e teoria da Constituição**. 7. ed. Coimbra: Almedina, 2003. p. 224.

O referido autor afirma ainda, em referência à República Portuguesa – cujo raciocínio também se aplicaria aqui no Brasil –, que tal forma de governo seria soberana no sentido de, *in verbis*: "*acolher como título de legitimação a soberania popular*". Assim o faz, exatamente para excluir qualquer outro tipo de legitimação metafísica. Ou seja, estariam excluídas, não apenas as legitimações dinástico-hereditária, divina ou divino-dinástica, mas também as experiências mais recentes de legitimação política do poder, tais como vontade do chefe (*Führerprinzip*), o partido único (leninismo) ou a vontade de Deus (fundamentalismo). Nesse sentido, a forma republicana de governo estaria intrinsecamente vinculada à ideia de democracia representativa.[136]

Alexis de Tocqueville, por sua vez, desenvolve, ao tratar em sua obra, *Democracia na América*, o conceito de soberania dos povos. Entusiasta do movimento democrático, vivenciado por ele próprio no furor dos acontecimentos, explicita, em analogia à própria ideia de *democracia direta* experimentada pelos gregos clássicos, e ao se referir à sua própria concepção de soberania, que "*ora, o povo em corpo faz as leis, como em Atenas; ora deputados, que o voto universal criou, o representam e agem em seu nome sob sua vigilância quase imediata*".[137]

Tocqueville vai além, ao afirmar, ainda em referência ao seu conceito de soberania, que "*o povo reina sobre o mundo político americano como Deus sobre o universo. Ele é a causa e o fim de todas as coisas. Tudo provém dele e tudo nele se absorve.*".[138]

Evidentemente, o exercício da autodeterminação por particulares no conjunto das relações interpessoais não se comporta da mesma forma. Aliás, como se explicitou anteriormente, os próprios alicerces da concepção hobbesiana de liberdade se fixam na ideia da impossibilidade de manutenção de um Estado Natural caracterizado pela independência e pelas liberdades absolutas das pessoas na busca pela satisfação dos respectivos interesses.

Assim, a autodeterminação no nível individual, de que ora se trata, está, pois, relacionada à conduta humana em si, independentemente de qualquer consideração a respeito de sua qualificação jurídica. É dizer, o resul-

[136] *Ibid.* p.224.

[137] TOCQUEVILLE, Alexis de. **A democracia na América:** leis e costumes. 4. ed. São Paulo: Martins Fontes, 2019. p. 67.

[138] *Ibid.*

tado concreto do exercício da autodeterminação não necessariamente é a expressão de uma conduta humana autorizada – ou não passível de sanção pelo Direito (aqui referido como ordem jurídica e não como Ciência), para se utilizar categorias da teoria de Hans Kelsen. Até porque, segundo a teoria kelseniana, a conduta prescrita pelo Direito "*não é conseguida à força através da efetivação do ato coativo, pois o ato de coação deve precisamente ser efetivado quando se verifique, não a conduta prescrita, mas a conduta proibida, a conduta que é contrária ao Direito*"[139].

De fato, o reconhecimento pelo Direito não é o critério de verificação da existência da autodeterminação. A autodeterminação representa um valor intrínseco e característico da natureza humana e prescinde de qualquer validação por fatores definidos pelo Direito. Trata-se de uma característica própria da racionalidade humana.

A noção do valor intrínseco da autonomia é parte fundamental da Ética kantiana. Tem sustentação no reconhecimento de que o homem é um fim em si mesmo. Em consequência, o ser humano não deve ser considerado como o meio para o alcance de qualquer outro bem ou valor. Essa compreensão vem formulada no imperativo prático da seguinte forma: "*age de tal maneira que possas usar a humanidade, tanto em tua pessoa como na pessoa de qualquer outro, sempre e simultaneamente como fim e nunca simplesmente como meio*".[140]

A autonomia, portanto, é valor que decorre da própria natureza racional humana, e independe de qualquer outro aspecto extrínseco para ser valorado ou reconhecido. É essencial *per se*.

Isso não significa dizer, evidentemente, que se trata de valor humano irrelevante ao Direito. Ao contrário, considerado o caráter de essencialidade, é reconhecido, qualificado e protegido por normas jurídicas. Não apenas isso, mas, em certas circunstâncias, a serem devidamente exploradas adiante, trata-se de critério próprio de conformação e legitimação do ordenamento jurídico.

Essa constatação decorre do fato de que o princípio da dignidade humana está intrinsecamente vinculado à concepção de autonomia. De fato, Kant é categórico ao afirmar que "*a autonomia é, pois, o fundamento da dignidade da natureza humana e de toda a natureza racional*"[141]. Daí porque,

[139] KELSEN, Hans. **Teoria pura do direito**. São Paulo: WMF Martins Fontes, 2009. p. 38.
[140] KANT, **Fundamentação da metafísica dos costumes**, p. 73.
[141] *Ibid.*, p. 84.

afirma John Rawls, em reflexões sobre a teoria kantiana que "*o fundamento da dignidade é a capacidade de fazer lei universal e de agir conforme o princípio da autonomia*".[142]

Trata-se, aliás, de notável influência da teoria kantiana na conformação de tal princípio no Direito brasileiro.[143]

Assim, é possível concluir que a autodeterminação (ou a autonomia), muito embora não coincida, propriamente, com um direito em si, trata-se de um valor humano essencial, que, portanto, é qualificado e protegido em suas diversas dimensões e manifestações.

De fato, a autodeterminação, como elemento pré-jurídico, é o elemento motor primordial que preenche e informa determinadas condutas humanas juridicamente protegidas, como, por exemplo, liberdade de manifestação e de circulação de ideias, liberdade de associação, liberdades políticas, em suas diversas facetas, e todas as demais liberdades civis.

Da mesma forma, como visto, a autonomia integra a própria essência do princípio da dignidade humana. A dignidade, em suas repercussões no mundo jurídico, não é apenas protegida, como, inclusive, alcança o *status* de critério próprio de legitimação e conformação do Direito, em sua função hermenêutica.[144]

São inúmeras – e de níveis distintos –, portanto, as intersecções entre o conceito de autodeterminação/autonomia e o Direito. Nada obstante, o reconhecimento jurídico da autodeterminação, seja em seu aspecto informador e conformador do princípio da dignidade humana, seja na formação do princípio da legalidade (art. 5º, *caput*, inciso II, da Constituição Federal), ou de qualquer outra norma de proteção de liberdades individuais, não autorizam confusões conceituais.

Neste particular, verifica-se, desde já, uma diferença significativa da percepção a respeito do conceito de autodeterminação. Enquanto ora se defende tratar-se de fenômeno próprio da metafísica ou da Ética, reconhecido pelo

[142] Rawls, John. **Lectures on the history of moral philosophy**. Cambridge: Harvard University Press, 2003. p. 210.

[143] Apenas a título de ilustração, menciona-se o posicionamento de Daniel Sarmento (Sarmento, **Dignidade da pessoa humana:** conteúdo, trajetórias e metodologia, p. 109.) e Ingo Sarlet (Sarlet, Ingo Wolfgang. **Dignidade (da pessoa) humana e direitos fundamentais na Constituição de 1988**. Porto Alegre: Livraria do Advogado, 2015. p. 39 e ss.).

[144] Sarlet, **Dignidade (da pessoa) humana e direitos fundamentais na Constituição de 1988**, p. 103 e ss.

Direito, em razão do valor humano a ele intrínseco, a doutrina tradicional costuma fazê-lo coincidir com a ideia de espaço juridicamente protegido.

Dário Moura Vicente, promoveu interessante estudo a respeito da autonomia privada e seus diferentes significados à luz do direito comparado e chegou à conclusão de que não há um "modelo único", para utilizarmos a expressão do autor. Trata-se, pois, de uma decorrência da natureza cultural do Direito e de sua respectiva variabilidade, como é próprio de distintas manifestações culturais.[145]Pontes de Miranda, ao tratar do Direito brasileiro, explica que os sistemas jurídicos incluem em seu respectivo mundo apenas parte da atividade humana. Essa parcela da atividade humana não é "*presa*" de todo; há campo para a ação humana, de modo que a relevância jurídica, que qualifica a inserção destes atos no mundo jurídico, não implica em disciplinação rígida da vida em sociedade. E, assim, conclui que o autorregramento da vontade, a autonomia privada, ou a autonomia da vontade é "*o espaço deixado às vontades, sem se repelirem do jurídico tais vontades*", e acrescenta que "*enquanto a respeito de outras matérias, o espaço deixado à vontade fica por fora do direito, sem relevância para o direito; aqui, o espaço que se deixa à vontade é relevante para o direito*".[146] Nessa linha, em expressiva conclusão, Pontes de Miranda assevera que "*a chamada autonomia da vontade, o auto-regramento, não é mais do que 'o que ficou às pessoas'*".[147]

A esse respeito, é interessante notar que, utilizando-se do conceito de suporte fático, Pontes de Miranda entende que a autonomia da vontade nada mais é do que a possibilidade de se constituir a vontade como elemento nuclear do suporte fático[148] para o fim suficiente de tornar jurídicos os atos humanos.[149]

[145] VICENTE, Dário Moura, A autonomia privada e seus diferentes significados à luz do direito comparado, **Revista de Direito Civil Contemporâneo**, v. 8, p. 275–302, 2016. Pp. 301-302

[146] MIRANDA, Francisco Cavalcanti Pontes de. **Tratado de direito privado.** Tomo 3. Campinas: Bookseller, 2000. p. 81.

[147] *Ibid.*, pp. 82-83.

[148] Marcos Bernardes de Mello assim define a ideia de suporte fático: "Quando aludimos a suporte fáctico, estamos fazendo referência a algo (= fato, evento ou conduta) que poderá ocorrer no mundo e que, por ter sido considerado relevante, tornou-se objeto da normatividade jurídica. *Suporte fáctico,* assim constitui um conceito do mundo dos fatos, não do mundo jurídico, porque somente depois que se concretizam (= ocorram) no plano das realidades todos os elementos que o compõem é que se dá a incidência da norma, juridicizando-o e fazendo surgir o fato jurídico. Portanto, somente a partir da juridicização poder-se-á falar em mundo e conceitos jurídicos.". (MELLO, Marcos Bernardes de. **Teoria do fato jurídico:** plano da existência. São Paulo: Saraiva Educação, 2019.)

Ao tratar da autonomia da vontade como possibilidade, Pontes de Miranda inclui em seu conceito de autonomia privada a autodeterminação como manifestação própria do mundo dos fatos. Em outras palavras, há o reconhecimento de um espaço jurídico protegido, no âmbito do qual é lícito ao ser humano praticar determinados atos, sejam eles jurídicos ou não. A norma jurídica é que qualificará o ingresso, ou não, do referido ato ao mundo jurídico. Nada obstante, a esse espaço que representa 'o que ficou às pessoas' é que se entende por autonomia privada, ou autonomia da vontade.

Nota-se, à toda evidência, a identificação do conceito de autonomia da vontade com a perspectiva de liberdade negativa desenvolvida por Hobbes e por Berlin, acima explicitada. Essa percepção da autonomia da vontade como manifestação da liberdade negativa remete à ideia da existência de âmbito de ação humana no qual se pode agir livremente, sem quaisquer constrições do Estado ou das normas jurídicas. Nesse âmbito de ação protegido, é lícita a prática de atos constituídos por manifestações de vontade que poderão receber a qualificação do Direito na exata medida em que se verifique a subsunção daquele ato e daquela manifestação de vontade à hipótese normativa, de modo a tornar o ato do mundo fático em ato jurídico. O fenômeno de transformação do ato do mundo fático em ato jurídico fará com que resultem as consequências normativas previstas no ordenamento.

A tradição brasileira, assim como o faz Pontes de Miranda, releva sobremaneira o aspecto da vontade como elemento principal na produção dos efeitos jurídicos, notadamente no âmbito das discussões acerca da criação do negócio jurídico.[150] Ou seja, estabelece-se um espaço juridicamente protegido (em concepção semelhante à ideia de liberdade negativa) no âmbito do qual o particular poderá exercer livremente a sua vontade. A essa vontade, na forma e nos limites da lei, a ordem jurídica dará proteção e a ela atribuirá os efeitos normativos decorrentes dessa tutela.

Em concepção semelhante, Judith Martins-Costa, por sua vez, entende que a autonomia privada:

149 MIRANDA, **Tratado de direito privado**, p.82.

150 Nesse sentido, Antonio Junqueira de Azevedo destaca a dominância, na doutrina brasileira, das definições voluntaristas do negócio jurídico. (AZEVEDO, Antonio Junqueira de. **Negócio jurídico:** existência, validade e eficácia. 4. ed. São Paulo: Saraiva, 2002. p. 4.)

(i) constitui o fundamento da ação jurídico-privada e (ii) traduz uma fonte de poder normativo, pelo qual se formam e são criados os negócios jurídicos, atos pelos quais os particulares exercitam sua liberdade de decisão e de escolha na regulação dos próprios interesses.[151]

A percepção voluntarista é definitivamente influenciada pelo liberalismo clássico e pelas respectivas concepções filosófico-políticas a respeito do indivíduo e da liberdade individual. Por essa razão, as críticas que sobrevieram às inúmeras deficiências das teorias do liberalismo clássico, evidentemente, também serviram para atacar o que foi denominado por Betti de "*dogma da vontade*".[152][153]

Em contraposição a essa percepção voluntarista, formulou-se a teoria preceptiva ou objetiva, que tem como foco principal de análise o reconhecimento normativo e as respectivas origens e consequências para o fim de atribuição dos efeitos jurídicos a determinados fatos sociais a que se atribui a qualificação de negócios jurídicos.

A formulação clássica a respeito do reconhecimento normativo é, a propósito, a essência da formulação kelseniana na Teoria Pura do Direito. A perspectiva é significativamente diversa do sentido que se atribui à autodeterminação como espaço juridicamente protegido. Kelsen, muito embora apresente suas considerações a respeito do "*problema da liberdade*",[154] não necessariamente precisa perpassar pela análise de um âmbito de atuação protegida. Diferentemente, trata a possibilidade de criação de normas jurídicas por particulares como um poder conferido pela ordem jurídica.

[151] MARTINS-COSTA, Judith. **A boa-fé no direito privado:** critérios para sua aplicação. 2. ed. São Paulo: Saraiva Educação, 2018. pp. 248-249.

[152] BETTI, Emilio. **Teoria geral do negócio jurídico**. Campinas: Servanda, 2008. p. 88.

[153] Fazendo coro aos críticos, Emílio Betti formulou seus apontamentos da seguinte forma: "Através da derivação histórica, a elaboração da forma pandectista 'declaração de vontade' reconduz-se, no final, à concepção individualista que inteirou na doutrina do direito natural dos séculos XVII e XVIII, e mostra-se fruto daquela mesma mentalidade abstrata e anti-histórica que procurou encontrar num 'contrato' a gênese da sociedade humana". (*Ibid.*, p. 94.)

[154] A concepção da liberdade normativa de Kelsen é expressa da seguinte forma: "É este o verdadeiro significado da ideia de que o homem, como sujeito de uma ordem moral ou jurídica, isto é, como membro de uma sociedade, como personalidade moral ou jurídica, é 'livre'. E dizer que um homem sujeito a uma ordem moral ou jurídica é 'livre' significa que ele é ponto terminal de uma imputação apenas possível com base nessa ordem normativa.". (KELSEN, **Teoria pura do direito**, p. 104.)

Nesse sentido, o ato-jurídico negocial, em seu entendimento, "*é um fato produtor do Direito se e na medida em que a ordem jurídica confere a tal fato esta qualidade*".[155]

Em linha com a tese defendida na Teoria Pura do Direito, o poder de produção de norma conferido aos particulares é legitimado e diretamente decorrente de uma norma geral que o qualifica e lhe permite produzir os efeitos legalmente estipulados no âmbito da ordem jurídica. Trata-se, pois, do reconhecimento de uma estrutura jurídica de legitimação por outra norma de nível superior, por força da qual se atribuem efeitos jurídicos à norma criada pelas partes. A norma criada entre particulares, portanto, longe está de ser um produto autônomo, resultado do livre exercício da vontade humana em um determinado espaço de liberdade.[156]

A hipótese defendida por Kelsen, portanto, passa ao largo da polêmica que envolve as discussões a respeito da relevância jurídica da vontade em detrimento da declaração, e vice-versa. Isso, pois, a maior ou menor estatura da vontade ou da declaração dependerá, unicamente, "*dos princípios de política jurídica que determinam o legislador*", de modo que "*o ideal da segurança do tráfico pode conduzir a uma solução, o ideal da liberdade individual pode conduzir a outra*".[157]

Para o referido autor, portanto, o relevante, sob a perspectiva da Ciência do Direito é, exatamente, a estrutura de legitimação normativa que confere o poder criador de normas aos particulares, e não, propriamente, o ideal de liberdade ínsito que anima a vontade ou a vontade declarada, e os respectivos espaços de proteção.

Também adepto da teoria preceptiva, Emílio Betti defende a existência de um duplo aspecto da autonomia privada: (i) autonomia privada como criadora de normas; e (ii) autonomia privada como criadora de relações jurídicas. Em ambos, a caracterização da autonomia privada se dá com o reco-

[155] *Ibid.*, p. 284.

[156] *In verbis*: "Na medida em que a ordem jurídica institui o negócio jurídico como fato produtor do Direito, confere aos indivíduos que lhe estão subordinados o poder de regular as suas relações mútuas, dentro dos quadros das normas gerais criadas por via legislativa ou consuetudinária, através de normas criadas pela via jurídico-negocial. Estas normas jurídico-negocialmente criadas, que não estatuem sanções mas uma conduta cuja conduta oposta é o pressuposto da sanção que as normas jurídicas gerais estatuem, não são normas jurídicas autônomas. Elas penas são normas jurídicas em combinação com as normas gerais que estatuem as sanções.". (*Ibid.*, p. 285.)

[157] *Ibid.*, p. 287.

nhecimento do ordenamento jurídico estatal, admitindo-a (i) como fonte de direito objetivo, no âmbito das competências fixadas originalmente, quanto ao primeiro aspecto, e, (ii) no que concerne ao segundo, como poder conferido aos indivíduos de criar *fattispecie* aptas a gerar vínculos entre eles.[158]

A esse respeito, é relevante destacar que, conforme alerta Federico de Castro y Bravo, os efeitos jurídico-normativos que decorrem da autonomia privada não se restringem, propriamente, ao âmbito de liberdade da vontade particular. De fato, se a liberdade inicial para contratar é respeitada, a de se retratar, depois de firmado o contrato, pode não o sê-la. Há, nesse aspecto, a incidência do preceito latino *"contractus ab initio est voluntas, ex post facto necessitatis"*.[159]

Por consequência, os efeitos excedem as partes envolvidas, notadamente em razão da necessidade de vinculação do aparato institucional do Estado para tornar efetivo e cogente o disposto pela parte em sua manifestação. Nesse aspecto, aliás, reside a constatação de que a ideia de autonomia privada é distante do conceito de autodeterminação. Isso porque, nesse particular, a intervenção estatal será determinante e decorrente da concepção jurídica sobre o conteúdo e os efeitos da autonomia privada.

Se há a intervenção do aparato institucional do Estado, há que se evidenciar, por outro lado, a legitimidade e a justificação, no âmbito jurídico-normativo, para tanto.

Para os voluntaristas, como explicitado acima – e mais detidamente especificado adiante – a relevância da manifestação da vontade individual é a causa suficiente para a movimentação do aparato estatal.

Outros, por outro lado, defendem a necessidade de se buscar essa legitimação no critério do bem comum, como o faz, *v.g.* Federico de Castro y Barro.[160] Robert Dahl, por sua vez, em perspectiva pragmática, descreve como seria o processo democrático ideal de deliberação de normas. Explicita que esse processo depende idealmente de algumas condições: o processo deve (i) garantir que, antes de ser editada a lei, deve ser assegurada aos cidadãos a oportunidade de ampla disseminação dos respectivos pontos de vista; (ii) proporcionar oportunidades para discussão, deliberação, negociação e, ainda, se comprometer com o fato de que, na melhor das hipóteses, todos considerarão a lei como satisfatória; e (iii) assegurar que,

[158] Betti, **Teoria geral do negócio jurídico**, p. 82.

[159] Castro y Barro, Federico. **El negocio juridico**. Madri: Civitas Ediciones, 1971. p. 12.

[160] *Ibid.*, p. 13.

não sendo possível a obtenção da unanimidade – circunstância bastante rara de se verificar na prática –, a lei proposta tenha o maior número possível de apoiadores à sua edição.[161]

De fato, apesar de não garantir que os cidadãos vivam sob normas deliberadas exclusivamente com fundamento na respectiva livre escolha, esse processo expande a autodeterminação ao máximo viável de seus limites. Assim, ainda que determinado cidadão não esteja entre a maioria que escolheu determinada proposta, possivelmente considerará que esse processo é mais justo do que qualquer outro que eventualmente possa ser alcançado.[162]

Afora isso, o referido autor reforça que, em regimes democráticos, não é apenas necessário garantir a participação pública, também é essencial assegurar que as deliberações públicas – e os respectivos pontos de vista – sejam livremente contestadas (*public constestation*). Quanto maior for a inclusão de pessoas nas deliberações de determinada sociedade e quanto maior for a possibilidade de contestação pública, mais elevado será o grau de democracia experimentado por aquela população.[163]

Alerta, a propósito, José Levi Mello do Amaral Júnior, que as experiências históricas – tanto a brasileira quanto a estrangeira – demonstram que "*fora da democracia, o que se tem é aventura inconsequente vocacionada ao desastre e à tragédia com resultados profundos e traumáticos*".[164]

As manifestações da teoria objetiva, inseridas no contexto da crise dos dogmas do liberalismo clássico, foram notavelmente permeáveis às influências das perspectivas oriundas de uma discussão mais ampla sobre solidariedade social, a exemplo daquelas encetadas pelos trabalhos de Auguste Comte[165] e Émile Durkheim[166]. Mais especificamente, perceberam influxos das veementes críticas formuladas por Léon Duguit no sentido de negar a veracidade da figura de um homem natural isolado e independente, titular de direitos subjetivos predecessores à própria sociedade.[167]

161 DAHL, Robert. **On democracy**. 2. ed. Londres: Yale University Press, 2015. p. 54.

162 *Ibid.*, p. 54.

163 DAHL, Robert. **Polyarchy:** participation and opposition. Londres: Yale University Press, [s.d.]. p. 5.

164 AMARAL JÚNIOR, José Levi Mello do, **Inviolabilidade Parlamentar**, São Paulo: Quartier Latin, 2020. P. 297.

165 COMTE, Auguste. **Curso de filosofia positiva**. São Paulo: Abril Cultural, 1978.

166 DURKHEIM, Émile. **Da divisão do trabalho social**. São Paulo: Abril Cultural, 1978.

167 DUGUIT, **Les transformations générales du droit privé depuis le Code Napoléon**, p. 18.

Daí porque Emílio Betti, em referência ao aspecto da causa como elemento essencial do reconhecimento do negócio jurídico, assevera que:

> (...) o direito não concede a sua sanção ao mero arbítrio, ao capricho individual, ao motivo transitório (motivo que, mesmo quando não seja frívolo, continua a ser irrelevante), mas apenas a concede a funções que considera socialmente úteis e relevantes para comunidade que disciplina.[168]

A perspectiva funcionalizante do Direito Civil, não apenas, mas principalmente no que concerne ao direito de propriedade à autonomia privada, conforme se demonstrará adiante, foi absorvida intensamente pela doutrina e pela jurisprudência brasileiras. A propósito, após a revisão dos preceitos fundamentais do liberalismo clássico, e a sua repercussão no Direito Civil, tornou-se, seguramente, a posição de análise prevalente no Brasil sobre o tema em apreço. Nesse contexto, e diante dos conceitos que foram estabelecidos até então, pode-se afirmar que a perspectiva da autonomia privada que ora se apresenta fundamenta-se em algumas premissas.

Em primeiro lugar, trata-se de conceito jurídico-dogmático estabelecido por uma ordem normativa – e de caráter constitucional, como se demonstrará adiante. O conteúdo, os limites, os fundamentos e as características são estabelecidos por normas jurídicas. Assim, a autonomia privada não se confunde com autonomia, com autodeterminação ou com autonomia da vontade (como expressão dos desejos e interesses humanos). Isso porque tais conceitos estão inseridos em planos alheios ao Direito; ou seja, são fenômenos fático-sociais (ou metafísicos, sob a perspectiva kantiana acima demonstrada) que, por si sós – e sem uma norma a lhes conferirem legitimidade jurídica, não resultam em reflexos no ordenamento jurídico.

Por razões semelhantes, a autonomia privada não se confunde com a perspectiva filosófico-política de liberdade, seja em seu aspecto positivo, ou, principalmente, em seu aspecto negativo. A autonomia privada não é e nem pode ser considerada, exclusivamente, como um espaço de liberdade juridicamente protegido. Enfatize-se que essa concepção não exclui, obviamente, o reconhecimento da existência da tutela jurídica de liberdades civis, ou, ainda, do reconhecimento da possibilidade conferida aos particulares para autotutelarem seus próprios interesses.

168 Betti, **Teoria geral do negócio jurídico**, p. 91.

Muito embora com ela não se confunda, a perspectiva de autonomia privada ora defendida tem seu conteúdo preenchido e conformado pelos valores político-sociais de liberdade republicana, em seu perfil democrático, na medida em que são constitucionalmente reconhecidos e qualificados como normas jurídicas.

A autonomia privada representa a possibilidade e o poder jurídico atribuído aos particulares para estabelecerem posições jurídicas de natureza privada, às quais o ordenamento jurídico atribui efeitos, viabiliza institucionalmente os meios e disponibiliza os instrumentos necessários e suficientes para que as referidas posições jurídicas alcancem os efeitos pretendidos.

Igualmente, a autonomia privada representa princípio constitucionalmente protegido, em razão do que se faz necessária a análise de seu conteúdo e respectivos efeitos no ordenamento jurídico.

A autonomia privada também deve ser considerada como fator de conformação do conteúdo de direitos fundamentais de liberdade, não apenas a contratual, mas, igualmente, de livre desenvolvimento da personalidade e de livre disposição do corpo.

Por fim, o perfil da autonomia privada também parte da premissa – a ser demonstrada adiante – de que as perspectivas funcionalizantes são inadequadas para a compreensão e a conformação desse instituto, exatamente em razão de sua incompatibilidade com os limites e o conteúdo estabelecidos pelas normas constitucionais que o conferem legitimidade e fundamento.

3
A EVOLUÇÃO CONCEITUAL E NORMATIVA DA AUTONOMIA PRIVADA

3.1. Considerações introdutórias

O conceito de autonomia privada tem percebido significativas alterações no decurso do tempo. Semelhantes e concomitantes evoluções também podem ser percebidas nas fontes jurídico-normativas que a fundamentam como direito e origem de deveres no âmbito das sociedades.

Conforme anteriormente explicitado, suas raízes podem ser encontradas em fontes judaico-cristãs de mais de dois mil anos atrás.

Igualmente, o Direito Romano contribuiu significativamente para a construção do seu conteúdo ao dar relevo ao elemento volitivo na formação de negócios jurídicos, na medida em que evolui a prática contratual das formas objetivas e tipificadas.

É de se notar, inclusive, que no próprio *Digesto* há a expressão "*declarare voluntatem*",[169] sem, no entanto, trazer consigo o significado que a ela foi atribuída nos séculos XVII e XVIII, como bem observa Emilio Betti.[170]

Da mesma forma, em que pese a existência de argumentos quanto à relevância da autonomia da vontade na organização jurídica do *l'ancien régime*, como o defende Federico de Castro y Barro, ao tratar do "*Derecho de los señores*",[171] a articulação conceitual e o pleno desenvolvimento de suas

[169] Como, *v.g.*: "em verdade, que diferença há em que o povo manifesta a sua vontade por meio de sufrágio ou por fatos e obras?". (Vasconcellos, **Digesto ou pandectas do imperador Justiniano**, p. 76.)

[170] Betti, Emilio. **Teoria generale del negozio giuridico**. 2. ed. Nápoles: Edizioni Scientifiche Italiane, 2002. pp. 58-59.

[171] Castro y Barro, **El negocio juridico**, p. 14.

consequências jurídicas só foram possíveis quando houve o progresso da sociedade do *status* para o contrato (*from status to contract*), para se utilizar a expressão de Henry S. Maine.[172]

Em que pesem os longos caminhos percorridos, o advento do Iluminismo foi significativo para que fosse possível a abstração da autonomia da vontade como espaço protegido e como força propulsora da liberdade no mundo jurídico.

Esse aspecto, portanto, explica o recorte histórico-temático adotado. Assim, apesar das referências às inspirações do Direito Romano, assim como das fontes jusfilosóficas helênicas – que serão oportunamente abordadas – atribuir-se-á destaque ao desenvolvimento do conceito no âmbito do liberalismo clássico.

De fato, naquele contexto, buscou-se a libertação do homem de uma sociedade rígida e estratificada, na qual as pessoas, desde o seu nascimento, percorriam um caminho já traçado rumo ao cumprimento de seu destino econômico e social no mundo. Com a liberação das amarras do *status*, o homem comum passa a poder perseguir, individualmente, e pela força de sua vontade, os seus próprios desígnios. Na formulação de Vincenzo Roppo, "*o contrato livre, baseado sobre a vontade, é o instrumento de edificação dos destinos individuais*".[173]

Nesse contexto, tornaram-se prevalecentes as expectativas de que um código de normas hermético, racionalmente articulado, seria capaz de regular todos, e de forma definitiva, os atos jurídicos da vida privada. Os projetos de codificação tomaram corpo e ganharam representatividade máxima no paradigmático *Code Napoléon*, que apregoava a liberdade em sua forma mais absoluta.

Confrontadas com uma realidade significativamente distinta do cenário metafísico ideal da vida em sociedade em igualdade e liberdade, as teses do liberalismo clássico foram objeto de contundentes críticas de hipóteses adversárias.

Os excessos do abstrativismo e do individualismo, em especial, no que concerne ao conceito de autonomia da vontade, se sujeitaram ao rigoroso escrutínio das gerações seguintes.

172 MAINE, Henry Sumner. **Ancient law**. Londres: John Murray, 1861.

173 Livre tradução: "*Il libero contrato, basato sulla volontá, è lo strumento per l'edificazione dei destini individuali.*". (ROPPO, Vincenzo. **Il contratto**. 2. ed. Milão: Giuffré Editore, 2011.)

O elemento volitivo, como aspecto essencial do negócio jurídico, foi rechaçado por autores do início do século XX, como Emilio Betti, diante da compreensão de que, de tão individual e íntima, a vontade pertenceria, exclusivamente, ao foro íntimo da consciência, razão pela qual não poderia ser considerada como critério para o reconhecimento do Direito e de seus respectivos instrumentos.[174]

Diferentemente, o Direito apenas poderia atribuir relevância às declarações e aos comportamentos, e não meramente à vontade interna, como entidades socialmente reconhecíveis, para o fim de fazer ingressar a conduta humana no plano jurídico, com as respectivas consequências atribuídas pelo ordenamento jurídico.

Das críticas, portanto, ao dogma do elemento volitivo e ao individualismo egoísta, rechaça-se o conceito da autonomia da vontade para o advento, em seu lugar, da autonomia privada.

Adicionalmente, o caráter hermético das codificações também passa a ser confrontado, de modo que as relações privadas se tornam objeto de preocupação de relevância constitucional, com o propósito de se fazerem contemplados os interesses públicos na destinação e distribuição de recursos escassos. A relevância constitucional do tema foi, finalmente, vislumbrada na Constituição de Weimar e no projeto da Constituição mexicana de 1917.

Desde então, até os nossos dias, o texto constitucional passa à posição de centralidade na conformação do conteúdo da autonomia privada, não apenas como meras garantias e instrumentalização da proteção ao direito de propriedade contra o Estado, mas também na imposição de limites com a confrontação do interesse público consubstanciado no princípio da função social da propriedade. O conteúdo normativo da autonomia privada torna-se significativamente mais complexo.

O perfil constitucional da autonomia privada, portanto, construído ao longo de evoluções contínuas, exige fundamentação e desenvolvimento dogmático, para o fim de, propriamente, qualificá-lo em seu *locus* normativo, seja como princípio constitucional, seja como elemento de formação do conteúdo de direitos fundamentais.

Diante disso, o objetivo principal deste capítulo é explorar os movimentos e os aspectos relevantes do contexto jusfilosófico, assim como as principais correntes da Ciência do Direito, que permearam e definiram o

174 Betti, **Teoria generale del negozio giuridico**, p. 55.

percurso traçado pelo instituto jurídico desde o liberalismo clássico, e respectivas fontes, até os dias atuais. Referido escorço se faz relevante para o fim de se permitir uma melhor compreensão sobre os principais elementos que constituem o conceito e o conteúdo da autonomia privada. Esses elementos, diferentemente do que se apregoava na perspectiva do abstrativismo jusracionalista, foram o resultado de decantação, no devido tempo, de conceitos, formulações, contrapontos e evoluções dos institutos, premidos e influenciados por contingências históricas, que, igualmente, não podem ser desconsideradas.

O ponto de partida é a análise da concepção da ideia de autonomia da vontade. Não como conceito elaborado por um ser racional, destacado do tempo e do espaço; mas, sim, como ressaltado, como formulação teórica advinda de processos evolutivos de origem remota.

Assim, serão explicitadas as principais fontes jusfilosóficas do jusnaturalismo moderno, conforme acima sintetizado; para o fim de dar o relevo necessário, para os fins e limites propostos para o presente trabalho, às teorias cristãs, fontes helenísticas, romanas e renascentistas.

Na sequência, serão desenvolvidos os principais elementos do jusnaturalismo e do jusracionalismo, com o destaque para as hipóteses que contribuíram para a formulação do conceito de autonomia da vontade.

Ato contínuo, serão apresentadas as características e os aspectos definidores da autonomia da vontade, no âmbito do liberalismo clássico, bem como o seu perfil normativo, a partir do ingresso no arcabouço normativo nos países da Europa ocidental, pela força do movimento das codificações no século XIX.

Em seguida, e diante das formulações críticas às premissas do liberalismo clássico que resultaram na ideia de autonomia da vontade, serão elaboradas análises das teorias concernentes à funcionalização do direito de propriedade, e, em consequência, das relações contratuais. Essas análises comportarão, igualmente, as necessárias problematizações a respeito das teorias da função social da propriedade e do contrato.

Mais recentemente, a autonomia privada passa a ser considerada em suas manifestações de natureza existencial. A esse respeito, serão apresentadas as discussões atinentes às relações desenvolvidas em determinadas perspectivas teóricas entre a autonomia privada e a dignidade humana. A temática, como se verá, também contribui com os problemas levantados no que concerne à conformação adequada da autonomia privada e aos seus efeitos, em seu perfil constitucional. Igualmente, o desenvolvimento dos desafios relacionados a esse aspecto norteará a elaboração das hipóteses a serem formuladas no capítulo seguinte.

Por fim, será especificado o cenário hodierno, no que concerne à conceituação e conformação do conteúdo da autonomia privada, por parte da doutrina mais recente sobre o tema.

3.2. Autonomia da vontade e liberalismo clássico

3.2.1. Notas sobre as fontes jusfilosóficas do jusnaturalismo moderno

O resgate das fontes jusfilosóficas do liberalismo clássico é tarefa árdua e complexa. Evidentemente, é possível o estabelecimento de alguns consensos em torno da apreensão dos influxos do jusnaturalismo e do jusracionalismo que imediatamente o antecederam.

O jusnaturalismo revigorado do século XVII pretendeu, inicialmente, por meio das tentativas de resgate de uma idealizada cultura helenística pura, promover algumas rupturas com correntes de pensamento então vigentes, notadamente aquelas influenciadas por Aristóteles e respectivas releituras medievais.

Nesse sentido, tornou-se lugar comum a referência ao estoicismo como uma das principais fontes da perspectiva moderna do Direito Natural, notadamente a partir da obra de Cícero, em especial a sua compreensão sobre a *reta ractio*, derivada da capacidade natural humana de direcionar-se em cumprimento aos deveres orientados pela virtude moral.[175]

Muito embora a obra de Cícero, notadamente *Da república*, contenha diversas referências sobre a necessidade de obediência à Lei Natural, é de se destacar que a principal preocupação dos estoicos não era direcionada

[175] A célebre passagem de Cícero, em República, é a seguinte: "A razão reta, conforme à natureza, gravada em todos os corações, imutável, eterna, cuja voz ensina e prescreve o bem, afasta do mal que proíbe e, ora com seus mandatos, ora com suas proibições, jamais se dirige inutilmente aos bons, nem fica impotente aos maus. Essa lei não pode ser contestada, nem derrogada em parte, nem anulada; não podemos ser isentos de seu cumprimento pelo povo nem pelo senado; não há que procurar para ela outro comentador nem intérprete; não é uma lei em Roma e outra em Atenas, – uma antes e outra depois, mas uma, sempiterna e imutável, entre todos os povos e em todos os tempos; uno será sempre o seu imperador e mestre, que é Deus, seu inventor, sancionador e publicador, não podendo o homem desconhecê-la sem renegar-se a si mesmo, sem despojar-se do seu caráter humano e sem atrair sobre si a mais cruel expiação, embora tenha conseguido evitar todos os outros suplícios". (CÍCERO. **Da república**. [s.l.]: Montecristo, 2020 [*edição Kindle*]. pp. 1216-1217.)

à elaboração uma teoria sobre Direito, mas, sim, sobre Moral privada. Ou seja, não havia uma preocupação, do ponto de vista dogmático, com o objetivo de se estabelecerem critérios de validação de normas jurídicas por determinada lei ou princípio natural. Diferentemente, as discussões estoicas centravam-se na virtude e nos deveres morais, que decorrem da natureza humana.

Por outro lado, é de se reconhecer a importância do estoicismo na formulação das novas teorias jusnaturalistas em razão da ênfase atribuída ao indivíduo e à sua obediência à Lei Moral. O resgate desse conjunto de ideias foi relevante para o fim da superação, ao menos parcial, do princípio de Justiça aristotélico "*suum jus cuique tribuere*", por uma perspectiva direcionada à Moral privada.[176] Ou seja, abandona-se a análise do Direito em sua finalidade de distribuição de Justiça (dar a cada um o que é seu), para o fim de se promover a virtude humana na obediência dos deveres decorrentes da Lei Natural.

A filosofia estoica defende que há, em todos os seres vivos, um aspecto do espírito criador, representado pela expressão *logos*. Esse aspecto consistiria no princípio de vida, ou razão seminal (*logos spermatikos*), e, ainda, no motor de toda a ação, em conformidade com a natureza. No que concerne aos seres humanos, o princípio do movimento é o que constitui a vontade. Nessa linha, sustentam os estoicos que, nas palavras de Hespanha, "*há uma centelha de logos (de vontade esclarecida pela razão) na alma dos homens, que os leva a comportarem-se de acordo com a natureza*". Nessa percepção, portanto, é que se fundamentaria o Direito para o estoicismo.[177]

A *reta ractio*, assim, a que alude Cícero, seria exatamente a *boa razão* humana de proceder-se em conformidade com a Lei Natural.

Manoel Gonçalves Ferreira Filho, por sua vez, especifica, referindo-se à Escola de Direito Natural, que tais direitos não seriam criados ou outorgados pelo legislador, seriam, dessa forma, "*identificados pela 'reta razão' que a eles chega, avaliando a 'conveniência ou inconveniência' dos mesmos em face da natureza razoável e sociável do ser humano*".[178]

É possível verificar, portanto, nos principais elementos do jusnaturalismo moderno, significativas contribuições da filosofia estoica, notada-

[176] Sobre o tema: VILLEY, Michel. **A formação do pensamento jurídico moderno**. 2. ed. São Paulo: WMF Martins Fontes, 2019. pp. 458-459.

[177] HESPANHA, **Cultura jurídica europeira:** síntese de um milênio, p. 304.

[178] FERREIRA FILHO, **Direitos humanos fundamentais**, p. 26.

mente em seus aspectos de generalidade, racionalidade, subjetividade e individualismo, assim como o projeto de sistematização das normas.

Nada obstante, por mais relevantes que possam ter sido as influências do estoicismo, no desenvolvimento do jusnaturalismo moderno, evidentemente, como oportunamente ressalta Michel Villey, não se deve desconsiderar outras fontes relevantes, como, por exemplo, a Ética judaico-cristã, e os fundamentos do individualismo (*imago Dei*) e liberdade humana (livre arbítrio diante dos desígnios de Deus); o ceticismo; e o epicurismo, e a sua defesa enfática do prazer e da felicidade humanos – que estabeleceram os alicerces para o utilitarismo, posteriormente desenvolvido por Mill e Bentham.[179]

Sobre os aspectos principais dessas fontes é que se debruçarão os tópicos seguintes.

3.2.2. Os principais elementos do jusnaturalismo moderno

3.2.2.1. O jusnaturalismo e o jusracionalismo

O jusnaturalismo moderno é intrinsecamente vinculado ao jusracionalismo. Parte-se, portanto, do pressuposto, conforme originalmente previram os estoicos sobre a Lei Moral, de que o Direito pode e deve ser erigido a partir de normas que sejam produto unicamente da razão humana. Qualquer outro elemento empírico deixa de ter relevância, não só para a estruturação do *dever-ser*, mas do próprio *ser*.

Com fundamento nessa linha de raciocínio, Manoel Gonçalves Ferreira Filho conclui que "*deste jusnaturalismo racionalista a doutrina dos direitos do Homem é um aspecto. Mas é o que o pensamento político iluminista imortalizou*".[180]

Exatamente nesse sentido, René Descartes afirma que, muito embora pudesse possuir todos os elementos materiais humanos (corpo) e estar inserido em determinada realidade (mundo), se não fosse capaz de pensar, não poderia racionalizar a sua existência, e, portanto, verdadeiramente existir.[181]

[179] VILLEY, **A formação do pensamento jurídico moderno**, pp. 425-739.

[180] FERREIRA FILHO, **Direitos humanos fundamentais**, p. 27.

[181] *In verbis*: "A seguir, atentamente examinei quem sou e como observei que poderia supor que não tinha corpo, e que não haveria nenhum mundo nem qualquer lugar em que poderia estar; mas então que não poderia supor que eu não existia; pelo contrário, e pela mesma circunstância pensei duvidar da verdade de outras coisas, segue clara e certamente que existo; por outro lado, se eu só tivesse deixado de pensar, ainda que todos os outros objetos que alguma vez

Conforme se explicitará em item específico, a supressão dos elementos da experiência e a pretensão de elaboração racional do mundo, que constituem o cerne de tal forma de compreensão da realidade, foram fundamentais para os projetos de ruptura em relação às tradições jusfilosóficas então predominantes, assim como para o desenvolvimento da ideia de criação de estruturas normativas herméticas, sistematizadas e puramente racionais. Trata-se, pois, da essência do construto das codificações modernas.

Essa percepção, dessa forma, deu sustentação à ideia de que a razão humana seria a fonte geradora de princípios universais legitimadores da norma moral (como os estoicos já defendiam) e, posteriormente, da própria norma jurídica. Nota-se, nesse particular, a superação da força normativa *divina*, de onde decorriam os princípios da Lei Natural, de modo a se destacar a razão humana como fonte criadora.

Não que tivesse ocorrido uma ruptura com a doutrina da Igreja Católica. Vários dos autores fundadores do pensamento liberal eram, efetivamente, cristãos. Dentre esses, aliás, pode-se mencionar John Locke, para quem – muito embora a doutrina cristã exercesse um papel fundamental na formulação das normas – a razão humana havia se tornado elemento definitivo para a configuração da ordem moral. Nesse sentido, consignou que, por mais imperfeita que possa ser a capacidade humana, é suficiente para a observância das obrigações morais, de modo que "*não haveria desculpa para um determinado servo não atender aos seus compromissos à luz de vela, por não dispor da luz solar*"; haja vista que, em suas palavras, "*the Candle that is set up in us shines bright enough for all our purposes*".[182]

Assim, muito embora longe estivessem de serem ignorados os preceitos judaico-cristãos, o jusracionalismo promoveu a razão humana (e mais propriamente a vontade, como se explicitará adiante) como fonte primordial do Direito, ainda que inspirada pela iluminação de Deus, conforme se verifica da imagem acima descrita de John Locke.

tinha imaginado eram na realidade existentes, não teria tido nenhuma razão para acreditar que existo; concluí por isso que eu era uma substância cuja essência inteira ou natureza só consiste em pensar, e o qual pode existir, sem necessidade de nenhum lugar, nem pode ser dependente em qualquer coisa material; de forma que 'Eu', isto é, a mente pela qual eu sou o que sou, é completamente distinta do corpo, e é conhecida até mesmo mais facilmente que o posterior, e é tal que ainda que o posterior não existisse, ainda eu continuaria a ser tudo que sou". (Descartes, René. **Discurso sobre o método**. 2. ed. Petrópolis: Vozes, 2011. p. 37.)

[182] Locke, **An essay concerning human understanding**, p. 83. ("a Vela que está acesa em nós brilha o suficiente para todos os nossos propósitos", em livre tradução)

3.2.2.2. O individualismo e os direitos subjetivos

O distanciamento das fontes divinas da Lei Natural resultou, por consequência, no posicionamento do ser humano como origem criadora das normas, em especial, da razão humana. Nesse aspecto, reside outra característica essencial do jusracionalismo moderno: o individualismo.

De fato, o exercício proposto por Descartes, acima referido, é retrato bastante representativo da perspectiva iluminista da capacidade humana de, individualmente e por métodos racionais, compreender a si e ao mundo no qual está inserido.

Transportada essa compreensão para a racionalização do Direito, verifica-se o ser humano, individualmente, dotado de razão apta a nortear a sua vontade geradora da autodeterminação, e, por conseguinte, perspectivas sobre o *dever-ser.*

Exatamente nesse sentido é que Hespanha alude a uma combinação entre razão e vontade, como dois atributos elementares do indivíduo, para a formação de um terceiro elemento fundamental para o jusnaturalismo moderno, a liberdade.[183] Compreende-se, nesse contexto a capacidade humana de controlar suas paixões e tendências para o fim de livre e voluntariamente estabelecer a sua própria conduta a partir da orientação exclusiva do pensamento racional.

Nesse contexto, as obrigações morais e jurídicas deixam de ter origem em uma natureza cósmica ou na própria natureza das sociedades, como pretendia Aristóteles, para centrar-se na razão individual e em seus poderes sistematizador do ser e criador do *dever-ser.*

A esse respeito, veja-se, a título de ilustração, a perspectiva de Locke[184] sobre a formação da sociedade civil e política. Parte da idealização de um Estado Natural, no qual todos os homens são "*livres, iguais e independentes por natureza*"[185]. Para alterar essa condição natural, com o propósito de se alcançar uma vida confortável, com segurança, com respeito à propriedade privada e com proteção contra a injusta violência, o indivíduo, por força de seu consentimento racional, se associa a outros, na mesma condição, para o fim de formar uma comunidade, toda ela oriunda, dessa forma, de pluralidade de acordos individuais e racionais.

[183] HESPANHA, **Cultura jurídica europeira:** síntese de um milênio, p. 315.

[184] LOCKE, **An essay concerning human understanding.**

[185] *Ibid.*, p. 158.

Em posição que guarda muitas semelhanças com a hipótese de Locke, Rousseau também se refere à ideia da formação da sociedade civil pela realização do pacto social, com o objetivo de ultrapassar "*os obstáculos prejudiciais à sua conservação no estado de natureza*". Esse pacto seria representado por uma associação pela qual "*cada um, unindo-se a todos, só obedeça, contudo, a si mesmo e permaneça tão livre quanto antes*"[186].

Hobbes é mais enfático ao expressamente rechaçar a possibilidade de que as *leis naturais* seriam suficientes, por si sós, para tornarem-se cogentes e suficientes para resultar na pacificação social necessária para a preservação da humanidade. Nesse sentido, assevera que o advento do Estado tem sua finalidade exatamente da promoção da segurança dos indivíduos, de modo a evitar as nefastas consequências do Estado de Guerra – cenário inevitavelmente decorrente das "*paixões naturais dos homens*".[187] Para tanto, segundo Hobbes, também há a necessidade de um consentimento individual na formação de uma "*unidade real de todos em uma única pessoa*", para o fim de constituição de uma autoridade que detenha o direito de governar a todos.[188]

Apesar dos elementos comuns quanto às idealizações na formalização do Estado (ou da sociedade civil), evidentemente, não há como se estabelecer uma identidade no posicionamento filosófico-político de Hobbes, Rousseau e Locke. Enquanto o primeiro preocupava-se em estabelecer fundamentos liberais para legitimar governos absolutistas, os últimos estabeleceram os alicerces das futuras teorias do liberalismo democrático.

Além do aspecto político-social, o elemento individualista das teorias jusnaturalistas modernas resultou, evidentemente, em impactos significativos no âmbito da esfera privada de direitos. Da mesma forma que se reconhecia o poder da vontade individual como fator determinante para a formação do Estado (ou da sociedade civil), no âmbito privado, a legitimação desse poder resultou na conformação da ideia de direito subjetivo.

Nesse contexto, o direito subjetivo exsurge como o reconhecimento do poder individual de estabelecer material e juridicamente os próprios desíg-

[186] ROUSSEAU, **O contrato social**, pp. 20-21.

[187] HOBBES, **Leviatã**, p. 153.

[188] Dessa concepção decorre a definição de Estado para Hobbes: "Pessoa Única, cujos atos têm o povo – por meio de Pactos mútuos de uns com os outros – como Autor. Os Pactos instituem que a Pessoa Única pode utilizar a força e os meios de cada indivíduo, conforme seja necessário, para a Defesa e a Paz Comuns.". (*Ibid.*, p. 157.)

nios racionalmente orientados. Esse reconhecimento dar-se-ia a partir da sociedade civil, por força da qual seriam desenvolvidos os instrumentos jurídico-institucionais para dar a devida proteção a esse poder individual.[189]

Nesse mesmo sentido, Savigny esclarece que o direito subjetivo se trata de um poder do indivíduo, nos limites do qual "*reina a vontade do indivíduo, e reina com o consentimento de todos*"[190].

A propósito, Michel Villey reputa exatamente aos pandectistas a origem da articulação conceitual do direito subjetivo, consubstanciada na expressão *Willensmacht* (ou potência de agir concedida ao indivíduo)[191], muito embora reconheça que a noção de direito subjetivo possa ser encontrada entre as acepções de *jus* do Direito Romano clássico.[192]

De fato, as origens que informam a concepção moderna de direito subjetivo antecedem, e muito, as propostas pandectistas de segmentação do Direito entre direitos objetivos e direitos subjetivos. Novamente as fontes da filosofia estoica, notadamente em sua perspectiva moral individualista, foram decisivas. Preconizava-se que o ser humano tem o dever moral de conservar-se e de buscar os meios próprios para seu sustento e seu desenvolvimento, incluindo a propriedade privada, assim como de se defender de quem injustamente viole sua autodeterminação. Trata-se, pois, de dever moral essencial e inerente à natureza humana.

[189] A respeito do tema, assevera Hespanha: "Todo o direito privado foi, então, visto como uma forma de combinar e harmonizar o poder que cada um tinha de desenvolver a sua personalidade. Recordemo-nos, de facto, de que a premissa básica do jusnaturalismo individualista era a existência de um direito inato de cada homem ao desenvolvimento de sua personalidade (racional ou instintiva, não interessa agora). O contrato social visara, mesmo, garantir esse direito na vida social, criando uma entidade (o Estado) que assegurasse a cada um a satisfação dos seus direitos em toda a medida em que tal satisfação não prejudicasse os direitos dos outros. Assim, se pelo contrato social se criava o direito objetivo, não se criavam direitos subjetivos: estes existiam antes da própria ordem jurídica objetiva, sendo o seu fundamento e a sua razão de ser. A origem da sua legitimidade está no caráter naturalmente justo do poder de vontade *(Willensmacht)*, através do qual o homem desdobra a sua personalidade.". (Hespanha, **Cultura jurídica europeira:** síntese de um milênio, p. 320.)

[190] Savigny, Friedrich Karl von. **Sistema del derecho romano actual**. Granada: Editorial Comares, 2005. p. 5.

[191] Villey, Michel. **O direito e os direitos humanos**. 2. ed. São Paulo: WMF Martins Fontes, 2016. p. 69.

[192] Mais recentemente, Manoel Gonçalves Ferreira Filho conceitua direitos subjetivos como "poderes de agir reconhecidos e protegidos pela ordem jurídica a todos os seres humanos". (Ferreira Filho, **Direitos humanos fundamentais**, p. 44.)

Se, de um lado, o Direito Natural impõe referido dever, de outro, deve estabelecer o reconhecimento do direito respectivo que instrumentaliza os meios jurídicos para permitir que a obrigação moral seja, efetivamente, observada.[193]

As influências estoicas reverberarão, modernamente, na perspectiva de autores relevantes do liberalismo clássico, como John Locke, e, assim, preencher o conteúdo valorativo dos principais temas em pauta. Nesse sentido, Locke vai fundamentar a sua perspectiva sobre o direito de propriedade da seguinte forma:

> Quando consideramos a razão natural, segundo a qual os homens, desde o momento do seu nascimento, têm o direito a sua preservação e, consequentemente, a comer, a beber e a todas as outras coisas que a natureza proporciona para sua subsistência; ou a Revelação, que nos relata que Deus deu o mundo a Adão, a Noé e a seus filhos, fica muito claro que Deus, como diz o Rei Davi, Salmo 115,16, 'Deu a terra aos filhos dos homens', a toda humanidade.[194]

E acrescenta:

> Irei mais longe, para mostrar como os homens podem ter adquirido uma propriedade em porções distintas do que Deus deu à humanidade em comum, mesmo sem o acordo expresso de todos os coproprietários.[195]

Fundamentando-se, portanto, no Direito Natural, que impõe à humanidade o dever de autopreservação, Locke edifica a sua percepção sobre o direito de propriedade, em desenvolvimento de sua compreensão de que o trabalho humano imposto sobre a coisa torna aquele bem material parte do que compõe a autodeterminação humana. Dessa "mistura" entre a coisa e o trabalho humano resulta o direito de apropriação, que afasta qualquer pretensão de terceiros sobre aquela propriedade.

Rousseau, igualmente, estabelece a legitimidade da liberdade comum na própria natureza do homem. Explicita que a lei primeira consistira, exatamente:

193 Villey, **A formação do pensamento jurídico moderno**, p. 571.

194 Locke, **Segundo tratado sobre o governo civil**, p. 107.

195 *Ibid.*, p. 107.

> (...) em zelar pela própria conservação, seus primeiros cuidados são aqueles que deve consagrar a si mesmo, e, tão logo alcança a idade da razão, sendo único juiz dos meios adequados à sua conservação, torna-se por isso seu próprio senhor.[196]

Essa perspectiva exacerbadamente individualista da liberdade, em conjunto com a compreensão do conteúdo e das repercussões jurídicas da vontade humana, delineia, portanto, os principais traços do liberalismo clássico no que concerne à concepção da autonomia da vontade.

3.2.2.3. Voluntarismo e autonomia da vontade

O principal aspecto a ser ressaltado no que concerne à vontade humana, no âmbito do liberalismo clássico, se refere especificamente ao poder normativo que dela decorre como expressão da razão. Se o ser humano é capaz de compreender, racionalizar e sistematizar o mundo, também o é para, a partir dessa racionalização, criar, pela força de sua vontade, sistemas para o estabelecimento da ordem social.

Na recorrente construção filosófica do liberalismo clássico, o ser humano emancipa-se, seja por necessidade, seja pelo poder da razão, de um Estado Natural, cujos fatores são dados pela determinação *divina*, e constitui, pelo poder sua vontade, o Estado Civil (ou estado político) no qual a ordem é posta em conformidade com a razão e com o consentimento comum dos homens.

John Locke, nessa linha, sustenta que o estado da natureza é substituído por uma sociedade civil ou política quando determinado número de indivíduos se reúne em sociedade, abre mão de seu poder de impor a Lei Natural, com o propósito de autorização à constituição de autoridades civis para elaborar leis que estabeleçam a ordem social, julgar as demandas que porventura apareçam, e, ainda, atuar para reparar os eventuais danos que atinjam os membros da comunidade.[197] Tratando especificamente do papel da vontade na criação de sociedades políticas, assevera Locke que:

> (...) quando qualquer número de homens, através do consentimento de cada indivíduo, forma uma comunidade, dão a esta comunidade uma carac-

[196] ROUSSEAU, **O contrato social**, p. 10.

[197] LOCKE, **Segundo tratado sobre o governo civil**, p. 158.

terística de um corpo único, com o poder de agir como um corpo único, o que significa agir somente segundo a vontade e a determinação da maioria.[198]

Jean Jacques Rousseau, por sua vez, faz alusão ao estado de coisas, no contexto do Estado Natural, em que a conservação do homem requer esforços além da capacidade individual. Nessas circunstâncias, não sendo possível o mero incremento da força individual, outra solução não resta se não a junção de esforços para o estabelecimento de capacidade suficiente para a superação dos obstáculos à autopreservação. Torna-se, assim, indispensável a efetivação do *pacto social*, que seria aquele no qual "*cada um de nós põe em comum sua pessoa e todo o seu poder sob a suprema direção da vontade geral; e recebemos, coletivamente, cada membro como parte indivisível do todo*".[199]

José Levi Mello do Amaral Junior alerta, todavia, que, muito embora sedutora, a concepção de Rousseau requer uma democracia direta. Explicita, ainda, que a deliberação popular é facilmente manipulável, o que poderia resultar em violência nas ruas.[200]

Assim como Rousseau e Locke, Kant também alude à constituição do *Estado Civil* (*societas civilis*) por força do consentimento igual, individual e livre das pessoas à submissão exclusivamente às normas criadas autonomamente pelos cidadãos[201], no âmbito de sua liberdade positiva.[202]

Em que pesem os pontos comuns em relação à compreensão da formação do Estado Civil, o elemento da vontade, notadamente da autonomia da vontade, é colocado na centralidade da filosofia política kantiana. Trata-se, pois, de aspecto essencial na conformação da ordem em sociedade.

Nesse sentido, Kant, em *Crítica da razão prática*, chega a afirmar que a "*autonomia da vontade é o único princípio de todas as leis morais e dos deveres conforme a elas*", isso porque "*a lei moral não expressa senão a autonomia da razão prática pura, isto é, da liberdade, e esta é ela mesma a condição formal de todas as máximas, sob a qual elas unicamente podem concordar com a lei prática suprema.*"[203]

198 *Ibid.*, p. 158.

199 ROUSSEAU, **O contrato social**, p. 22.

200 AMARAL JUNIOR, José Levi Mello do. O Poder Legislativo na democracia contemporânea: a função de controle político dos parlamentos na democracia contemporânea. **Revista de Informação Legislativa**, v. 42, n. 168, p. 10, 2005.

201 KANT, **Princípios metafísicos da doutrina do direito**, p. 128.

202 KANT, **Crítica da razão prática**, p. 55.

203 *Ibid.*, pp. 55-56.

Ou seja, para o referido autor, não há como se estabelecer qualquer norma moral que não seja aquela produzida unicamente pela expressão da autonomia da vontade (individual), exercida em plena liberdade. O princípio da autonomia, portanto, constitui o cerne do conceito do imperativo categórico kantiano.

Kant considera ilegítima, sob a perspectiva moral, a formação heterônoma da vontade, para conformá-la a determinado preceito. Assim, se a vontade é determinada por qualquer aspecto externo para a formação de normas, os deveres e as obrigações delas decorrentes serão ilegítimos. Ou seja, se a obediência à Lei Moral é condicionada por um determinado fim, que não seja a própria obediência à vontade autônoma em si, referida conduta será considerada contrária à ordem moral kantiana.

A legitimidade moral da conduta será verificada quando houver a completa abstração de todo e qualquer elemento externo, de modo que nada possa ter influência sobre a vontade; isso para que "*a razão prática (vontade) não seja uma mera administradora de interesse alheio, mas que demonstre a sua própria autoridade imperativa como legislação suprema*".[204]

De fato, quando a norma moral é derivada de aspectos de natureza empírica, a cogência da norma deixa se impor quando determinado aspecto relevante não é encontrado na situação fática em que a conduta poderia ou deveria se submeter ao regramento moral. Ou seja, a repetibilidade de todas as circunstâncias empíricas que fundamentam a norma poderia não se verificar na prática, assim fazendo com que a norma deixasse de ter vigência, no particular. Na expressão de kantiana, a norma empiricamente orientada não passaria pelo crivo na universalidade, elemento essencial em sua perspectiva ética.

Da mesma forma, a norma sujeita a critérios de orientação lastreados na busca da felicidade humana não poderia ser considerada moralmente legítima. Isso porque a experiência prática indica que não há identidade entre uma conduta virtuosa e aquela que busca o prazer. Para Kant, os motivos importam; e o critério moral da busca pela felicidade embaraça os motivos, de modo que aqueles que levam ao vício e os que conduzem à virtude se confundem na orientação da conduta do agente.

Por outro lado, a conduta moral pela busca de uma pretensa perfeição virtuosa, igualmente, não é factível. Trata-se, pois, de conceito indeterminável, e não compreensível pelas limitações intelectuais humanas.

[204] KANT, **Fundamentação da metafísica dos costumes**, p. 92.

A autonomia, portanto, na concepção kantiana se confunde com a própria moralidade, haja vista que a legitimidade da norma moral decorre, especificamente da liberdade; da obediência exclusiva à lei autonomamente criada. A propósito, assevera Kant expressamente que "*liberdade e própria legislação da vontade são, ambas, autonomia, portanto conceito transmutáveis (...) representações aparentemente diferentes do mesmo objeto (como se reduzem diferentes fracções do mesmo valor às suas expressões, mais simples)*".[205]

Nesse sentido, a vontade kantiana é a vontade livre, aquela exclusivamente capaz de produzir normas para si mesma. Em representativa proposição, esclarece: "*a vontade é, em todas as ações, uma lei para si mesma*".[206]

Como se pode observar, toda a construção kantiana sobre a liberdade, autonomia, lei universal e autonomia da vontade refere-se à sua perspectiva ética. Explicitamente, aliás, o próprio autor faz separações temáticas e sistematizadas de suas abordagens sobre o Direito e sobre a Moral. Dessa forma, não se deve confundir o conceito de autonomia da vontade, explicitado, por exemplo, na "*Fundamentação da metafísica dos costumes*", com a formulação jurídica que lastreou as codificações privadas de matiz liberal.

Isso não significa, todavia, que as formulações dogmáticas jurídicas kantianas não sejam profundamente influenciadas por suas perspectivas morais. Na verdade, os elementos essenciais da Ética também são observados, *mutatis mutandis*, na sua perspectiva jurídica; não por outro motivo, sua principal obra a respeito trata, especificamente, dos "*Princípios metafísicos da doutrina do Direito*".

Dessa forma, os conceitos de liberdade, de autonomia, de universalidade e de vontade unilateral estão bastante presentes na formulação e na articulação dos institutos jurídicos. Assim, a construção de sua doutrina do Direito é realizada sob o fundamento da liberdade, como único direito inato[207].

[205] *Ibid.*, p. 93.

[206] *Ibid.*, p. 93.

[207] Sobre a liberdade, como fundamento do Direito, esclarece Kant. "**O direito inato é apenas um único.** Liberdade (independência do arbítrio coercitivo de um outro), na medida em que pode subsistir com a liberdade de qualquer outro com uma lei universal, é este direito único, originário, pertencente a cada homem por força de sua humanidade. – A igualdade inata, *i. e.*, a independência que consiste em não ser obrigado por outros a mais do que podem também ser obrigados reciprocamente; portanto a qualidade do homem de ser seu próprio senhor (*sui iuris*), assim como a de um homem irrepreensível (*justi*), porque não foi injusto

Nesse sentido, ao tratar dos principais temas de Direito Privado de seu contexto histórico, Kant também recorre aos elementos que conformam a sua perspectiva ética.

O direito de propriedade, assim, fundamenta-se na compreensão de que há uma lei universalmente consentida, elaborada por força da autonomia expressa na liberdade positiva, que resulta em uma autorização comum para que as pessoas adquiram, com exclusividade, determinado objeto.[208]

Igualmente, ao tratar dos direitos pessoais, Kant se refere ao direito de crédito – correspondente a uma obrigação em sentido inverso – como "*a posse do arbítrio de um outro, como faculdade de determiná-lo por meu arbítrio e de acordo com leis da liberdade a certa ação*".[209]

É interessante notar que Kant, ao abordar o tema dos direitos pessoais, trata da autonomia em dois níveis, o individual, no sentido de sujeição recíproca do arbítrio, de modo a ser possível determinar a conduta de alguém para o atendimento de interesse alheio; e o universal (ou público), ao se referir à legitimidade legal da submissão desse arbítrio individual, em razão de leis livre e universalmente aprovadas.

Nessa perspectiva, portanto, para se verificar a legitimidade da manifestação da autonomia da vontade não é suficiente o consentimento recíproco dos indivíduos para o estabelecimento de direitos de crédito e obrigações. Faz-se igualmente necessária a verificação da legitimidade diante da lei livremente pactuada pela *vontade unilateral unificada*.

Essa vontade unilateral unificada, sob a perspectiva da ordem jurídica, realiza-se no âmbito do Poder Legislativo, em que os cidadãos livre e autonomamente estabelecem as normas às quais, de forma universal, devem todos se submeter; pois, "*somente a vontade concordante e unificada de todos, na medida em que cada um decide o mesmo sobre todos e todos sobre um, portanto apenas a vontade universalmente unificada do povo é legisladora*".[210]

Verifica-se, pois, que a vontade, em Kant, ganha inédita relevância na conformação do Direito, tanto no âmbito privado, quanto no público. A transcendência do indivíduo, como legislador universal, é que torna sua

com ninguém antes de qualquer ato jurídico.". (Kant, **Princípios metafísicos da doutrina do direito**, pp. 42-43.)

208 Para uma discussão mais aprofundada sobre a perspectiva kantiana de propriedade: Marcelino, R. **O direito da propriedade democrática**. Rio de Janeiro: Lumen Juris, 2017.

209 Kant, **Princípios metafísicos da doutrina do direito**, p. 80.

210 *Ibid.*, p.128.

vontade legisladora em sentido estrito, por força da atividade do Poder Legislativo.

Essa percepção kantiana de que a manifestação da vontade individual poderia ser considerada causa suficiente para a criação de normas jurídicas foi determinante no âmbito da dogmática jurídica, e predominou até o início do século XX. Essa influência é claramente perceptível, não só no âmbito da doutrina, mas, inclusive, nas próprias codificações civilistas europeias.

3.2.3. O projeto jusracionalista da sistematização das fontes e as codificações

Conforme se demonstrou acima, a ideia de autonomia da vontade está intimamente ligada ao advento do liberalismo clássico. A perspectiva de liberdade individual que norteou o pensamento iluminista foi decisiva para a conformação do conceito de autonomia da vontade como expressão máxima da capacidade humana de buscar o atendimento e a regulação jurídica dos interesses próprios, sob a proteção do Direito.

Conforme aponta Franz Wieacker, a articulação conceitual, como teorias gerais, das doutrinas privatísticas do sujeito de direito, da declaração da vontade e do negócio jurídico, só foi possível com o advento do jusracionalismo, com as posteriores influências decorrentes do pensamento iluminista.[211]

Para tanto, foi crucial que fosse ultrapassada a jurisprudência europeia fundamentada na exegese e nos comentários de textos isolados, para o fim de se a substituir por um sistema racionalmente articulado. No dizer de Michel Villey, "*os humanistas querem, antes de mais nada, apagar do direito romano tradicional todos os acréscimos a ele feitos pela Idade Média*".[212]

Nesse contexto, essa articulação conceitual da autonomia da vontade do liberalismo clássico, assim como a sistematização de seus efeitos jurídicos, tornou-se viável com o desenvolvimento do projeto iluminista de codificação das normas jurídicas, notadamente aquelas concernentes ao Direito Privado.

São produtos de uma linhagem filosófica comum. Partem de uma concepção do ser humano centrada em seu perfil individual – dissociado de

[211] WIEACKER, Franz. **História do direito privado moderno**. Lisboa: Fundação Calouste Gulbenkian, 2015. p. 310.

[212] VILLEY, **A formação do pensamento jurídico moderno**, p. 468.

grupos sociais. Nesse particular, notam-se as influências das concepções filosóficas do estoicismo e do epicurismo, resgatados em uma releitura de suas perspectivas, para o ressurgimento do Direito Natural renovado – e distante de suas origens aristotélicas.

Caracterizava-se, de um lado, por seu aspecto racional, que lhe permitia apreender sua própria existência (nesse aspecto, a decisiva influência de Descartes e de seu projeto de racionalização e sistematização científica do mundo, eternizado na expressão *cogito ergo sum*)[213]; e, de outro, por sua liberdade, representável pela vontade ilimitada e autodeterminada pela razão.

A influência da Ética iluminista resultou na prevalência, ao menos na Europa continental, da convicção de que a capacidade humana seria capaz de produzir racionalmente um conjunto de normas que resultaria, efetivamente, em uma sociedade melhor. Esse projeto iluminista foi lastreado na pretensão de se alcançar um ideal jusnaturalista aplicado em normatizações concretas das relações humanas.

Como precursor desse projeto de codificação, aponta-se a legislação civil bávara do século XVIII, por força dos trabalhos do príncipe Max Joseph III, notadamente o *Codex juris Bavarici criminalis* (1751), o *Codex juris Bavarici judicialis* (1753) e o *Codex Maximilianeus Bavaricus civilis* (1756)[214].

Em 1804, cinquenta anos depois da experiência bávara, tem-se o advento do *Code Civil*, com inédito impacto, não só em razão da influência geopolítica da França de então, como, principalmente, por sua forma e seu conteúdo.

A esse respeito, Franz Wieacker destaca, entre as características do *Code Civil*, o seu aspecto racional e antitradicionalista. Nesse sentido, assevera que se deu com ele a expressão de uma nova imagem de sociedade norteada pelos princípios de igualdade jurídica dos cidadãos e liberdade jurídica para atuação contratual e econômica dos particulares. Assim, o *Code Civil* representou, em seu âmbito normativo, um elemento importante de influência para diversas sociedades inspiradas no projeto político-ideológico francês de emancipação.

Essa perspectiva, segundo Antonio Junqueira de Azevedo, teria prevalecido até a Primeira Grande Guerra Mundial, e seria caracterizada como o "*paradigma da lei*". Como resultado "*dos traumas do absolutismo, os juristas*

213 DESCARTES, **Discurso sobre o método**, p. 37.

214 WIEACKER, **História do direito privado moderno**, pp. 369-370.

de então viam, na lei, o Direito", pois "*a norma devia ser clara, precisa nas suas hipóteses de incidência* (fattispecie), *abstrata, universal*".[215]

O paradigma, na expressão de Thomas Kuhn[216], adotada por Antonio Junqueira de Azevedo para descrever o perfil epistemológico então vigente, evidentemente, fez-se presente no Direito português, e, por consequência, no Direito brasileiro. Muito embora não se tenha concretizado, imediatamente, uma codificação civil, foram empreendidos esforços para a realização de certa emancipação em relação às fontes medievais e romanas do Direito.

Nesse contexto, foi editada a Lei da Boa Razão, em 1769, por força da qual foram impostos novos critérios de interpretação e de integração das lacunas da lei. A norma em questão, dentre seus principais dispositivos, obstaculizou o emprego indiscriminado dos comentários dos juristas revisores dos textos romanos. Textualmente, proibiu o uso das glosas de Acúrsio e Bartolo, em contrariedade com disposições das Ordenações Filipinas, e assim reforçou o Direito nacional português como fonte primária do Direito vigente. Conforme destaca Orlando Gomes, a Lei da Boa Razão constituiu verdadeiro marco no Direito português, e, por consequência, no Direito brasileiro.[217]

É interessante notar que, também por força da Lei da Boa Razão, o ordenamento jurídico português se tornou permeável às recentes codificações, notadamente a francesa, a partir de 1804. Nesse sentido, esclarece Guilherme Braga Cruz, se atribui a Manuel de Almeida e Souza o mérito da iniciativa de utilização dos códigos estrangeiros como fonte subsidiária de normas, sob o fundamento do *recta ratio* e *usus modernus*, legitimado pela lei em questão.[218]

Muito embora a Lei da Boa Razão tenha viabilizado relevante sobrevida às Ordenações, em Portugal, em 1867, foi editado, finalmente, o Código Civil português, pelas mãos de Visconde Seabra, com relevante influência dos projetos das nações da Europa ocidental.

[215] AZEVEDO, Antonio Junqueira de. O direito pós-moderno e a codificação. **Revista USP**, v. 42, pp. 96-101, 1999.

[216] KUHN, Thomas Samuel. **A estrutura das revoluções científicas**. São Paulo: Perspectiva, 1995.

[217] GOMES, Orlando. **Raízes históricas e sociológicas do Código Civil brasileiro**. 2. ed. São Paulo: Martins Fontes, 2006. p. 5.

[218] CRUZ, Guilherme Braga. A formação histórica do moderno direito privado português e brasileiro. **Revista da Faculdade de Direito da Universidade de São Paulo**, v. L., 1955.

No Brasil, os mesmos influxos também se fizeram presentes e relevantes. A Constituição de 1824, no que concerne ao direito de propriedade, ao individualismo e à garantia da liberdade, foi particularmente representativa do pensamento liberal clássico. Especificamente, o art. 179 é importante expressão desse aspecto:

> Art. 179. A inviolabilidade dos Direitos Civis, e Politicos dos Cidadãos Brazileiros, que tem por base a liberdade, a segurança individual, e a propriedade, é garantida pela Constituição do Imperio, pela maneira seguinte.

Dentre os dispositivos do art. 179 que especificam os direitos civis e políticos, o inciso XVIII impunha a organização "*quanto antes*" de um Código Civil "*fundado nas solidas bases da Justiça e Equidade*".

Nada obstante, apesar do perfil liberal adotado pela Constituição de 1824, Orlando Gomes oportunamente destaca que a implantação, em concreto, dos ideais liberais enfrentou relevantes incompatibilidades, notadamente a se considerar que, em suas palavras, "*sobre o vasto Império projetavam-se os tentáculos da sociedade colonial baseada no trabalho escravo*".[219]

Nesse contexto, não tiveram êxito três projetos de codificação do Direito Civil brasileiro: Teixeira de Freitas, em 1859, Nabuco de Araújo, em 1872, e Felício dos Santos, em 1881. Nada obstante, o trabalho desempenhado para a Consolidação das Leis Civis, por Teixeira de Freitas, foi fundamental para a sistematização do Direito Civil vigente no país – quase ao nível de um verdadeiro código[220], de modo a, minimamente, permitir a possível estabilidade no regramento de natureza privada, em circunstâncias de vigência de ordem normativa de origem medieval.

Esse cenário perdurou até que, então, fosse, finalmente, tornado efetivo o projeto da codificação civil de Clovis Beviláqua, que, muito embora tivesse sido apresentado em 1889, teve vigência apenas a partir de 1916.

A codificação tardia brasileira também propiciou certa amenização na intensidade da absorção das premissas do liberalismo clássico – notadamente se comparada ao processo português, especialmente em seu caráter emancipatório da tradição jurídica pretérita. A esse respeito, Guilherme Braga Cruz assevera que:

[219] Gomes, **Raízes históricas e sociológicas do Código Civil brasileiro**, p. 11.

[220] Cruz, **A formação histórica do moderno direito privado português e brasileiro**, p. 67.

> (...) daí resultou foi ter-se feito sentir no Brasil, muito menos que entre nós, a febre das inovações precipitadas, oferecendo-nos, ainda hoje, a nação brasileira um sistema jurídico-privado muito mais próximo da velha tradição portuguesa.[221]

Não se deve desconsiderar, todavia, que, à época do advento do Código Civil brasileiro de 1916, já se havia a repercussão das críticas da Escola Histórica, notadamente por obra de Savigny, pelos excessos nas rupturas, propugnadas pelo liberalismo clássico, das tradições filosófico-jurídicas então predominantes.

Da mesma forma, também não devem ser ignoradas, conforme será explorado adiante, as influências advindas do contexto socioeconômico que pôs à prova as premissas do liberalismo clássico e deu ensejo a uma nova percepção do Direito Civil, consubstanciada, *v.g.*, na obra "*Les Transformation genérales du droit privé depuis le Code Napoléon*" de Léon Duguit.[222]

3.2.4. Autonomia da vontade codificada

A autonomia da vontade e os seus reflexos jurídicos no âmbito do Direito Privado, em suas origens no liberalismo clássico, tinham o *locus* normativo estabelecido pelo projeto das codificações, como instrumentos exaurientes em relação à previsão de definições e consequências legais de todos os institutos de Direito Privado.

As referidas codificações, como se demonstrou acima, caracterizavam-se, no que concerne ao objeto de análise, por suas características individualistas e voluntaristas.

Nesse particular, como é de comum conhecimento, o *Code Napoléon*, de 1804, como produto maduro de *La Révolution*, de 1789, foi a grande inspiração para os processos codificadores que o sucederam na Europa continental.

Por sua vez, o *Code Napoléon* foi redigido no contexto de ampla predominância das perspectivas jusfilosóficas anteriormente explicitadas. Nesse sentido, foi estruturado sob a premissa filosófica de que a própria ideia de sociedade civil havia sido criada a partir de uma racionalização de natureza contratual. Ou seja, a vontade e o consentimento individuais eram

[221] *Ibid.*, p. 64.

[222] DUGUIT, **Les transformations génerales du droit privé depuis le Code Napoléon**.

considerados causas suficientes para a sustentação de todo o edifício civilizatório ocidental.

A doutrina, em especial a francesa, à época, compreendia, portanto, que o contrato, como produto do livre consentimento e da autônoma manifestação de vontade, era, por essência, justo. Não por outro motivo, Georges Ripert, afirma que a doutrina partia da premissa de que toda a Justiça é contratual.[223]

Os fundamentos dessa percepção podem ser encontrados na expressão latina *volenti non fit injuria*, empregada por Kant para sistematizar o seu argumento no sentido de que "*se alguém decide algo em relação a um outro, sempre é possível que assim ele seja injusto com ele, mas nunca naquilo que ele decide acerca de si mesmo*".[224]

Segundo Fouillé, essa injustiça decorreria do egocentrismo do indivíduo, ou seja, da crença de que suas decisões devem se nortear apenas pelo seu bem-estar, sendo o contentamento alheio dissociado e antagônico ao seu.[225] Ao chegar a essa conclusão, o autor francês desenvolve a teoria do "Direito Ideal", que, em suas palavras,

> (...) concilia a ideia de liberdade com aquelas de maior poder e maior interesse: o direito concreto e completo, ideal e real, torna-se a liberdade máxima, igual para todos os indivíduos, que é compatível com o máximo de liberdade, força e interesse no organismo social.[226]

Em suma, Fouillé defende que o indivíduo é ser racional que – ao compreender a essencialidade da existência não apenas do direito, mas do respeito ao direito dos demais indivíduos, para a concretização do seu próprio direito – conclui que o seu poder e o poder social, assim como o seu interesse e o interesse social, em geral, estão de acordo e, portanto, o poder e o interesse de todos são mais desejáveis do que o poder e o interesse individuais.

É nesse cenário que, segundo Fouillé, o indivíduo percebe que a verdadeira liberdade está na existência de um acordo que resguarde não o

223 RIPERT, Georges. **A regra moral nas obrigações civis**. 2. ed. Campinas: Bookseller, 2009. p. 54.

224 KANT, **Princípios metafísicos da doutrina do direito**, p. 128.

225 FOUILLÉE, Alfred. **L'idée moderne du droit**. 3. ed. Paris: Librairie Hachette et cie, 1890. p. 394.

226 Em livre tradução. (*Ibid*., p. 394.)

seu interesse próprio, mas o interesse da coletividade como um todo. Em suma, na concepção do autor francês, a justiça contratual se fundamentava na trilogia da Revolução Francesa: liberdade, igualdade e fraternidade.

Assim, se o acordo entre vontades individuais seria suficiente para edificar a sociedade civil, pelos mesmos fundamentos também o era para a criação de normas jurídicas entre aqueles abrangidos pela força do próprio consentimento.

Daí porque o art. 1.134 do *Code Napoléon* é expresso ao afirmar que "*les conventions légalement formées tiennent lieu de lois à ceux qui les ont faites*"[227].

A força normativa da autonomia da vontade, portanto, foi codificada expressamente no Código Civil francês, com a equiparação de seus efeitos vinculativos à própria lei. Seu poder normativo apenas poderia ser revogado, conforme dispõe o mesmo art. 1.134, por novo acordo firmado entre as partes, ou pela própria lei em sentido estrito.

Não por outro motivo, portanto, o *Code Napoléon* representa, efetivamente, a consolidação no texto normativo das premissas do liberalismo clássico, no que concerne às liberdades privadas do indivíduo. Significa, desse modo, a atribuição de máxima relevância o poder normativo da autonomia da vontade.

Essa percepção é reforçada pelo exame da regulamentação do direito de propriedade – outro elemento essencial do liberalismo clássico. Nesse aspecto, a liberdade individual, e o seu poder de disposição a respeito dos interesses privados, é igualmente exaltada pela clássica redação do art. 544: "*la propriété est le droit de jouir et disposer des choses de la manière la plus absolue, pourvu qu'on n'en fasse pas un usage prohibé par les lois ou par les réglemens*".[228][229]

A exaltação do poder individual de disposição sobre as coisas "da maneira mais absoluta", a rigor, somada à previsão do poder normativo da autonomia da vontade, no âmbito das relações privadas, representam a essência do liberalismo clássico no sentido de promover a liberdade individual como Direito Natural, e, então tipificada como norma cogente por força do *Code Napoléon*.

[227] Em livre tradução: "convenções legalmente formadas tomam o lugar das leis para aqueles que as fizeram".

[228] Para uma análise mais aprofundada a respeito do direito de propriedade no liberalismo clássico: MARCELINO, **O direito da propriedade democrática**.

[229] Em livre tradução: "Propriedade é o direito de desfrutar e dispor das coisas da maneira mais absoluta, desde que não sejam usadas de maneira proibida por leis ou regulamentos".

Tal como destacado acima, a influência da legislação civil francesa foi vigorosa em toda a Europa continental, e se fez percebida nos diversos movimentos codificadores.

A esse respeito, um evidente exemplo é o Código Civil português de 1867, que estipulava, no art. 1º, que "*só um homem é suscetível de direitos e obrigações*", enquanto no segundo previa que direito seria "*a faculdade moral de praticar ou deixar de praticar certos factos*".

Mais adiante, em notável destaque à percepção do aspecto normativo da vontade, o Código Civil português especifica que:

> Artigo 4º Estes direitos e obrigações derivam:
>
> 1º Da própria natureza do homem;
>
> 2º De facto e vontade própria, independentemente de cooperação de outrem;
>
> 3º De facto e vontade própria e de outrem conjuntamente;
>
> 4º De mero facto e vontade de outrem;
>
> 5º Da mera disposição da lei.

Na Espanha, o movimento codificador da legislação civil tardou seus efeitos. Os projetos europeus codificadores foram identificados como constrútos da ideologia revolucionária que, anos antes, havia prevalecido na França. Assim, diante da reação absolutista espanhola de 1814, fez-se desaparecer temporariamente o propósito codificador naquele país.[230]

Após o frustrado projeto de Código Civil de 1851, a Espanha aprovou, em 11 de maio de 1888, a *Ley de Bases*, por força da qual foram estabelecidas as principais balizas para elaboração e edição do novo Código Civil. Finalmente, em 24 de julho de 1889, foi editado o novo Código Civil espanhol, caracterizado pelas evidentes influências francesas, tanto em relação à estrutura, quanto ao seu conteúdo, por um liberalismo conservador e por um individualismo moderado. Nesse sentido, estabelece a liberdade contratual como um princípio fundamental e prevê que as obrigações nascidas de contratos têm força de lei entre as partes (art. 1.091).[231]

No âmbito doutrinário, defendia-se que o direito estatal deveria se limitar a servir a vontade individual, ou, ainda, a suprir, caso necessário e pre-

[230] DÍEZ-PICAZO, Luís; GULLÓN, Antonio. **Sistema de derecho civil**. 9. ed. Madri: Editorial Tecnos, 1998. p. 48.

[231] *Ibid.*, p. 57.

sumível que assim o fosse. Essa perspectiva consubstanciava-se no axioma "*voluntas facit legem*".[232]

Na Itália, tão logo alcançada a unidade político-administrativa, foi editado o primeiro *Codice Civile*, em 1865, também de inspiração francesa, notadamente no que concerne à liberdade contratual e ao direito de propriedade.

Como produto de seu tempo, o *Codice Civile* foi bastante permeável aos influxos do pensamento jusfilosófico predominante, e, dessa forma, também caracterizado pelo caráter individualista e voluntarista. Nesse sentido, é significativamente representativa a redação de seu art. 436, que trata do direito de propriedade, que é, rigorosamente, a tradução de seu equivalente francês:

> 436. La proprietà è il dirittodi goedere e disporre dele cose nella maneira più assoluta, purchè non se ne faccia um uso vietato dalle leggi o dai regolamenti.[233]

Na Alemanha, o resultado da pressão dos projetos codificadores, de origem jusracionalista, foi verificado em momento posterior. O ideário do liberalismo clássico, efetivamente, se fez presente. Há que se considerar, no entanto, os devidos temperamentos a que foi sujeito, no contexto histórico-político alemão.

Os movimentos de elaboração da codificação civil na Alemanha são comumente ilustrados pela polêmica havida entre Thibaut e Savigny. Enquanto Thibaut, inspirado nos valores jusracionalistas então predominantes no restante da Europa continental, propugnava a imediata elaboração de um Código Civil, Savigny, como um dos principais representantes da Escola Histórica, exaltava a tradição jurídica de origem romana e criticava o projeto codificador de perfil a-histórico. Nesse duelo, contrapunham-se posições político-filosóficas fundamentais: de um lado, a cultura aristocrática, a tradição europeia e prática ativa; de outro, a política democrática, o novo sentimento nacional e a ciência.[234]

No entanto, por mais enfáticas e relevantes que fossem as críticas de Savigny à proposta de codificação, seja por considerá-la desnecessária,

[232] CASTRO Y BARRO, **El negocio juridico**, p. 14.

[233] Em livre tradução: "Propriedade é o direito de desfrutar e dispor das coisas da maneira mais absoluta, desde que não sejam usadas proibidas por leis ou regulamentos."

[234] WIEACKER, **História do direito privado moderno**, p. 451.

seja por acusá-la de distorcer e suprimir o desenvolvimento histórico do Direito, ainda que tardiamente, o projeto teve seu curso. Nesse sentido, o próprio Bernhard Windscheid, um dos mais proeminentes discípulos de Savigny, passou a defender a necessidade de edição de um código para a Alemanha.[235]

Como oportunamente aponta Franz Wieacker, o curso dos movimentos históricos distribuiu razão a ambos. O advento da codificação contribuiu com o desenvolvimento da unidade e liberdade nacionais, conforme defendia Thibaut; a renovação da cultura jurídica europeia – e não a sua supressão proposta pelo projeto jusracionalista – viabilizaria a evolução jurídico-normativa alemã, como proposto por Savigny.

Assim, a codificação alemã, editada tardiamente, se cotejada com os movimentos codificadores iniciados em França, surgiu com características bastante particulares, sem, no entanto, deixar completamente de lado a essência das linhas jusfilosóficas predominantes em seu tempo.

A propósito do tema, Otavio Luiz Rodrigues Junior, sem deixar de reconhecer a existência de consensos criados em relação às influências do liberalismo em relação ao *Bürgerliches Gesetzbuch* (BGB) – considerado um produto tardio do liberalismo clássico –, alerta para a necessidade de se realizar uma análise mais aprofundada sobre o contexto, a origem e as influências particulares que caracterizaram a elaboração do projeto de codificação por juristas e não juristas alemães. Nesse sentido, assevera que a atuação dos civilistas, na elaboração do BGB, se deu por "camadas", no âmbito de um processo complexo, caracterizado pela sucessão de trabalhos desenvolvidos pelos integrantes de uma "ComissãoPreparatória" (*Vorkommission*), sucedida pela Primeira Comissão, e, esta última, por uma Segunda Comissão, até que se chegasse a um terceiro esboço, e, finalmente, à redação final do BGB.[236] O Código foi publicado em 18 de agosto de 1896 e entrou em vigor no dia 1º de janeiro de 1900.

A análise por "camadas" proposta por Otávio Luiz Rodrigues Junior evidencia que a Primeira Comissão foi fortemente influenciada pela autoridade doutrinária de Windscheid[237], um dos principais arquitetos

[235] Zimmermann, Reinhard. **The new German law of obligations**. Oxford: Oxford University Press, 2010. p. 11.

[236] Rodrigues Junior, Otavio Luiz. A influência do BGB e da doutrina alemã no direito civil brasileiro do século XX. **Revista dos Tribunais**, v. 938, pp. 79–155, dez. 2013.

[237] Wieacker, **História do direito privado moderno**, p. 542.

do projeto[238], o que resultou em um trabalho extremamente teórico e, dessa forma, distante da compreensão do cidadão comum. Na formação da Segunda Comissão, garantiu-se maior participação aos leigos e personagens de perfil prático, como magistrados e funcionários ministeriais[239], com o objetivo de aproximar o novo texto legal aos seus destinatários. Interessante atentar ao fato de que a permeabilidade pragmática da Segunda Comissão não foi suficiente para afastar o caráter teórico dos trabalhos desenvolvidos pela Primeira Comissão, notadamente em razão da deferência à autoridade acadêmica de seus integrantes.

Analisando-se a redação do BGB, no que pertinente ao tema em questão, nota-se, para além da absorção de aspectos relevantes do liberalismo, alguma dose de moderação. No que concerne às relações obrigacionais, no § 241, não há a imediata associação da autonomia da vontade à lei – ainda que com efeitos entre as partes –, tal como é possível verificar nos textos português e francês. Ainda que se faça presente – como não poderia ser diferente – a relevância da força vinculativa do contrato, há uma nítida suavização da perspectiva do dogma da vontade, que predominou na versão tradicional do liberalismo. Afora isso, é possível identificar dispositivos relevantes no sentido de limitação do uso desviado da liberdade contratual (*v.g.*, proibição da usura, redução das cláusulas penais injustas, § 343), e de limitações de natureza moral à liberdade (p. ex., § 134, § 138, inciso I, e § 309).

Nota-se que o BGB se afasta das fórmulas puramente abstratas e racionalizadas do *Code Civil*. Nesse sentido, garante maior liberdade para a aplicação da lei pelos magistrados ao estipular cláusulas gerais – notadamente quanto à relevância da boa-fé – que permitem uma maior abertura axiológica.

Não é possível, por outro lado, afirmar que o BGB teria alcançado a gênese da ideia de função social do Direito Privado, pelo reconhecimento do ocaso das premissas abstratas do liberalismo clássico. A esse respeito, Franz Wieacker é preciso ao afirmar que:

> (...) o controlo social dos direitos privados mantém-se nos estreitos limites de um liberalismo eticamente fundado; apesar de todas as boas vontades, permanece como dominante o interesse da sociedade burguesa de concorrência.[240]

[238] ZIMMERMANN, **The new German law of obligations**, p. 14.

[239] WIEACKER, **História do direito privado moderno**, p. 542.

[240] *Ibid.*, p. 552.

Não deixa de ser curioso notar que o próprio Savigny – um dos mais importantes críticos do projeto jusracionalista de codificação, como se destacou acima – erigiu seus pressupostos teóricos sobre a filosofia kantiana, especialmente no que concerne à percepção de direito subjetivo como espaço de liberdade em que reina a vontade, com o consentimento recíproco de todos; e o negócio jurídico e a vontade negocial como espaço de ação da personalidade autônoma.[241]

A demonstrar essa influência, destaque-se a formulação do direito subjetivo, nas palavras Savigny:

> O direito, considerado na vida real, abraçando e penetrando por todos os lados do nosso ser parece-nos como um poder do indivíduo. Nos limites desse poder, prevalece a vontade do indivíduo, e reina com o consentimento de todos. A esse poder ou faculdade nós chamamos direito, e alguns, direito no sentido subjetivo.[242]

A mesma influência é verificada na explicitação do que seria a essência da relação obrigacional para Savigny:

> Ademais é da essência da obrigação referir-se a duas pessoas diferentes: para uma constitui uma extensão da liberdade, o império sobre uma vontade alheia; para outra, uma restrição da liberdade, a submissão a uma vontade alheia. Segundo qual dessas relações estritamente ligadas, ainda que diferentes, devemos determinar o fundamento da obrigação? Evidentemente sobre a última, porque a necessidade de um ato imposto à pessoa do devedor constitui a essência da obrigação.[243]

No Brasil, tal como mencionado anteriormente, a Constituição de 1824, de inspiração liberal, determinava – no calor das influências da Europa continental –, em seu art. 179, a elaboração, o quanto antes, de um Código Civil, de modo a superar, finalmente, a vigência das Ordenações Filipinas.

Como parte de trabalho prévio à elaboração do Código Civil brasileiro, o governo Imperial atribuiu a Teixeira de Freitas a incumbência da elaboração de trabalho de consolidação da legislação civil vigente. O objetivo era "*mostrar o último estado da Legislação*", por meio de sistematização

[241] *Ibid.*, p. 453.
[242] Em livre tradução (SAVIGNY, **Sistema del derecho romano actual**, p. 5.).
[243] Em livre tradução (*Ibid.*, p. 1414.).

por títulos e artigos, nos quais as disposições em vigor seriam reduzidas a "*proposições claras e sucintas*".[244]

Reputa-se, em grande parte, à qualidade do trabalho empreendido por Teixeira de Freitas a sobrevivência das Ordenações até o êxito do projeto de codificação de Clóvis Beviláqua, em 1916.

De fato, após a Consolidação, e antes da versão final do Código de 1916, ainda foram produzidos três projetos: o do próprio Teixeira de Freitas, em 1859, o de Nabuco Araújo, em 1872, e o de Felício dos Santos, em 1881.

O Esboço de Teixeira de Freitas, de 1859, antes da produção Código Civil de 1916 no Brasil, influenciou definitivamente o Código argentino – chegando a ser reconhecido como o "seu guia principal", o Código uruguaio e outras leis de países da América Latina.[245] Em que pese a sua relevância para o Brasil e para os países vizinhos, o projeto não chegou a ser finalizado. Em 1872, o contrato com Teixeira de Freitas foi resolvido, ante o entendimento de que deveria ser corrigido o plano original para o fim de se realizar a codificação do Direito Privado, e não apenas do Direito Civil.

O projeto de Nabuco Araújo, que, após sua morte, foi assumido por Felício dos Santos, também não sobreviveu ao Império. Muito embora o Governo Federal, em 7 de junho de 1889, tenha tentado reavivar a ideia do projeto, após a dissolução da comissão em 1886, a superveniência da República acabou por sepultar definitivamente tais esforços.[246]

No Brasil, Teixeira de Freitas, com o seu trabalho na Consolidação, foi responsável pela manutenção da tradição jurídica latina a salvo, de certo modo, da radicalização a-histórica da racionalização proposta pelo jusracionalismo. Admirador de Savigny, contribuiu enormemente para uma transição, em continuidade, do Direito das Ordenações para a codificação do início do século XX, redigido à luz das novas necessidades decorrentes da evolução das relações econômicas, sociais e políticas.

Em interessante levantamento, Pontes de Miranda demonstra que o Esboço de Teixeira de Freitas foi, a rigor, a principal fonte material do Código de 1916. É possível verificar que, entre os Códigos estrangeiros, o *Code Civil* foi, quantitativamente, o principal fornecedor, com 479 fontes,

[244] FREITAS, Augusto Teixeira de. **Consolidação das leis civis**. Brasília: Senado Federal, Conselho Editorial, 2003. p. XXXI.

[245] MIRANDA, Francisco Cavalcanti Pontes de. **Fontes e evolução do direito civil brasileiro**. 2. ed. Rio de Janeiro: Forense, 1981. p. 80.

[246] *Ibid*., p. 82.

enquanto o português, em segundo lugar, com 83. As fontes estrangeiras, no entanto, somadas, representam menos da metade das inovações em relação ao Direito anterior (1.178). Dentre as fontes brasileiras (670), destaca-se que, ao Esboço de Teixeira de Freitas são atribuídas 189; aos projetos de Felício dos Santos, 49; Coelho Rodrigues, 154; e Clóvis Beviláqua, 135.[247]

Sob a perspectiva qualitativa, Pontes de Miranda assevera que os principais códigos estudados no Brasil foram o *Code Civil* e o Código Civil Austríaco. Notadamente da perspectiva francesa adotou o liberalismo de maneira peculiar. A respeito da influência liberal em nosso projeto de 1916, assevera Pontes de Miranda:

> O liberalismo do Código Civil brasileiro é sempre um liberalismo de um povo que construiu um Império constitucional, racionalista, quase secular, e a ambição de ciência e de 'justiça idealista', que o move, há forçosamente, de se refletir nas leis, em comparação com a dos povos vizinhos, mas é inegável o seu aferro 'ao século XVII lusitano', à estrutura católico-feudal da família.[248]

Evidentemente, apesar da inegável influência de origem comum do liberalismo clássico e de seus preceitos, conforme acima explicitado, é possível a identificação de matizes distintas na percepção da autonomia da vontade, especialmente após as críticas que se seguiram, no início do século XX, aos dogmas do liberalismo.

A respeito da necessidade de reconhecimento de perspectivas diversas e influências com intensidades e colorações distintas de um ideário tão diversificado quanto o do liberalismo, oportunamente provoca Otavio Luiz Rodrigues Junior ao indagar se o:

> (...) liberalismo manchesteriano, de um membro de um Parlamento britânico, em defesa do livre-comércio, seria o mesmo liberalismo de um deputado brasileiro na Assembleia do Império, argumentando contra a emancipação dos escravos.[249]

Após a decantação do ideário liberal, os preceitos subjetivistas da autonomia da vontade foram alvos de ataques, tanto na Itália, por Emilio Betti

[247] *Ibid.*, p. 93.

[248] *Ibid.*

[249] RODRIGUES JUNIOR, A influência do BGB e da doutrina alemã no Direito Civil brasileiro do século XX, p. 102.

e a teoria perceptiva, por Ferri e a teoria objetiva, como na própria França, por León Duguit, dentre outros, conforme se explorará adiante.

3.3. Autonomia privada funcionalizada

3.3.1. A decantação do ideário liberal e as teorias críticas

Como se demonstrou no tópico anterior, as codificações mais tardias foram elaboradas em contextos em que as premissas do liberalismo clássico já não partilhavam de unânime assentimento. Os excessos e o distanciamento entre a realidade e a metafísica que caracterizavam os princípios liberais já tinham sido objeto de significativas críticas.

A proposta disruptiva do jusracionalismo, ao propor que construções abstratas e racionais poderiam ser consideradas como as únicas fontes de todo o conhecimento jurídico prático, foi duramente atacada por Savigny, como visto acima, e pelos demais integrantes da Escola Histórica e da Pandectística.

Como mencionado acima, a influência de Savigny não se restringiu à Alemanha no período que antecede a elaboração do BGB. O próprio Teixeira de Freitas, no Brasil, fez repercutir a relevância do desenvolvimento histórico do Direito e a defesa da evolução contínua da cultura jurídica, a partir das fontes renovadas do Direito Romano.

O individualismo exacerbado, que havia sido herdado dos estoicos e elevado à última potência pelos filósofos iluministas, também não passou incólume às significativas mudanças percebidas nas relações sociais e econômicas do século XIX, notadamente por força da Revolução Industrial e de suas consequências. O individualismo, e todas as teorias contratualistas que sobre ele se soergueram, pressupunham um humanismo igualitário absolutamente destoante da realidade do homem comum. Os fundamentos e conteúdos dessas teorias críticas serão abordados em item específico.

O dogma da vontade, como não poderia se dar de forma diversa, também não passou indene pelos traumas do século XIX e do início do século XX.

Ainda entre os anos de 1845 e 1846, Karl Marx e Friedrich Engels produziam os manuscritos nos quais rascunharam as principais teses do materialismo histórico, e que, compilados postumamente, deram origem à publicação da primeira edição, em 1932, da obra *Ideologia alemã*.[250] O mate-

[250] *In verbis*: "Como o Estado é a forma na qual os indivíduos de uma classe dominante fazem valer seus interesses comuns e na qual se resume toda a sociedade civil de uma época, segue-se

rialismo histórico marxista, como é de comum conhecimento, tinha entre seus principais alvos os excessos do individualismo, a ideia de igualdade formal-abstrata, e a liberdade metafísica.

Enquanto o liberalismo clássico apregoava que o surgimento da sociedade civil e, consequentemente, da ideia de Estado, decorreriam da expressão da vontade livremente manifestada pelos cidadãos, o materialismo histórico alertava a necessidade de se considerar, nas relações humanas e respectivas correspondências institucionais, as causas e os efeitos das relações econômicas.

O Direito, da mesma forma, não poderia ser considerado como um produto da vontade autônoma de caráter universalizável, produzido a partir de uma vontade legisladora unificada, como pretendia Kant. Assim como as demais instituições e os mecanismos estatais, a ordem jurídica seria nada mais do que um subproduto das relações econômicas que a determinavam segundo as condições e fins materiais.

Assim, para Marx e Engels, a ideia de que a lei se fundamentaria na vontade, e principalmente em uma vontade abstrata, seria uma ilusão. [251]

Da mesma forma, em âmbito privado, não haveria como se reconhecer como puramente livre a manifestação de vontade do trabalhador comum ao fixar os termos de sua jornada e condições de trabalho em uma indústria típica da Inglaterra do século XIX. Igualmente, também não se poderiam considerar materialmente livres aqueles trabalhadores do campo no interior do Brasil do final do século XIX/início do século XX, mesmo após a edição da Lei Áurea.

O adensamento do volume de teorias críticas ao liberalismo clássico se intensificou após a Primeira Guerra Mundial. A economia de guerra teve o efeito de publicização, nos países diretamente envolvidos no conflito, dos meios de produção e da comercialização de bens, o que resultou, evidentemente, em sérias restrições à liberdade contratual e à liberdade de uso e disposição da propriedade privada.

Nesse contexto, o papel do Estado é significativamente alterado: se, sob a perspectiva liberal, a sua função, no que concerne ao âmbito privado, era,

que todas as instituições comuns são mediadas pelo Estado e adquirem através dele uma forma política. Daí a ilusão de que a lei se baseia na vontade e, mais ainda, na vontade destacada de sua base real – na vontade livre. Da mesma forma, o direito é reduzido novamente à lei.". (Marx; Engels, **A ideologia alemã**.)

[251] *Ibid.*

primordialmente, a defesa da propriedade privada e a garantia das liberdades individuais, no âmbito do Estado Social, e diante das emergências das sociedades em crise, houve a necessidade de direcionamento de recursos e instrumentos públicos para o fim de se promoverem intervenções na economia com o propósito de se mitigarem as distorções existentes.

A propósito do tema, Manoel Gonçalves Ferreira Filho entende que os direitos sociais, diferentemente das liberdades públicas que facultavam aos indivíduos meros poderes de ação (agir), sem interferências, devem ser compreendidos *"pelo prisma do dever do Estado, portanto, como poderes de exigir prestação concreta por parte deste"*.[252]

Não se pretende, nesta oportunidade, promover precisa descrição acerca das principais características do *estado social* e de suas repercussões para o Direito[253]. É oportuno, todavia, para os fins ora propostos, res-

[252] Ferreira Filho, **Direitos humanos fundamentais**, p. 60.

[253] A respeito do tema, Franz Wieacker apresenta um bom retrato do estado de coisas na Europa ocidental, em especial na Alemanha, no período compreendido entre as duas grandes guerras, no que concerne às limitações à liberdade contratual então verificadas: "No domínio da economia da empresa estas limitações restringem-se ao controlo, do ponto de vista da economia de mercado, dos carteis e dos preços de monopólio inadmissíveis. Por outro lado, no domínio global das empresas de abastecimento, de transporte (incluindo o transporte de mercadorias de longo curso), de seguros e das profissões liberais, a retribuição de serviços está geralmente sujeita ao tabelamento pelos poderes públicos. No domínio do comércio de produtos alimentares agrícolas, domina – tanto no interesse dos produtores agrícolas como da fixação pública dos preços – uma organização dirigista do mercado, apesar de uma progressiva liberalização. As condições de crédito das instituições bancárias estão sujeitas, como meio essencial de direção das necessidades de capital do conjunto da economia, à regulamentação pública das condições do crédito e à sua inspecção. A partir daqui, a jurisprudência reserva-se, em crescente medida, a correção do abuso da liberdade contratual através de cláusulas contratuais obrigatórias.
A instituição, a partir da primeira Grande Guerra, de um mercado dirigido da habitação constituiu uma ruptura particularmente profunda com o princípio da livre conclusão e conformação dos contratos no direito civil. Proporcionado pela carência de habitações característica das guerras totais da actualidade, mesmo sem contar com a destruição por elas provocada, o controlo do mercado da habitação foi compreendido inicialmente como uma regulamentação jurídica de emergência dos tempos do pós-guerra. Nos seus ulteriores desenvolvimentos ele manifestou-se, contudo, como um sintoma de um permanente direito social da habitação. Por isso, também a conjuntura social imediatamente posterior a 1925 manteve a fixação legal das rendas máximas e as medidas de proteção aos inquilinos; as sucessivas crises determinaram, em 1931, que o direito de emergência do arrendamento urbano devesse continuar em vigor até à instituição de um novo direito social do arrendamento. Na Segunda Guerra Mundial, o mercado controlado da habitação regressou de novo e, nos anos

saltar a análise de Franz Wieacker no sentido de que, com o advento do paradigma do *estado social*, houve a necessidade de uma nova legitimação do Direito Privado na "*consciência jurídica do estado social*" e nas suas relações com o Direito Social.[254]

Assim, o individualismo que permeara o ambiente político-filosófico de origem do *Code Civil* foi, portanto, tornado ilegítimo pelo seu caráter pretensamente egoístico. Houve, assim, no dizer de Guido Alpa, a necessidade de se encontrar um justo equilíbrio entre o interesse individual e o interesse da coletividade, entre autoridade e liberdade, entre benesses individuais e melhorias para a coletividade.[255] Para tanto, introduziu-se, no Direito, o critério da solidariedade, a partir da influência dos trabalhos de Durkheim.[256]

A confrontação do jusracionalismo, de caráter abstrato, com as mazelas da realidade concreta que decorreu dos traumas do final do século XIX e início do século XX, em correspondência ao desenvolvimento das Ciências Sociais, em especial da Sociologia, fez surgir a compreensão do Direito como fenômeno social, mensurável, qualificável e previsível a partir de relações causais e finalísticas próprias da experiência concreta.

Nesse contexto, a proposta do princípio da liberdade individual absoluta como fonte do Direito tornou-se obsoleta. Isso porque restou incompatível tanto com a então emergente compreensão do Direito como produto de relações de causa e efeito do mundo material, quanto com as análises de legitimação de caráter teleológico. A vontade, enfim, é rigorosamente limitada: seja por critérios valorativos (como a solidariedade e o interesse coletivo), seja pela força do determinismo causal, seja, ainda, pela força bruta da autoridade estatal.

do pós-guerra, instalou-se na Alemanha (como em muitos outros países europeus) ainda mais firmemente do que antes, até que a reconstrução econômica foi fazendo recuar na prática a política de racionamento da habitação, sobretudo através da ação do departamento de habitação (Lei nº 18 da Comissão de Controlo [Lei da habitação], de 8-3-1946).". (WIEACKER, **História do direito privado moderno**, pp. 634-635.)

254 *Ibid.*, p. 633.

255 ALPA, Guido. **Diritto civile italiano:** due secoli di storia. Bolonha: Società Editrice il Mulino, 2018. p. 372.

256 DURKHEIM, **Da divisão do trabalho social**.

3.3.2. A função social da propriedade

É comum a atribuição a Auguste Comte do advento da ideia da função social de propriedade[257], e, posteriormente, em suas fontes modernas, do seu desenvolvimento e de sua disseminação a Durkheim e a Léon Duguit.

Nada obstante, Giselda M. Fernandes Novaes Hironaka explicita que as premissas que nortearam a concepção moderna de função social da propriedade podem ser encontradas na obra de São Tomás de Aquino, assim como na denominada "doutrina social da Igreja", por sua obra influenciada em sua posteridade.[258] A ilustrar tal posicionamento, menciona a encíclica *Rerum Novarum*, do Papa Leão XIII, que, em 1891, já reconhecia a função social da propriedade, em seu perfil de utilidade comum a todos, resguardadas, no entanto, a iniciativa privada e a liberdade individual inerentes ao domínio.[259]

Bem considerado o oportuno apontamento de Hironaka, é possível afirmar que a articulação moderna da ideia da função social da propriedade é um evidente consectário do ocaso das principais premissas do liberalismo clássico. A própria encíclica, acima mencionada, foi redigida em contexto no qual Marx, também por essa razão, já havia ameaçado a toda a Europa com o seu espectro[260]. Não por outro motivo, aliás, a encíclica fez-se posicionar, de um lado, sensível aos anseios advindos da "*condição dos operários*", e, de outro, fortemente contrária às propostas comunistas.

Não apenas as principais premissas foram alvo de ataques, nos termos anteriormente destacados, mas, igualmente, a própria perspectiva de análise dos fenômenos jurídicos. A possibilidade de construção da dogmática jurídica a partir de pilares metafísicos defendida pelos autores liberais do século XVIII foi veementemente rechaçada pelas perspectivas do final do

257 FRAZÃO, Ana. **Empresa e sociedade:** função social e abuso do poder econômico. São Paulo: Quartier Latin, 2006.

258 HIRONAKA, Giselda Maria Fernandes Novaes. Função social do contrato. **Revista de Direito Civil, Imobiliário, Agrário e Empresarial**, n. 45, p. 142, 1989.

259 Nesse sentido: "Quem quer que tenha recebido da divina Bondade maior abundância, quer de bens externos e do corpo, quer de bens da alma, recebeu-os com o fim de os fazer servir ao seu próprio aperfeiçoamento, e, ao mesmo tempo, como ministro da Providência, ao alívio dos outros.". (LEÃO XIII, Papa, **Carta Encíclica Rerum Novarum (Sobre a condição dos operários)**. Disponível em: http://www.vatican.va/content/leo-xiii/pt/encyclicals/documents/hf_l-xiii_enc_15051891_rerum-novarum.html. Acesso em: 17 set. 2020.)

260 MARX, Karl; ENGELS, Friedrich. **Manifesto do partido comunista**. Porto Alegre: L&PM, 2006.

século XIX e início do século XX, confrontadas com os aspectos empíricos e com a força das transformações sociais então verificadas.

Conforme antecipado acima, o contexto epistemológico de seu surgimento é caracterizado pelo desenvolvimento da percepção de que a sistematização científica dos fenômenos sociais poderia se dar com o emprego de metodologias, *mutadis mutandis*, equivalentes às empregadas nas denominadas Ciências Naturais. Nessas circunstâncias, o Direito Privado também é submetido aos critérios analíticos da Sociologia do Direito.

Norberto Bobbio, em análise a respeito das teorias funcionalistas do Direito vai além. Credita o desenvolvimento das perspectivas funcionalistas não apenas à análise do Direito como fenômeno social, como objeto específico da Sociologia do Direito, mas, principalmente, ao marxismo, em suas várias versões.[261]

Entre os autores da Sociologia do Direito – não propriamente marxistas, destaca-se a obra de Auguste Comte, a quem se atribui, como visto acima, a origem da moderna articulação da ideia da função social da propriedade. Menos radical do que os adeptos do materialismo histórico em sua essência, o positivismo de Comte não defendia o determinismo de um processo histórico que resultaria invariavelmente na supressão da propriedade privada.

Comte propunha um meio termo entre a socialização da propriedade privada – como pretendia a doutrina comunista – e o caráter egoístico subjacente ao direito de usar, gozar e abusar da coisa, de sua maneira mais absoluta, do art. 544 do *Code Civil*. Nesse sentido, entendia que o direito de propriedade privada deveria ser garantido, mas, concomitantemente, deveria ser submetido à obediência a uma função social, ou, mais especificamente, para atender as reclamações mais graves do povo.[262]

Émile Durkheim, também sob a perspectiva sociológica, analisou o direito de propriedade e contribuiu com o desenvolvimento de seu perfil

[261] A respeito do tema, explica Bobbio: "Não confundo marxismo com funcionalismo: simplesmente chamo a atenção para o fato de que aquilo que Marx e Engels acrescentaram à definição tradicional do direito como ordenamento coativo foi a determinação da sua função, o domínio de classe. Entre as teorias gerais do direito hoje correntes, as que mais insistem na 'função social' do direito são as teorias soviéticas e as dos juristas dos países socialistas.". (BOBBIO, Norberto. A análise funcional do direito: tendências e problemas. *In*: BOBBIO, N. **Da estrutura à função:** novos estudos de teoria do direito. Barueri: Manole, 2007.)

[262] COMTE, **Curso de filosofia positiva**, p. 82.

funcional. Para tanto, formulou críticas relevantes às premissas do liberalismo clássico.

Em sua clássica obra, "*Da divisão do trabalho social*"[263], Durkheim questiona a validade das teorias contratualistas a respeito da formação da sociedade. Para fundamentar seus apontamentos, estabeleceu os conceitos de solidariedade mecânica e solidariedade orgânica, no que concerne à formação das sociedades.

A esse respeito, explicita que as sociedades organizadas sob o perfil de solidariedade mecânica seriam caracterizadas por uma maior identidade, entre os seus membros, quanto conjunto de crenças e de sentimentos comuns, *i.e.*, o que compõe o que ele denomina de "*consciência coletiva*".[264]

Por outro lado, a solidariedade orgânica seria característica verificada entre as sociedades mais complexas em que se confere maior espaço para a liberdade de sentimentos, crenças e valores. No âmbito dessas sociedades, o individualismo predomina sobre a ideia de consciência coletiva, elemento definidor da sociedade mecânica.

Sob essa perspectiva, Durkheim refuta a concepção de que o contratualismo – como representação máxima da autonomia individual – seria apto a explicar a formação da sociedade civil. Isso porque, se é verdadeira a premissa de que o individualismo seria a característica ínsita à ideia de solidariedade orgânica, própria das sociedades mais complexas, resulta que a evolução humana que viabilizou a concepção da pessoa com suas individualidades não prescindiria, logicamente, da existência pretérita de uma sociedade mecanicista que teria se desenvolvido em processos histórico-evolutivos.

Esses fundamentos também nortearão a concepção de Durkheim quanto ao direito de propriedade. As coisas apropriáveis, assim como as pessoas, no âmbito das sociedades caracterizadas pela solidariedade orgânica, também se submeterão a processos de individualização e diferenciação, de modo a exercer, cada um a seu modo, determinado papel no âmbito da divisão do trabalho social.

O exercício dessas funções, todavia, deverão respeitar as condições decorrentes da ideia de solidariedade orgânica. Nesse contexto, o direito de propriedade, por essência, deve pressupor, para além do dever geral

[263] Durkheim, **Da divisão do trabalho social**.

[264] *Ibid.*, p. 40.

de abstenção quanto à propriedade alheia, a observância das concessões mútuas, de modo a evitar que inclinações egoísticas resultem em conflitos e em desintegração social.[265]

Léon Duguit, igualmente e a reforçar as críticas de Comte e Durkheim – de quem percebera relevante influência –, rechaçou, por considerá-los artificiais, a concepção individualista do Direito, assim como os fundamentos metafísicos da ideia de direito subjetivo, tal como apregoado pelo liberalismo clássico.[266] A esse respeito, compreendia que seria completamente estranha à realidade a ideia do homem natural, isolado, independente, em sua qualidade de sujeito de direitos pré-sociais trazendo tais direitos à sociedade civil.[267]

Em sua obra, Duguit faz alusão ao surgimento de um novo sistema de Direito, em substituição ao antigo, fundamentado sobre fatos, de modo a suprimir a artificialidade do sistema anterior. Esse sistema seria apto a eliminar a concepção metafísica do direito subjetivo, ao dar relevo à noção de função social.[268]

A noção de função social (e de propriedade-função, ou liberdade-função) desenvolvida por Duguit se refere à necessidade de dar cumprimento ao dever de dar às coisas e às pessoas a devida destinação em compatibilidade com a posição ocupada por cada um dos indivíduos, seja como titular de direitos e obrigações, seja como titular de patrimônios. O proprietário, portanto, teria o *poder-dever* de empregar a coisa à satisfação das exigências comuns e coletivas, em conformidade com a respectiva posição social à qual pertenceria no âmbito da sociedade.

Assim, segundo Duguit, a propriedade deixa de ser um mero direito subjetivo de seu titular, e torna-se uma função social do detentor da riqueza.[269] Desse modo, a proteção do sistema jurídico ao direito de propriedade se daria na medida em que exercida essa função social.[270] Ou seja,

[265] A esse respeito, *in verbis:* "Os homens apenas precisam da paz na medida em que já estão unidos por algum elo de sociabilidade. Neste caso, os sentimentos que os inclinam uns para os outros moderam naturalmente as exaltações do egoísmo, e, por outro lado, a sociedade que os envolve, podendo viver apenas sob a condição de não ser a cada instante sacudida por conflitos, pesa com a força sobre eles para obrigá-los a fazer as concessões necessárias.". (*Ibid.*, p. 64.)

[266] DUGUIT, **Les transformations générales du droit privé depuis le Code Napoléon**, p. 17.

[267] *Ibid.*, p. 18.

[268] *Ibid.*, p. 19.

[269] *Ibid.*, p. 158.

[270] *Ibid.*, p. 21.

o direito positivo não mais protegeria o direito subjetivo do proprietário, mas a garantia de liberdade do titular de uma riqueza de cumprir a função social que lhe incumbe, de modo que, dessa forma, se possa reconhecer que a propriedade seria socializada.[271]

Hironaka destaca que a teoria de Duguit foi, por sua vez, bastante atacada por pretender suprimir, por completo, a ideia de proteção aos direitos subjetivos – em substituição à noção de função social – e por considerar ser a propriedade, em si, e por essência, uma função.[272]

Na posição da referida autora, para além dos excessos da pretensão de eliminar a proteção dos direitos subjetivos, não se pode considerar que a propriedade seria, ela própria, uma função; diferentemente, a propriedade conteria uma função social:

> (...) de tal forma que o proprietário deve ser compelido a dar aos bens, um destino social, além daquele que atende ao seu próprio interesse, na intenção de, harmonizando o uso da propriedade ao interesse coletivo, se chegar ao plano da Justiça Social.[273]

No sentido proposto por Giselda Hironaka, poder-se-ia afirmar que a função social da propriedade seria, a rigor, um fator (mais especificamente, um princípio jurídico) que limitaria a liberdade individual de uso, gozo e disposição da coisa, para o atendimento de determinado fim social (ou coletivo).

Em sentido semelhante, Luiz Edson Fachin também especifica que o conteúdo da função social da propriedade corresponderia "*às limitações fixadas no interesse público*", e teria por finalidade "*instituir um conceito dinâmico de propriedade em substituição ao conceito estático, representando uma projeção da reação anti-individualista*"[274].

Jorge Morais Carvalho, ao tratar do Direito brasileiro, mais especificamente a respeito do artigo 883[275] do Código Civil, esclarece que "*a contrariedade à moral implica uma contrariedade à opinião mais generalizada na sociedade,*

[271] *Ibid.*, p. 160.

[272] Hironaka, Função social do contrato, p. 144.

[273] *Ibid.*, p. 144.

[274] Fachin, Luiz Edson. **A função social da posse e da propriedade contemporânea:** uma perspectiva da usucapião imobiliária rural. Porto Alegre: Sergio Antonio Fabris, 1988. p. 19.

[275] Art. 883. Não terá direito à repetição aquele que deu alguma coisa para obter fim ilícito, imoral, ou proibido por lei.

não relevando a moral de determinada religião, a sensibilidade das pessoas eticamente mais requintadas ou os sentimentos pessoais das partes ou do juiz."É possível verificar, na doutrina nacional, relativa recorrência nos elementos principais que compõem a articulação do conceito de função social da propriedade. Nesse sentido, pode-se mencionar, além dos já citados, a título ilustrativo, Maria Sylvia Zanello Di Pietro[276], Arruda Alvim[277], Fredie Didier[278]e Carmen Lúcia[279].

[276] "Em relação à propriedade privada, o princípio da função social, inspirado na doutrina social da Igreja, representa uma reação contra a concepção individualista do direito de propriedade privada e corresponde às concepções ideológicas que veem na propriedade não apenas um direito individual, mas também uma função – a de servir de instrumento para a consecução do bem comum." (Di Pietro, Maria Sylvia Zanello. Função social da propriedade pública. *In*: Wagner Júnior, Luiz Guilherme da Costa. **Direito público:** estudos em homenagem ao Professor Adilson Abreu Dallari. Belo Horizonte: Del Rey, 2004. p. 562.)

[277] "E o direito de propriedade passou a ter que observar, além do interesse do proprietário, os interesses da sociedade. Vale dizer, tanto o contrato quanto o direito de propriedade passaram a ser legitimados também ou principalmente em face da sociedade, e deixaram de gravitar e servir, exclusivamente, em torno do indivíduo.

Quanto ao direito de propriedade, acabou-se por abandonar a noção de direito subjetivo incondicionado, para uma noção de direito subjetivo convivendo com deveres do proprietário." (Alvim Netto, José Manoel de Arruda. A função social da propriedade e os diversos tipo de direito de propriedade, e a função social da posse. *In*: Alvim Netto, José Manoel de Arruda; Cambler, Everaldo Augusto (coord.). **Estatuto da Cidade.** São Paulo: Revista dos Tribunais, 2014. p. 28.)

[278] "E aqui surge a concepção da função social da propriedade – outro princípio constitucional que rege a atividade econômica – e que aparece como complemento do estatuto constitucional da propriedade privada, impondo a ela um conjunto de deveres, ao lado dos clássicos poderes antes mencionados.

Este princípio (cláusula geral que rege a atividade econômica) serve como forma de balizamento constitucional do direito fundamental propriedade, delimitando o seu conteúdo. Estabelece que a propriedade obriga ao proprietário. Trata-se de construção que transformou estruturalmente o direito de propriedade. Além de poder jurídico, a propriedade traz consigo o dever de exercer este direito de modo a atingir determinadas finalidades; deixava a propriedade, pois, de ser um direito absoluto, cuja utilização deveria atender unicamente aos interesses do proprietário, na forma da concepção liberal que então prevalecia". (Didier Júnior, Fredie. A função social da propriedade e a tutela processual da posse. **Revista de Processo**, v. 161, p. 11, 2008.)

[279] O que parece certo é que, em princípio e por princípio, a propriedade presta-se a, em sua essência, algo dado a cumprir função, daí ser ela instrumental, voltada a um fim.

A função, em qualquer caso, é dar a utilidade que apresente resultado sociopolítico e econômico nos termos juridicamente definidos como legítimos. Paralelamente, a utilidade própria da coisa (res) é obtida pelo atendimento daquilo que é posto como a sua função.

Conforme já explorado em outra oportunidade,[280] é possível especificar em cinco elementos mais comumente empregados a conceituação da função social da propriedade segundo a doutrina majoritária brasileira.

O primeiro deles se refere ao fato de que a ideia de função social foi gestada como contraponto aos excessos do individualismo apregoado pelo liberalismo clássico. Dessa forma, os efeitos da vigência do princípio da função social da propriedade estariam a serviço de superação do perfil individualista (e egoístico) da propriedade de modo a limitar o uso, o gozo e a disposição (outrora pretensamente absolutos) em benefício de interesses supraindividuais.

O segundo aspecto se refere ao fato de que a ideia da função social, por essência, não prescinde da propriedade privada. Sob uma perspectiva lógica, se a ideia é impor limitações ao uso, ao gozo e à disposição da coisa, pressupõe-se, obviamente, que o particular mantenha, em algum grau, os poderes decorrentes do domínio privado. Léon Duguit, como visto acima, chegou a cogitar a supressão dos direitos subjetivos pelo advento da propriedade-função (ou liberdade-função), mas ressaltou a importância da manutenção da propriedade privada, assim como o fizeram Comte e Durkheim. Mesmo Karl Renner – bastante influenciado pelo materialismo histórico – ressalta a relevância da propriedade privada e da autonomia individual.

O terceiro elemento é a vinculação dos poderes do proprietário – e a sua respectiva limitação – ao atingimento de determinado fim. Há, portanto, a determinação do conteúdo do direito de propriedade por sua função social, sob a perspectiva teleológica; ou seja, para o alcance de determinado fim, utilidade, ou interesse – distintos, evidentemente, daqueles particulares do titular do domínio.

O quarto, a rigor, é uma extensão do terceiro. Trata-se da qualificação do fim almejado pelo princípio da função social. Esse fim servirá de esteio para a especificação dos efeitos e da intensidade da limitação aos poderes do titular do domínio. Esse fim é qualificado pelo interesse – ou pela uti-

Qual o fim e como se atender ao que se considera justo é a questão a ser resolvida pelos povos em seus diferentes sistemas jurídicos. É nestes que se normativizam as relações sociais para a concretização dos objetivos de Justiça da sociedade. (Rocha, Carmen Lúcia Antunes. O princípio constitucional da função social da propriedade. *In*: Bacellar Filho, R. F.; Castro, R. A. (orgs.). **Direito administrativo contemporâneo**. [s.l.]: 2004. p. 59.)

280 Marcelino, **O direito da propriedade democrática**.

lidade – de natureza coletiva; ou seja, pertencente à sociedade, em contraposição aos interesses particulares do proprietário.

O quinto aspecto consiste na caracterização do direito de propriedade como um *poder-dever* do proprietário. Ou seja, conforme acima especificado, são mantidas as prerrogativas inerentes ao direito de propriedade, mas o seu exercício está vinculado ao cumprimento de um dever definido pelo elemento teleológico de natureza coletiva. Há, assim, o dever, no uso, no gozo e na disposição da coisa, de consideração e atendimento da finalidade coletiva.

Esse último aspecto é, por vezes, articulado no sentido de se empregar a função social como a própria razão pela qual o direito de propriedade é atribuído a determinado sujeito. A esse respeito, Pietro Perlingieri critica a compreensão da função social exclusivamente em seu aspecto limitativo – cuja finalidade seria, tão-somente, restringir o direito de propriedade (tal como mencionado no segundo aspecto, acima). Essa compreensão restrita seria associada a uma perspectiva tradicional (e, portanto, ultrapassada) da função social. Isso porque, diante de um sistema normativo inspirado nos princípios da solidariedade social e do pleno desenvolvimento da pessoa, a função social assumiria um caráter promocional, e não, meramente, interventivo[281].

O preenchimento do conteúdo normativo da função social da propriedade é tarefa demasiadamente problemática. Em que pese o fato de se tratar de tema debatido há mais de século, não é possível afirmar que existam critérios apriorísticos e universalizáveis que possam, ao menos, nortear o trabalho do intérprete, no sentido de definição do alcance da norma jurídica inerente ao princípio, com a segurança necessária para evitar o cometimento de arbitrariedades, consistentes no influxo de valores morais particulares.

Daí porque torna-se essencial, nesse contexto, uma discussão rigorosa a respeito da eficácia dos direitos fundamentais sobre as relações privadas, o que será tema do capítulo 4.[282]

[281] PERLINGIERI, Pietro. **Perfis do direito civil**. 3. ed. Rio de Janeiro: Renovar, 2007. p. 226.

[282] A especificação da função social da propriedade com fundamento na análise de seus cinco aspectos – e respectiva problematização – foi originalmente apresentada na obra anteriormente mencionada, para a qual se faz referência para maior aprofundamento no debate sobre o tema. Na oportunidade, foram formuladas as seguintes críticas: "Como se sabe, a possibilidade de existência de mais de uma resposta consentânea com as diretrizes gerais

3.3.3. A funcionalização das relações contratuais

Cabe, desde já, atentar ao alerta formulado por Enzo Roppo, em sua releitura mais recente sobre o tema do Direito dos Contratos – anteriormente abordado em sua clássica obra "*Il contratto*", cuja primeira edição data de 1977[283], em relação ao fato de que o contrato pode representar, além de um instrumento técnico-jurídico para circulação de bens, uma ordem social, ou um modo de organização das relações socioeconômicas de determinada sociedade. Nesse sentido, a teoria política do contratualismo evidencia que o conceito de contrato pode ser empregado com uma função ideológica.[284]

A referida função ideológica, segundo o autor, estaria a serviço, em suas palavras, de "*parcial ocultamento ou disfarce da realidade, operado com o fim de melhor prosseguir ou tutelar determinados interesses*".[285]

Nesse sentido, a ilustrar tal ponto de vista, Roppo faz alusão aos princípios e às teorias predominantes no século XIX, cujos fundamentos eram lastreados na ideia da ampla liberdade contratual. Essa perspectiva de com-

acima expostas, não raro, poderá abrir amplo espaço para florescimento de arbitrariedades e decisões autoritárias.
Pendem, portanto, importantes questionamentos, cuja resposta se faz necessária para que seja viável a eficácia, no caso concreto, do princípio da função social da propriedade.
Nesse sentido, poder-se-ia indagar: (i) com a superação de boa parte dos excessos do liberalismo clássico, o princípio da função social alcançou a plenitude de seu conteúdo normativo? Em outras palavras, o referido conteúdo é estático, e parou no tempo após o ocaso do absolutismo liberal, ou dinâmico (assim como pretende Fachin)?; (ii) se a ideia de função social está relacionada ao alcance de um determinado fim social, que fim seria esse? Como e de que forma tais fins seriam especificados? Os arranjos institucionais que fundamentam o exercício do direito de propriedade objetivam alcançar fins privados e fins sociais, apenas, ou há finalidades relacionadas a outros tipos de funções que poderiam legitimamente ser contemplados, como, por exemplo, funções ambientais, científico-acadêmicas, culturais, lúdicas, entre outros?; (iii) os fins em questão devem atender apenas aos interesses norteados pela dicotomia indivíduo/coletivo, ou há outros interesses que poderiam ser legitimados, como, v.g., interesses de minorias, interesses de futuras gerações? e (iv) se é verdadeiro que a função social impõe um dever ao titular do domínio, que dever especificamente seria esse? Como o proprietário – e devedor – poderia se desincumbir desse ônus, sendo certo que também lhe assiste o direito de cumprir com suas obrigações, e de não ser cobrado indevida e indefinidamente? Quem seriam os credores dessa obrigação? Ou seja, quem teria a prerrogativa de obter um provimento estatal no sentido de coagir o proprietário-devedor inadimplente a cumprir com suas obrigações?" (MARCELINO, **O direito da propriedade democrática**, pp. 101-105.)

283 ROPPO, **Il contratto.**

284 ROPPO, Vincenzo. **O contrato.** Coimbra: Almedina, 2009. pp. 28-29.

285 *Ibid.*, p.29.

preensão do contrato consistia, a rigor, no arcabouço ideológico próprio da burguesia, do alto de sua hegemonia política, econômica e cultural.[286]

O alerta de Roppo, muito embora tenha aplicabilidade variada na análise da História do Direito, sob a perspectiva sociológica, tem especial relevo na discussão a respeito das críticas sobre o jusracionalismo e as suas pretensões de distanciamento de seus princípios de todo e qualquer elemento da experiência concreta. A alienação absoluta das teorias do Direito em relação aos aspectos concretos da realidade custou caro à legitimidade do liberalismo clássico.

Evidentemente, o emprego da função ideológica, por parte do contratualismo, não é exclusivo do liberalismo. A ideia da função social, como visto acima, surgiu e se desenvolveu em contextos históricos específicos, nos quais efetivamente havia uma (ou algumas) proposta(s) filosófica(s) que buscavam a hegemonia, notadamente influenciadas pelo marxismo, como oportunamente destaca Bobbio.[287]

Nesse sentido, Jorge Morais Carvalho, ao tratar do Direito brasileiro, mais especificamente a respeito do artigo 883[288] do Código Civil, esclarece que *"a contrariedade à moral implica uma contrariedade à opinião mais generalizada na sociedade, não relevando a moral de determinada religião, a sensibilidade das pessoas eticamente mais requintadas ou os sentimentos pessoais das partes ou do juiz"*.[289]Em que pese o fato de que a função social do contrato hodierna – hoje amplamente reconhecida, inclusive por força do art. 421 do Código Civil – distante está daquele contexto de origem, não se torna despicienda, como anteriormente se ressaltou, a discussão a respeito dos interesses a que devem servir seus fins, e, mais ainda, sobre como se os devem aferir. Bem considerados os apontamentos formulados por Roppo, faz-se oportuno desenvolver a caracterização da ideia de função social no âmbito das relações contratuais.

Na França, no início do século XX, Georges Ripert apontava que o dogma da vontade, no âmbito do Direito Civil, afastou da essência do negócio jurídico o objetivo e o objeto passivo da relação obrigacional. A relação

[286] *Ibid.*, p. 32.

[287] Bobbio, A análise funcional do direito: tendências e problemas,p. 84.

[288] Art. 883. Não terá direito à repetição aquele que deu alguma coisa para obter fim ilícito, imoral, ou proibido por lei.

[289] Carvalho, Jorge Morais, A moral como limite à autonomia privada, **Revista de Direito Civil Contemporâneo**, v. 8, p. 303–326, 2016. P. 307.

jurídica, para o liberalismo clássico, seria formada por dois patrimônios, um do devedor e o outro do credor, dos quais um seria enriquecido e o outro empobrecido, com a efetivação da prestação. O homem, no âmbito dessa relação, serviria, tão-somente, para declarar a sua vontade, e, assim, preencher o elemento essencial exigido para a sanção pelo Direito.[290]

No diagnóstico de Ripert, o excesso de abstração proposto pelo jusracionalismo havia afastado da compreensão da relação obrigacional a relevância dos valores morais que, a rigor, constituíam a essência e os próprios fins que justificariam o reconhecimento, pelo Direito, das tratativas entabuladas entre as partes contratantes.

Nesse sentido, Georges Ripert critica a percepção de que a relação obrigacional seria caracterizada pela relação entre dois patrimônios; mais do que isso, tratar-se-ia de um vínculo no qual há a submissão de uma pessoa a outra. Essa submissão só poderia ser aceita à luz legitimadora de determinado ideal moral. A esse respeito, assevera que *"a promessa não é, sem dúvida, obrigatória senão por ser sancionada pela lei civil, mas esta lei pede à regra moral o segredo da força da promessa e os caracteres que a tornam respeitável"*.[291]

Entre os críticos, já na primeira metade do século XX, pode-se mencionar, igualmente, Emilio Betti, para quem o dogma da vontade nada mais era do que uma manifestação dos excessos do individualismo liberal. Discordava, veementemente, de que a vontade seria a característica principal definidora da relação obrigacional. Até porque não se poderia afirmar que a vontade do credor, necessariamente, corresponderia à vontade do devedor. Para Betti, o fio condutor que leva à efetiva compreensão da relação obrigacional seria a ideia de cooperação.[292]

Betti, adepto da teoria preceptiva da autonomia privada, era ferrenho crítico da teoria subjetiva[293]. Para o referido autor, a qualificação do negócio jurídico como declaração de vontade, levada a efeito pelos pandectistas adeptos do dogma da vontade, como Savigny e Windscheid, decorreria da tradução de *Willenserklarung*, e seria o resultado de uma elaboração arbitrária das fontes romanas, seguindo a então tendência predominante.[294]

290 Ripert, **A regra moral nas obrigações civis**, p. 383.

291 *Ibid.*, p. 385.

292 Betti, Emilio. **Teoria geral das obrigações**. Campinas: Bookseller, 2006. p. 30.

293 Amaral Neto, Francisco dos Santos, A autonomia privada como poder jurídico. *In*: Barros, Hamilton de Moraes *et al.* (org.). **Estudos jurídicos em homenagem ao professor Caio Mário da Silva Pereira**. Rio de Janeiro: Forense, 1984. pp. 286–312.

294 Betti, **Teoria generale del negozio giuridico**, p. 58.

De fato, essa elaboração, de derivação histórica arbitrária, a rigor, aludia à própria concepção individualista que predominou na doutrina do Direito Natural dos séculos XVII e XVIII, e que se caracterizava pelos perfis abstrato e anti-histórico que haviam dado causa à compreensão do contrato como gênese da sociedade humana.[295]

A autonomia privada tem origem no fato social consistente na necessidade humana de satisfazer seus próprios interesses por meio da circulação de bens e serviços. Dessa necessidade de satisfação dos próprios interesses decorre a iniciativa privada, a partir da qual os particulares exercem suas capacidades de autodeterminação e de autorregulamentação das próprias relações recíprocas, voltadas para o atendimento de tais necessidades.

Referidas manifestações caracterizam-se como fatos sociais, ou fatos da vida, e expressam, a rigor, capacidades e habilidades inerentes aos seres humanos. Essas manifestações podem, evidentemente, resultar em vínculos sociais, por força dos quais as condutas daquelas pessoas relacionadas serão determinadas reciprocamente para a consecução de um determinado objetivo. A esses vínculos, inclusive, poderão se atrelar sanções para hipóteses de descumprimento.

O reconhecimento pelo Direito da relação social ou econômica como negócio jurídico se dá, portanto, posteriormente. O Direito reconhece a relevância daqueles atos sociais e a eles atribui os instrumentos institucionais necessários para que tenham efetividade no plano jurídico.

Betti destaca que a autonomia privada e a liberdade dispõem dos instrumentos próprios que consubstanciam os direitos subjetivos e os negócios jurídicos. Há, no entanto, finalidades diversas, ou seja, representam soluções para problemas distintos: enquanto o primeiro, de perfil estático, estaria a serviço da tutela e da conservação; os segundos teriam perfil dinâmico e teriam finalidade de promover iniciativa e inovação.

A autonomia privada, compreendida como autoridade, e como *potestas* de autorregulamentação dos interesses e relações humanas, exerceria dupla função: (i) função de fonte de normas jurídicas, de caráter subordinada e dependente; e (ii) função de pressuposto e causa geradora de relações jurídicas já disciplinadas, em abstrato, pelas normas da ordem jurídica.[296]

[295] *Ibid.*, p. 59.

[296] *Ibid.*, pp. 49-50.

A respeito do tema, é importante destacar que essa instrumentalização da autonomia privada pelo Direito, para o fim de a ela atribuir efeitos como nascimento, modificação e extinção de relações jurídicas, não decorre, propriamente, da força da delegação da ordem jurídica. Trata-se, a rigor, de um reconhecimento e de uma sanção, pela ordem jurídica, daquilo que já é realizado no plano social. Para Betti, é essa "*autonomia extrajurídica*" que articulará e preencherá o conteúdo das razões pelas quais o Direito considerará tais atos da vida em sociedade como merecedores de sua sanção.

Nessa linha argumentativa, para Betti, a autonomia privada deveria ser analisada sob a perspectiva do plano da vida social, e não abstratamente, como se propunha. Assim, no âmbito dessa análise em concreto, a ordem jurídica deve avaliar a função prática a que se propõe a manifestação de autorregulamentação dos interesses das partes envolvidas. São três os resultados possíveis dessa representação: (i) a ordem jurídica não considera a função merecedora da sanção jurídica, de modo que o negócio jurídico é ignorado pelo Direito; (ii) a função é avaliada como socialmente relevante e apta a receber a sanção jurídica; e (iii) a função é considerada como contrária ao Direito, e, portanto, tem sua efetivação repelida pela ordem jurídica.[297]

Para a realização dessa análise a respeito do reconhecimento jurídico das manifestações da iniciativa privada, para o fim de a elas serem atribuídos os efeitos e a tutela institucional, não se deve ater-se à qualificação de caráter subjetivo da manifestação de vontade, como causa suficiente para tanto. Deve-se exigir um grau de sensibilidade social, a respeito do qual o velho individualismo dos juristas não tinha a menor ideia.[298]

O autor alude à necessidade de avaliação de uma razão prática para a consecução do negócio jurídico, uma utilidade ou um interesse social objetivo que seja socialmente valorável, a que ele denomina de causa objetiva, em sentido deontológico e teleológico.[299]

[297] A respeito do reconhecimento pelo Direito da função dos negócios jurídicos, e em manifesta crítica à perspectiva individualista que informa o dogma da vontade, assevera Betti: "*Qui basterà avvertire soltanto che il diritto non concede la própria sanzione al mero arbitrio, al capriccio individuale, al motivo transeunte (motivo, che, anche quando non sia frivolo, ma plausibile, rimane irrelevante), ma la concede solo a funzioni che esso valuta socialmente rilevanti e utili per la comunità cui dà ordine e in cui si svolge*". (Betti, **Teoria generale del negozio giuridico**, p. 54. e p. 57.)

[298] Betti, **Teoria generale del negozio giuridico.**, p. 171.

[299] *Ibid.*, p. 171.

Essa causa, em seu aspecto objetivo, seria exatamente a função econômico-social que caracteriza o negócio jurídico como fato de autonomia privada e lhe determina o conteúdo mínimo necessário.[300]

A ordem jurídica, portanto, atuaria no sentido de avaliar, em juízo de oportunidade, essa função socioeconômica, de modo a exercer o controle a respeito da respectiva viabilidade de ser considerada digna da proteção jurídica, e consequentemente, como merecedora da atribuição dos efeitos jurídico-institucionais a que se atribui aos negócios jurídicos. A rigor, assim, essa função socioeconômica se torna a própria *ratio juris* da norma que exprime o reconhecimento jurídico.

Betti, no entanto, não estabelece critérios seguros, estáveis e previsíveis para o estabelecimento desse controle valorativo da autonomia privada. Reconhece, por outro lado, que os parâmetros para tanto são histórico-empiricamente contingenciados. Ou seja, há dificuldades inerentes à própria proposta para o fim de estabelecimento de critérios apriorísticos. Tanto por isso, recorre à *conscienza sociale* (consciência social), por onde caminha a ordem jurídica, que levaria em consideração vários tipos de interesses objetivos, em contexto em que se alteram as circunstâncias de fato, para o fim de construção de critérios para a aferição da legitimidade de interesses.[301]

Em hipóteses concretas, a título de ilustração, Betti afirma, *v.g.*, que não seria justo que o proprietário de uma coisa dela fique despojado a favor de outros sem uma razão; mas pareceria justo, se ele recebesse uma compensação. Tais ilustrações, evidentemente, não podem ser seguramente generalizáveis. Desse aspecto decorre, portanto, o recurso à consciência social para a realização da aprovação e aceitação do ato de autonomia para que seja juridicamente reconhecido.

Mais recentemente, Giselda Hironaka, explicita, tal como já adiantado acima, que a origem da discussão sobre a função social do contrato tem origens na sua incidência sobre o direito de propriedade, notadamente a partir dos fundamentos ético-filosóficos da Igreja Católica, em especial os desenvolvidos pela influência das teorias de São Tomás de Aquino.

Em conformidade com a tônica da encíclica *Rerum Novarum*, do Papa Leão XIII, também mencionada anteriormente, a autora explicita que o direito de propriedade seria constituído por dois elementos: o primeiro

[300] *Ibid.*, p. 181.
[301] *Ibid.*, p. 187.

seria caracterizado pelo direito individual das pessoas de serem titulares de tantos bens quanto forem necessários para a satisfação de sua condição pessoal, humana; o segundo seria constituído por um Direito Social; não aquele propriamente formatado pela concepção do materialismo histórico sobre o Direito como produto das relações socioeconômicas de exploração do homem, mas, sim, aquele derivado da compreensão de que tudo aquilo que excede deve ser redistribuído em proveito da sociedade.[302]

A liberdade contratual, compreendida como a livre disposição de interesse pelas partes, *i.e.*, a disponibilidade para discutir e acomodar o conteúdo do contrato e das respectivas cláusulas, estaria limitada por esses elementos de matiz social. A esse respeito, assevera Hironaka que, na hipótese em que essa liberdade contratual não resultar similar para ambas as partes da avença, ocorrerá a injustiça social, repetir-se-á o fenômeno da opressão do menos favorecido pelo mais poderoso. Em tais circunstâncias, a liberdade contratual estará sujeita a limitações para o fim de se obter uma minimização da desigualdade e da opressão. [303]

Conclui a autora, nesse sentido, que:

> (...) a ideia dos limites à liberdade contratual resulta do próprio fenômeno da publicização do Direito Privado, através da interferência do Estado nas relações havidas entre os particulares, em atenção às exigências do bem comum, do interesse coletivo um último passo.[304]

Claudio Luiz Bueno de Godoy endossa o posicionamento de Hironaka, no sentido de que a função social do contrato também teria por finalidade a igualação dos sujeitos de direito, com o objetivo de tornar, também iguais, a liberdade de cada um, para o fim de se garantir uma efetiva liberdade social. Nesse contexto, a função social do contrato se caracterizaria por um mecanismo interventivo de diminuição de desigualdades, de modo a aumentar a liberdade real dos contratantes.[305]

Assim como Giselda Hironaka, Claudio Luiz Bueno de Godoy considera que a funcionalização do contrato expressaria, de um lado, o reconhecimento do direito – ínsito à própria autonomia privada – de se instrumenta-

[302] HIRONAKA, Função social do contrato, p. 147.
[303] *Ibid.*, p. 147.
[304] *Ibid.*, p. 147.
[305] GODOY, **Função social do contrato:** os novos princípios contratuais, p. 131.

lizar a aquisição dos bens vitais à pessoa humana, e, de outro, a necessidade de atendimento de interesses e valores sociais.[306]

Dentre os valores sociais de relevo constitucional, o autor atribui especial destaque ao solidarismo e à dignidade humana, que, em seu entendimento, dão conteúdo ao contrato, por força da função social, de modo a impor limites à autonomia privada, cuja estrutura também seria por esses valores integrada.[307]

A dignidade humana formaria a base axiológica dos direitos de personalidade, que integrariam o conteúdo da autonomia privada. Esse princípio pode ser analisado em duas dimensões. A primeira, de perfil negativo, evidenciaria os efeitos de proteção e de imposição de deveres genéricos de respeito à pessoa humana. A segunda, de perfil positivo, representaria a instrumentalização jurídico-institucional que viabilizaria que os seres humanos possam desenvolver suas respectivas personalidades, na totalidade de seus elementos.[308]

Por sua vez, o valor social do solidarismo seria caracterizado pela consideração, nas relações contratuais, de uma justiça contratual, que deveria ser perseguida pela efetividade da igualdade substancial[309]. Assim, o poder de autorregramento das partes seria limitado pela exigência de que a regulamentação desses interesses se dê de modo a alcançar a utilidade social. Essas limitações ocorreriam, nas palavras do autor "*porque em prestígio da igualdade dos indivíduos e, assim, de uma relação mais solidária entre eles, possibilitando que cada um exerça uma igual liberdade jurídico-negocial de acordo com suas próprias escolhas*".[310] A reforçar seu argumento, Claudio Luiz Bueno

[306] *Ibid.*, p. 138.

[307] *Ibid.*, p. 139.

[308] *Ibid.*, p. 139.

[309] Debruçando-se sobre institutos previstos no Código Civil de 2002, quais sejam, erro, estado de perigo e lesão, Roxana Cardoso Brasileiro Borges e Emanuel Lins Freire Vasconcellos tecem apontamentos em relação à igualdade substancial e, ligeiramente diferentes de Claudio Luiz Bueno de Godoy, concluem que: "releva notar que o Código Civil parece indicar, mesmo timidamente, que a ideia de igualdade substancial funciona como efetivo limite à autonomia privada: presente a desproporção das prestações, a ignorância ou inexperiência do contraente, por exemplo, restabelece-se o equilíbrio negocial, resolve-se ou anula-se o negócio". (Borges, Roxana Cardoso Brasileiro; Vasconcellos, Emanuel Lins Freire. Igualdade substancial e autonomia privada no Código Civil brasileiro de 2002. *In*: ENCONTRO DE INTERNACIONALIZAÇÃO DO CONPEDI, Madri, 3., v. 8, p. 38, 2015.)

[310] Godoy, **Função social do contrato:** os novos princípios contratuais, p. 141.

de Godoy vale-se da posição de Pietro Perlingieri, para quem o solidarismo constitucional consistiria em uma instrumentalização e no resultado da atuação do que ele denomina de "*igual dignidade social*".[311]

A esse respeito, é relevante notar o apontamento que faz Pietro Perlingieri quanto à conformação do conteúdo do solidarismo. Assevera, a propósito, que a ideia de solidarismo induz a uma pluralidade de acepções, com critérios de legitimação moral distintos. Dessa forma, a solidariedade poderia ser norteada, tanto para fins de preservação e desenvolvimento do Estado, para o desenvolvimento da pessoa humana individualmente considerada, ou para o atendimento de interesses de determinada coletividade.

Importa analisar, igualmente, os meios em que se definem tais fins, aos quais estaria a serviço o solidarismo. Isso porque, em tese, a finalidade poderia ser também determinada pelo Estado, pelos cidadãos, por processos democráticos, ou imposta de modo autoritário.[312]

A relevância de tal análise se revela diante do fato de que a solidariedade poderia se prestar a atendimento de interesses morais diversos, mais ou menos legítimos, a depender dos critérios éticos a serem adotados.

Ilustrativamente, poder-se-ia cogitar, como dito acima, de um solidarismo voltado para o Estado – ou a um projeto de poder específico, a uma coletividade ou à promoção individual. Não se faz necessário tecer maiores comentários em relação à nocividade autoevidente de um solidarismo direcionado à corporificação de projetos de Estado, notadamente de natureza totalitária.

O mesmo não se pode dizer, por exemplo, em relação ao solidarismo voltado para o atendimento de interesses coletivos. Nesse particular, torna-se necessário o aprofundamento do tema. A propósito, Pietro Perlingieri assevera que:

> (...) a solidariedade com os fins de cada comunidade específica pode concernir o grupo menor e intermédio em relação ao maior, como o Estado, ou exaurir-se no âmbito do grupo intermédio com prejuízo de pessoas que não fazem parte dele.[313]

[311] PERLINGIERI, **Perfis do direito civil**, p. 37.

[312] *Ibid.*, p. 36.

[313] *Ibid.*

Desse modo, o sentimento de solidariedade pode resultar, de um lado, em espírito de fraternidade entre os membros do grupo e, concomitantemente, egoísmo em relação àqueles que não integram a coletividade considerada.

Pietro Perlingieri toma por pressuposto, ou por autoevidente, a conclusão de que essa solidariedade de objetivos voltados para determinada comunidade não condiz com o Texto Constitucional (italiano). Isso porque a solidariedade constitucional seria aquela que "*supera o mito do fim superindividual, não concebendo um interesse superior àquele do pleno desenvolvimento do homem.*".[314]

A contrapor tal análise, é de se cogitar a existência de perspectivas consequencialistas que poderiam orientar sentimento de solidariedade especificamente direcionados a determinada coletividade de pessoas. Não por outro motivo, poder-se-ia infirmar a legitimidade moral ou, até mesmo, constitucional de determinadas condutas ou políticas públicas definidas por tais critérios. Mencione-se, por exemplo, as políticas públicas de ações afirmativas que têm por objetivo, exatamente, estabelecer condições diferenciadas – qualitativamente melhores, no geral – de determinada comunidade, em detrimento de outros grupos sociais.

Essas ações afirmativas podem ser – e geralmente o são – fundamentadas em critérios de legitimidade constitucional (e moral) de relevo, de modo que eventual consideração a respeito da inviabilidade jurídica de conformação do conteúdo da função social por esses elementos definidores não é – e nem pode ser – autoevidente. Ao contrário, muito provavelmente, o ônus de justificação de determinada intervenção na propriedade, ou nas relações contratuais entre particulares, por critérios de, por exemplo, combate ao racismo ou preconceito contra determinadas minorias seriam consideravelmente menores.

Essa temática revela, uma vez mais, o problema relativo à definição dos interesses coletivos que estão subjacentes à conformação do conteúdo da função social, tanto no que concerne ao direito de propriedade, como visto anteriormente, quanto no que pertinente às relações contratuais privadas. Também evidencia, a rigor, as dificuldades inerentes à referência ao solidarismo, como valor constitucional apto a conformar, com segurança e legitimidade democrática, o conteúdo da função social do contrato (ou da propriedade).

[314] *Ibid.*, p. 36.

Isso porque é perfeitamente possível, tal como no exemplo acima, cogitar-se sobre a legitimidade moral (e jurídica) em relação a critérios orientados por determinadas coletividades, ainda que excludentes (ao menos diretamente) de determinados grupos. Da mesma forma, também é possível imaginar valores compartilhados por maiorias opressoras que induziriam interesses coletivos (e majoritários) absolutamente contrários à Constituição Federal e aos mais comezinhos critérios morais.

O problema, certamente, não é novo, apesar das eloquentes omissões a seu respeito, no âmbito das discussões sobre o conteúdo da função social.

De fato, já se teve a oportunidade de discutir a respeito dos problemas inerentes à definição da função social da propriedade, a partir de critérios vinculados à utilidade do emprego da coisa (ou das relações contratuais) para atendimento de interesse coletivo.[315] O recurso a critérios de valoração por utilidade (coletiva) incorre nos mesmos problemas, para além daqueles inerentes ao apagamento das fronteiras do Direito/não Direito, de sujeitar-se verificados nas teorias utilitaristas/consequencialistas e sobejamente explorados por seus críticos há séculos.

A título de ilustração, por um de seus maiores expoentes, mencione-se que John Stuart Mill pretendia definir como critério de utilidade a maior felicidade percebida. Para desviar das críticas dirigidas à Jeremy Bentham[316], no que concerne à possibilidade, em tese, de valoração moral pelos utilitaristas dos prazeres mórbidos, Mill defendia que há prazeres mais desejáveis do que outros[317].

Mesmo para esses casos de felicidade mais virtuosa, como defendido por Mill, ainda seria pertinente a crítica de Richard Posner contida na oportuna indagação: de quem seria a concepção de felicidade (ou prazer e dor) que nortearia as decisões políticas para maximização da felicidade?[318]. A essa, acresça-se: e qual seria a legitimidade moral ou jurídico-normativa desse agente de escolhas para tal desiderato?

[315] MARCELINO, **O direito da propriedade democrática.**

[316] BENTHAM, Jeremy. **An introduction to the principles of morals and legislation.** Ontário: Batoche Books, 2000. p. 14.

[317] MILL, John Stuart. **Utilitarianism.** Londres: Eletric Book Company, 2001. p. 15.

[318] POSNER, Richard Allen. Utilitarianism, economics and legal theory. **Journal of Legal Studies**, v. 8, p. 112, 1979.

José de Oliveira Ascensão assevera, ainda criticamente a essa concepção de um pretenso direito à felicidade, que para se realizar tem de ignorar a infelicidade do outro.[319]

Afora isso, a referência à posição crítica kantiana no âmbito da qual se encontra a refutação a qualquer concepção de felicidade, utilidade ou fim arbitrariamente imposta pelo Estado ou por coletivos, sejam majoritários ou minoritários, contra as próprias aspirações e perspectivas individuais. Isso porque, nas palavras, de Kant, *"o homem e, duma maneira geral, todo o ser racional, existe como fim em si mesmo, não só como meio para o uso arbitrário desta ou daquela vontade"*.[320]

Quanto à possibilidade defendida por Claudio Luiz Bueno de Godoy de compreensão do conteúdo da função social do contrato segundo a acepção do princípio da dignidade da pessoa humana, faz-se referência ao item3.4, no qual o tema será objeto de análise específica.

Por fim, vale destacar a posição de Godoy – não só em relação ao conteúdo da função social – mas, igualmente, a respeito de seus efeitos.

Sobre o tema, o autor assevera que os efeitos da função social não se restringem à relação interpartes, de modo a restringir os seus efeitos de limitação da liberdade contratual exclusivamente para as partes contratantes. Alerta que, além dos efeitos interpartes, a função social pode alcançar terceiros não necessariamente incluídos naquelas disposições previstas em contrato; é o que denomina de *"eficácia social do contrato"*.[321]

De fato, há inúmeros exemplos, na doutrina e no cotidiano das relações jurídico-econômicas, em que os efeitos dos contratos extrapolam a relação entre as partes contratantes. Pode-se mencionar, nesse sentido, a figura do *bystander*, do Direito do Consumidor, a estipulação em favor de terceiro, os contratos de adesão e as ofertas públicas das relações consumeristas, e os contratos em rede ou coligados.

Se é possível afirmar – inclusive por força do art. 421 do Código Civil – que os efeitos das relações contratuais podem perceber intervenções em razão da incidência da função social; e que os efeitos dos contratos, em determinadas circunstâncias, extrapolam a relação entre devedor e credor;

319 Para uma crítica perspicaz sobre direito à felicidade: ASCENSÃO, José de Oliveira. Pessoa, direitos fundamentais e direitos de personalidade. **Revista Trimestral de Direito Civil: RTDC**, v. 26, n. 7, p. 55, 2006.

320 KANT, **Fundamentação da metafísica dos costumes**, p. 72.

321 GODOY, **Função social do contrato:** os novos princípios contratuais, p. 148.

também se faz legítimo, por decorrência lógica, considerar a viabilidade da função social do contrato se estender, do mesmo modo, àqueles que, muito embora não integrem diretamente a relação contratual, sejam, de alguma forma, afetados pela relação contratual de outrem.

Em suma, trata-se, pois, de um consectário do que o autor denomina como "*alargamento do fenômeno da oponibilidade do contrato*".[322]

É possível afirmar que, atualmente, não restam maiores dúvidas quanto à possibilidade de alcance a terceiros dos efeitos de relações contratuais privadas. O art. 17 do Código de Defesa do Consumidor, que prevê a figura do *bystander* (em tradução livre seria algo como "espectador" que é atingido pelo fato causador do dano – equiparado ao consumidor para os efeitos do referido código) nas relações de consumo, é um exemplo mais do que conhecido no ordenamento jurídico brasileiro.

Por outro lado, não se pode dizer o mesmo quanto à autoevidência das relações de causa e efeito entre a concepção de função social do contrato e a oponibilidade a terceiros dos efeitos do contrato.

De fato, por mais que se reconheça a legitimidade da proteção jurídica ao *bystander*, para se manter a referência, há que se empreender relevante esforço hermenêutico para justificar (para fins dogmáticos) a sua decorrência do princípio da função social, notadamente em hipóteses em que o bem protegido é o direito individual disponível consistente, *v.g.*, em um patrimônio de um proprietário abastado, atingido por um acidente deconsumo qualquer, que, pela dicção do art. 17 do Código de Defesa do Consumidor, também é digno merecedor da proteção jurídica da norma.

Registre-se, aliás, que Louis Josserand já assinalava a possibilidade de extensão dos efeitos dos contratos a terceiros, ainda em 1934. E assim o fazia sem qualquer recurso à função social ou à ideia de funcionalização do contrato.[323]

3.4. A autonomia privada e o seu perfil existencial

Longe estão de serem contemporâneas as origens das perspectivas que relacionam a autonomia à dignidade humana.[324]

[322] *Ibid.*, p. 155.

[323] JOSSERAND, Louis. A evolução moderna do conceito de contrato. **Revista de Direito Civil Contemporâneo**, v. 17, p. 341, 2018.

[324] Apesar de bastante pertinentes, fogem ao objeto deste trabalho as críticas formuladas por Antonio Junqueira de Azevedo no sentido de que o conceito de dignidade humana está

Giovanni Pico Della Mirandola, em sua clássica obra *"Discurso sobre a dignidade do homem"*, publicada (postumamente), pela primeira vez, em 1496, já soerguia a sua própria perspectiva a respeito da dignidade humana sobre o livre arbítrio e a natureza autônoma do homem para realizar seus próprios desígnios: *"ó suma liberalidade de Deus pai, ó suma e admirável felicidade do homem! ao qual é concedido obter o que deseja, ser aquilo que quer"*.[325]

A *"honra"* da liberdade, no entanto, deve ser devidamente considerada para o fim de se a empregar no caminho da virtude, e de modo a não incorrer em abusos da *"indulgentíssima liberalidade do Pai"*[326]. A autonomia humana é, efetivamente, edificante e ínsita ao *status* natureza do homem, na qualidade de filho do *"Altíssimo"*; exige, por outro lado, a busca pela livre escolha salutar.

É interessante notar que Pico Della Mirandola menciona, por diversas vezes, a razão teológica, bem como a razão filosófica. No entanto, não determina, entre ambas, uma relação de hierarquia, ou de causa e de consequência. As teses, assim, foram consideradas heréticas pelo Papa Inocêncio VIII, até que, finalmente, foi absolvido pelo sucessor, Papa Alexandre IV.[327]

A formulação de Pico Della Mirandola influenciou decisivamente o desenvolvimento de concepções contemporâneas a respeito da dignidade humana. Mencione-se, por sua relevância, a perspectiva de J. J. Gomes Canotilho, para quem a ideia *dignitas-homonis* – do *"indivíduo conformador de si próprio e da sua vida segundo seu próprio projecto espiritual (plastes et fictor)"* – constitui um elemento, de um total de três, conformador da dignidade humana, sobre o qual se funda a própria ideia de República.[328]

a merecer uma revisão. Isso porque, segundo o referido autor, essa perspectiva afrontaria o conhecimento, até o momento, da Ciência, bem como a necessidade de mudança da mentalidade coletiva inerente à defesa da vida. (Azevedo, Antonio Junqueira de. Crítica ao personalismo ético da Constituição da República e do Código Civil. Em favor de uma ética biocêntrica. **Revista da Faculdade de Direito da Universidade de São Paulo**, v. 103, p. 125, 2008.)

[325] Pico Della Mirandola, Giovanni. **Discurso sobre a dignidade do homem**. 6. ed. Lisboa: Edições 70, 2011. p. 57.

[326] *Ibid.*, p. 61.

[327] Moraes, Maria Celina Bodin de. O conceito de dignidade humana: substrato axiológico e conteúdo normativo. *In*: Sarlet, Ingo Wolfgang (org.). **Constituição, direitos fundamentais e direito privado**. Porto Alegre: Livraria do Advogado, 2003. pp. 111–113.

[328] Canotilho, **Direito constitucional e teoria da Constituição**, p. 225.

Outro aspecto seria determinado pelo reconhecimento do *homo noumenon*, *i.e.*, do indivíduo como limite e fundamento da dimensão política da República.[329] Por fim, o terceiro elemento seria constituído pela ideia de comunidade constitucional inclusiva, no âmbito da qual não é possível o estabelecimento de verdades culturais, metafísicas, filosóficas, ideológicas ou religiosas intangíveis e de aceitação impositiva por todos. Assim, republicanismo pressuporia o afastamento do Estado em relação a qualquer dogma, tese ou verdade no que concerne à compreensão de mundo ou de vida.[330] Dessa forma, a convivência republicana dos cidadãos comportaria ampla abertura para diferentes concepções individuais.

O reconhecimento da autonomia como manifestação da dignidade humana também pode ser extraída do imperativo categórico kantiano do qual decorre a impossibilidade de se considerar a pessoa como meio, mas, tão-somente, como um fim. Trata-se do valor intrínseco da pessoa enquanto titular de sua dignidade como ser humano.

Nesse sentido, Kant assevera que "*o homem e, duma maneira geral, todo o ser racional, existe como fim em si mesmo, não só como meio para o uso arbitrário desta ou daquela vontade.*" E dessa premissa extrai o imperativo prático correspondente: "*Age de tal maneira que uses a humanidade, tanto na tua pessoa como na pessoa de qualquer outro, sempre e simultaneamente como fim e nunca simplesmente como meio*".[331]

Apesar das críticas dirigidas à perspectiva kantiana – já sobejamente exploradas anteriormente –, notadamente quanto ao caráter excessivamente abstrato de sua concepção de pessoa racional, a formulação de Kant quanto ao reconhecimento da pessoa como fim – e não meio – exerceu relevante influência para a articulação contemporânea do conceito e do conteúdo do princípio da dignidade humana.

Mais contemporaneamente, merece destaque a concepção de Daniel Sarmento a respeito da dignidade humana, notadamente quanto às suas relações com a autonomia privada.

O referido autor, assim como Kant, defende a existência de uma ligação importante entre a dignidade humana e a sua perspectiva sobre autonomia. Nesse sentido, explicita que o conteúdo da dignidade humana seria

[329] *Ibid.*, pp. 225-226.

[330] *Ibid.*, p. 226.

[331] Kant, **Fundamentação da metafísica dos costumes**, pp. 72-73.

formado pelos seguintes elementos: (i) valor intrínseco da pessoa – em uma perspectiva muito próxima da kantiana, nesse particular; (ii) igualdade; (iii) autonomia (pública e privada); (iv) mínimo existencial; e (v) reconhecimento.[332]

Não se faz pertinente, nesta oportunidade, o desenvolvimento, por completo, da teoria de Sarmento a respeito da dignidade humana, se não naquilo que concerne especificamente aos fundamentos relativos à autonomia.

No que concerne especificamente ao tema em referência, Daniel Sarmento explicita haver um consenso no sentido de que tratar a pessoa com dignidade significa reconhecer o direito de realizar e de seguir escolhas pessoais autonomamente formuladas. De outro lado, alude, igualmente, à percepção de que esse reconhecimento do *status* de dignidade humana poderia resultar em limitações à autonomia.

A autonomia privada, para Daniel Sarmento, consistiria na "*faculdade do indivíduo de fazer e implementar escolhas concernentes à sua própria vida*" e, desse modo, expressaria "*a autodeterminação individual e* [resultaria] *do reconhecimento do ser humano como um agente moral, capaz de decidir o que é bom ou rim para si, e com o direito de seguir a própria decisão, desde que ela não viole direitos alheios*".[333]

Assim como o faz Betti, Daniel Sarmento objetiva distanciar-se da perspectiva excessivamente individualista e, principalmente, abstrata do "*liberalismo-burguês*" ao delimitar a diferenciação entre a autonomia da vontade e a sua concepção de autonomia privada. A ideia da autonomia da vontade tratar-se-ia de categoria do Direito Civil, mais especificamente do direito obrigacional, e dizia respeito, sobretudo, aos negócios jurídicos de natureza patrimonial.

332 Para Daniel Sarmento, a dignidade humana poderia ser conceituada da seguinte forma: "(...) trata-se, em resumo, da pessoa vista como fim em si, e não como mero instrumento a serviço do Estado, da comunidade ou de terceiros, como merecedora do mesmo respeito e consideração que todas as demais, e não como parte de um estamento na hierarquia social; como agente autônomo, e não como 'ovelha' a ser conduzida por qualquer pastor; como ser racional, mas que também tem corpo e sentimentos, e por isso experimenta necessidades materiais e psíquicas; como ser social, imerso em relações intersubjetivas fundamentais para a sua identidade, e não como indivíduo atomizado e desenraizado.". (SARMENTO, **Dignidade da pessoa humana:** conteúdo, trajetórias e metodologia, p. 92.)

333 *Ibid.*

A autonomia privada, em sua concepção, por outro lado, não se restringiria às questões meramente patrimoniais; o foco principal, aliás, estaria exatamente no âmbito das escolhas de natureza existencial, nas mais diversas searas, como, por exemplo, afetivas, sexuais, religiosas, profissionais, dentre outras. Afora isso, a autonomia privada se manifestaria em seu aspecto positivo, no sentido da real capacidade de escolha da pessoa – não abstrata – mas concretamente considerada. Nessa linha, portanto, o autor afasta a concepção de liberdade negativa, assim compreendida como a ausência de constrição.

E, assim, também refuta, conforme já explicitado, o caráter patrimonialista e individualista da autonomia da vontade, como conceito próprio do direito obrigacional.

Daniel Sarmento critica, ainda, o caráter excessivamente abstrato que consubstanciavam as premissas do liberalismo clássico para a conformação do conceito de autonomia da vontade. A pessoa, para o autor, é concreta (distinta, portanto, do idealizado legislador universal), com planos e escolhas específicas. A liberdade, nesse particular, não seria manifestada na elucubração de um imperativo categórico, mas, sim, na realização de escolhas também concretas, seja na idealização e na execução de um plano de vida, do ponto de vista existencial, seja em pequenas decisões, como na escolha da forma de um corte de cabelo.[334]

A referida concepção de dignidade humana também tem ligação com a autonomia pública – conceito esse que, por sua vez, guarda relação com a ideia de liberdade positiva, mencionada anteriormente.

A relação entre dignidade humana e autonomia pública decorreria, em uma perspectiva neokantiana, do entendimento de que o sujeito autônomo não é, apenas, destinatário das normas, mas, igualmente, seu coautor. Nesse contexto, a autoria da norma não se caracterizaria pela representação da

[334] A reverberar, nos dias de hoje, as críticas aos excessos de abstração da teoria kantiana, Daniel Sarmento explicita que "construir uma teoria sobre autonomia a partir de uma idealização da pessoa humana tão distanciada da realidade seria incorrer em erro parecido ao de Kant. Pior ainda seria empregar tal idealização para estreitar a proteção constitucional da autonomia privada para que abarcasse apenas as grandes decisões existenciais, deixando de fora a maior parte dos atos da vida humana. Mesmo que a forma do corte de cabelo não seja uma decisão fundamental para a maior parte das pessoas, seria gravíssimo, da perspectiva da dignidade humana, se o Estado, à moda da Coreia do norte ou do Irã, se arvorasse ao poder de ditar quais estilos de corte e de penteado são admissíveis.". (SARMENTO, **Dignidade da pessoa humana:** conteúdo, trajetórias e metodologia, p. 147.)

manifestação de vontade "*onilateral unificada*", para se empregar a expressão de Kant, mas da própria essência do regime democrático.

Assim, a dignidade humana, segundo essa concepção, compreenderia o ser humano em sua capacidade de atuar positivamente por meio da participação no âmbito das instituições democráticas, e, dessa forma, interferir na criação de normas universalmente aplicáveis.

Nesse particular, Sarmento ressalta que há, além de sinergia e complementaridade, uma tensão na relação entre autonomia pública e privada; entre democracia e constitucionalismo.[335] Essa percepção deflui do fato de que, quanto maior é o espaço de regulamentação definido por regras oriundas de processos decisórios majoritários (próprios de regimes democráticos), menor será o espaço concedido aos particulares para definirem perspectivas próprias para a matéria que é objeto da deliberação.

Para arbitrar essas tensões, o autor propõe:

> (...) uma leitura moral da Constituição, que busque traçar limites entre o campo em que deve prevalecer a decisão pessoal dos indivíduos, independentemente da vontade política das maiorias, e a seara em que deve predominar a decisão coletiva do *demos*.[336]

Ingo Sarlet, da mesma forma, também destaca, em sua perspectiva, as relações entre autonomia e dignidade humana. Para tanto, fundamenta-se na fórmula kantiana – já citada acima – que dispõe que o homem constitui um fim em si mesmo e não pode servir como meio para o uso arbitrário desta ou daquela vontade, assim como nas releituras neokantianas que explicitam que a dignidade humana pressupõe o reconhecimento da capacidade individual de decidir, de forma autônoma, a respeito das perspectivas individuais de vida e de realização da felicidade.

Assim como Sarmento, Sarlet critica a opção kantiana quanto ao perfil abstrato da proteção da dignidade humana. Nesse sentido, reconhece ser inviável a existência de atentado contra a dignidade em abstrato, mas, apenas, em concreto, e diante de pessoa individualmente considerada.

Para além do próprio perfil concreto do indivíduo titular de uma dignidade própria, deve-se reconhecer que tal tutela não é, meramente, decorrente das características biológicas da condição humana. De fato, é de

335 Sarmento, **Dignidade da pessoa humana:** conteúdo, trajetórias e metodologia, p. 150.
336 *Ibid.*, p. 151.

comum compreensão que a dignidade é inerente ao ser humano, por sua própria essência; mas isso não significa, todavia, que deva ser desconsiderado o seu perfil histórico-cultural.[337]

Acresça-se, nesse sentido, que a proteção da dignidade humana excede ao próprio indivíduo e, igualmente, abrange uma dimensão comunitária. A tutela da dignidade pressupõe não apenas a consideração do indivíduo em si, mas um reconhecimento igual da condição humana, e, portanto, referenciado nos demais membros da comunidade. Trata-se, pois, de consideração relacional, e não meramente de um indivíduo abstrata e isoladamente percebido.

Ingo Sarlet alude aos perfis da dignidade humana como limite e como tarefa. Como limite, a dignidade é considerada como pertencente a cada um, de modo que não poderá ser alienada, já que, uma vez desaparecida, a atividade estatal (ou da própria comunidade) atuará absolutamente livre e sem qualquer restrição. Já no perfil da dignidade humana como tarefa, a dignidade requererá a prestação estatal, no sentido de criação de condições que possibilitem o pleno exercício e a fruição da dignidade.[338]

Ou seja, para além da perspectiva da dignidade humana como autodeterminação e da vedação à consideração dos seres humanos como meios para se alcançar algo (segundo Kant), Sarlet alude, ainda, ao caráter prestacional que impõem ao Estado (e à comunidade em geral) a vedação ao tratamento degradante e desumano, e, ao mesmo tempo, estabelece condições mínimas para que as pessoas possam usufruir de uma vida plena e saudável.

Dessa consideração decorre a compreensão de que o ser humano precisa dispor de meios jurídicos, institucionais e materiais básicos para que possa, plenamente, exercer os atributos e as capacidades que são inerentes à sua condição humana. É o que constitui um feixe de deveres e direitos indispensáveis ao florescimento humano.[339] Se é, de certo modo, admissível a existência de desigualdades, em termos de domínio de bens materiais; não o é em termos de igual consideração, em direitos e deveres, e ainda mais especialmente sob a perspectiva da tutela da dignidade.

[337] Sarlet, **Dignidade (da pessoa) humana e direitos fundamentais na Constituição de 1988**, p. 56.

[338] Moraes, **O conceito de dignidade humana:** substrato axiológico e conteúdo normativo.

[339] Sarlet, **Dignidade (da pessoa) humana e direitos fundamentais na Constituição de 1988**.

Diante dos apontamentos acima destacados, Ingo Sarlet assim formula a sua definição de dignidade da pessoa humana:

> Assim sendo, temos por dignidade da pessoa humana a qualidade intrínseca e distintiva reconhecida em cada ser humano que o faz merecedor do mesmo respeito e consideração por parte do Estado e da comunidade, implicando, neste sentido, um complexo de direitos e deveres fundamentais que assegurem a pessoa tanto contra todo e qualquer ato de cunho degradante e desumano, como venham a lhe garantir as condições existenciais mínimas para uma vida saudável, além de propiciar e promover sua participação ativa e corresponsável nos destinos da própria existência e da vida em comunhão com os demais seres humanos, mediante o devido respeito aos demais seres que integram a rede da vida.

Rose Melo Vencelau Meireles apresenta posição significativamente distinta no que concerne à relação entre autonomia privada e dignidade humana. Para tanto, parte do pressuposto de que a autonomia privada não é um valor em si mesmo. Ou seja, para que o exercício da autonomia privada possa resultar em seu reconhecimento pelo sistema normativo, há a necessidade de se buscar a legitimação por outros princípios, em especial o princípio da dignidade humana.[340]

Segundo a autora, essa legitimação se daria por um juízo positivo de merecimento, de modo que a tutela da autonomia privada estaria condicionada a uma submissão ao princípio da dignidade humana. Nesse sentido, tanto as manifestações da autonomia privada atinentes aos atos de disposição de natureza patrimonial quanto as de perfil existencial estariam "*funcionalizadas*" ao princípio da dignidade humana.[341]

No âmbito dessa perspectiva funcionalizante, Rose Meireles defende que a autonomia privada, para se tornar apta à sanção do Direito, deveria se sujeitar ao crivo promocional de valores constitucionais, como a igualdade, a solidariedade, a dignidade de justiça social.[342]

É interessante notar que, apesar de entender que a legitimidade constitucional da autonomia privada residiria exatamente no princípio da dig-

340 MEIRELES, Rose Melo Vencelau. **Autonomia privada e dignidade humana**. Rio de Janeiro: Renovar, 2009. p. 85.

341 *Ibid.*, p. 86.

342 *Ibid.*, p. 90.

nidade humana, Rose Meireles concomitantemente concorda com o ponto de vista dos demais autores acima explicitados, no sentido de que a autonomia também conforma o conteúdo da dignidade humana.[343]

Em âmbito jurisprudencial, também é possível verificar a existência de uma plêiade de perspectivas várias acerca das relações entre autonomia privada e dignidade humana.

Esse exame de casos resulta, em sua maior parte, na conclusão de que o princípio da dignidade humana, por outro viés, pode, efetivamente, representar efeito limitador da autonomia privada. Para tanto, invoca-se, por vezes, a proteção da igualdade, da integridade e da solidariedade, para o fim de restringir a liberdade individual.[344]

Exemplos a ilustrar essas tensões abundam na realidade do Brasil e do mundo. Dentre esses, há o clássico caso do jogo do lançamento de anão, referido por Maria Celina Bodin de Moraes e Carlos Nelson Konder[345], e por outros tantos doutrinadores.

Na França da década de 1990, havia a prática, em algumas casas noturnas, de uma espécie de jogo, no âmbito do qual duas equipes competiam entre si pela capacidade de arremessar uma pessoa com nanismo. Ganharia a equipe que conseguisse lançar a pessoa na maior distância. Essa prática foi contestada pela *commune* de *Morsang-sur-Orge*, sob o argumento de que seria ofensiva à ordem pública, ante a consideração de que a dignidade humana seria um componente da ordem pública a ser tutelado, no caso concreto. Contra essa perspectiva, foram posicionados os interesses da pessoa com nanismo – que defendia a sua liberdade individual de exercer voluntariamente um trabalho remunerado de sua preferência, e os interesses comerciais protegidos pela livre iniciativa.

Em sede do Conselho de Estado restou prevalecente o entendimento pela legitimidade do poder municipal de interditar a atividade sob a conclusão de que os princípios da liberdade do trabalho e da liberdade de comércio e de indústria não poderiam ser considerados como obstáculos para que a autoridade municipal interviesse em atividade aten-

[343] *Ibid.*, pp. 109-110.

[344] Veja-se, a esse respeito, o posicionamento de Maria Celina Bodin de Moraes e Carlos Nelson Konder: MORAES, Maria Celina Bodin de; KONDER, Carlos Nelson. **Dilemas de direito civil-constitucional**. Rio de Janeiro: Renovar, 2012.

[345] *Ibid.*, pp. 129-130.

tatória à ordem pública, notadamente diante da tutela da dignidade humana.[346]

Na jurisprudência dos tribunais brasileiros, é possível, igualmente, identificar casos em que o princípio da dignidade humana, em conjunto com o princípio da função social, é empregado para o fim de impor limitações à autonomia privada e aos atos de disposição entre particulares.

A reforçar esse posicionamento, o Enunciado nº 23 da I Jornada de Direito Civil, organizada pelo Conselho da Justiça Federal explicita que:

> A função social do contrato, prevista no art. 421 do novo Código Civil, não elimina o princípio da autonomia contratual, mas atenua ou reduz o alcance desse princípio quando presentes interesses metaindividuais ou interesse individual relativo à dignidade da pessoa humana.

Esse posicionamento consignado no Enunciado nº 23 tem frequente aplicabilidade no que concerne às hipóteses de superendividamento e insolvência de pessoas físicas. Tanto o é que o tema foi objeto de enunciado específico (Enunciado nº 51) na I Jornada de Prevenção e Solução Extrajudicial de Litígios. O verbete restou formulado da seguinte forma:

> O Estado e a sociedade deverão estimular as soluções consensuais nos casos de superendividamento ou insolvência do consumidor pessoa física, a fim de assegurar a sua inclusão social, o mínimo existencial e a dignidade da pessoa humana.

A rigor, essa formulação consubstancia o entendimento consolidado dos tribunais superiores em relação à matéria, no sentido de impor limites,

[346] *In verbis: "Considérant qu'il appartient à l'autorité investie du pouvoir de police municipale de prendre toute mesure pour prévenir une atteinte à l'ordre public ; que le respect de la dignité de la personne humaine est une des composantes de l'ordre public ; que l'autorité investie du pouvoir de police municipale peut, même en l'absence de circonstances locales particulières, interdire une attraction qui porte atteinte au respect de la dignité de la personne humaine ;*
Considérant que l'attraction de lancer de nain consistant à faire lancer un nain par des spectateurs conduit à utiliser comme un projectile une personne affectée d'un handicap physique et présentée comme telle ; que, par son objet même, une telle attraction porte atteinte à la dignité de la personne humaine ; que l'autorité investie du pouvoir de police municipale pouvait, dès lors, l'interdire même en l'absence de circonstances locales particulières et alors même que des mesures de protection avaient été prises pour assurer la sécurité de la personne en cause et que celle-ci se prêtait librement à cette exhibition, contre rémunération". (Decisão disponível em: https://www.conseil-etat.fr/fr/arianeweb/CE/decision/1995-10-27/136727. Acesso em: 8 out. 2020.)

com fundamento no princípio da dignidade humana, às cláusulas contratuais que autorizam o desconto em conta-corrente bancária das parcelas referentes ao pagamento das prestações do contrato de empréstimo entabulado entre pessoa física e instituição financeira. A título de ilustração:

> RECURSO ESPECIAL. NEGÓCIOS JURÍDICOS BANCÁRIOS. RENEGOCIAÇÃO DE DÍVIDA. DESCONTO EM CONTA-CORRENTE. POSSIBILIDADE. LIMITAÇÃO A 30% DA REMUNERAÇÃO DO DEVEDOR. SUPERENDIVIDAMENTO. PRESERVAÇÃO DO MÍNIMO EXISTENCIAL. ASTREINTES. AUSÊNCIA DE INDICAÇÃO DO DISPOSITIVO DE LEI FEDERAL VIOLADO. ÓBICE DA SÚMULA 284/STF.
>
> 1. Validade da cláusula autorizadora de desconto em conta-corrente para pagamento das prestações do contrato de empréstimo, ainda que se trate de conta utilizada para recebimento de salário.
> 2. Os descontos, todavia, não podem ultrapassar 30% (trinta por cento) da remuneração líquida percebida pelo devedor, após deduzidos os descontos obrigatórios (Previdência e Imposto de Renda).
> 3. Preservação do mínimo existencial, em consonância com o princípio da dignidade humana. Doutrina sobre o tema.
> 4. Precedentes específicos da Terceira e da Quarta Turma do STJ.
> 5. RECURSO ESPECIAL DESPROVIDO.
>
> (REsp nº 1.584.501/SP. Relator: Min. Paulo de Tarso Sanseverino. Terceira Turma, julgado em 6 de outubro de 2016. Diário da Justiça Eletrônico, publicado em 13 de outubro de 2016.)

Efeitos análogos da aplicabilidade do princípio da dignidade humana também podem ser percebidos na disciplina das relações entre particulares em condomínios edilícios. No Recurso Especial nº 1.401.815/ES, de relatoria da ministra Nancy Andrighi, a Terceira Turma do Superior Tribunal de Justiça decidiu a respeito da possibilidade de deliberação, por parte da assembleia geral do condomínio, pela suspensão do uso de área comum – no caso, dos elevadores que davam acesso à unidade imobiliária – por parte de condômino inadimplente com as obrigações de pagamento de taxas condominiais.

Na oportunidade, o Superior Tribunal de Justiça entendeu que a imposição de sanção dessa natureza – proibição de uso dos elevadores – resultaria em afronta ao princípio da função social da propriedade e do princípio da dignidade humana. *In verbis*:

CIVIL. RECURSO ESPECIAL. AÇÃO DECLARATÓRIA CUMULADA COM PEDIDO DE COMPENSAÇÃO POR DANOS MORAIS. EMBARGOS DE DECLARAÇÃO. OMISSÃO, CONTRADIÇÃO OU OBSCURIDADE. NÃO OCORRÊNCIA. INADIMPLEMENTO DE TAXAS CONDOMINIAIS. DESPROGRAMAÇÃO DOS ELEVADORES. SUSPENSÃO DE SERVIÇOS ESSENCIAIS. IMPOSSIBILIDADE. EXPOSIÇÃO INDEVIDA DA SITUAÇÃO DE INADIMPLÊNCIA. VIOLAÇÃO DE DIREITOS DA PERSONALIDADE. DANOS MORAIS. CARACTERIZAÇÃO.

1. Ação declaratória distribuída em 22.03.2011, da qual foi extraído o presente recurso especial, concluso ao Gabinete em 26.09.2013.

2. Cinge-se a controvérsia, além de apreciar a existência de omissão no acórdão recorrido, a definir se é possível impor restrição ao condômino inadimplente quanto à utilização dos elevadores e, caso verificada a ilegalidade da medida, se a restrição enseja compensação por danos morais.

3. Ausentes os vícios do art. 535 do CPC, rejeitam-se os embargos de declaração.

4. O inadimplemento de taxas condominiais não autoriza a suspensão, por determinação da assembleia geral de condôminos, quanto ao uso de serviços essenciais, em clara afronta ao direito de propriedade e sua função social e à dignidade da pessoa humana, em detrimento da utilização de meios expressamente previstos em lei para a cobrança da dívida condominial.

5. Não sendo o elevador um mero conforto em se tratando de edifício de diversos pavimentos, com apenas um apartamento por andar, localizando-se o apartamento da recorrente no oitavo pavimento, o equipamento passa a ter status de essencial à própria utilização da propriedade exclusiva.

6. O corte do serviço dos elevadores gerou dano moral, tanto do ponto de vista subjetivo, analisando as peculiaridades da situação concreta, em que a condição de inadimplente restou ostensivamente exposta, como haveria, também, tal dano *in re ipsa*, pela mera violação de um direito da personalidade.

7. Recurso especial provido.

(REsp nº 1.401.815/ES. Relatora: Min. Nancy Andrighi. Terceira Turma, julgado em 3 de dezembro de 2013. Diário da Justiça Eletrônico, publicado em 13 de dezembro de 2013.)

No que concerne ao Direito de Família, igualmente, é possível coletar-se hipóteses em que o princípio da dignidade humana é invocado para o fim de fundamentar restrições ao exercício da autonomia privada.

A propósito do tema, a VIII Jornada de Direito Civil aprovou o Enunciado nº 635, o qual dispõe que "*O pacto antenupcial e o contrato de convivência podem conter cláusulas existenciais, desde que estas não violem os princípios da dignidade da pessoa humana, da igualdade entre os cônjuges e da solidariedade familiar*".

Também é possível a identificação de hipóteses trazidas da experiência jurisdicional brasileira e estrangeira em que o princípio da dignidade humana é empregado, não para limitar, mas para produzir efeitos promocionais da autonomia privada. O princípio da dignidade, nesses casos, comporta-se positivamente, para o fim de ampliar o alcance da autodeterminação individual e, consequentemente, para reduzir ou afastar eventuais limites externos que impedem a sua máxima concretização.

No âmbito da *Suprema Corte de Justicia* do México, também com fundamento na proteção da dignidade humana, os efeitos do direito fundamental ao livre desenvolvimento da personalidade (*derecho al libre desarrollo de la personalidad*), que integra o direito à liberdade e à autonomia, resultaram na declaração da inconstitucionalidade de dispositivos da *Ley General de Salud* que proibiam o uso recreativo de *marihuana*.[347]

Na oportunidade, entendeu-se que, apesar de válidas as finalidades almejadas pela *Ley General de Salud*, no sentido de proteger os direitos de terceiros e a ordem pública, a proibição absoluta ao consumo recreativo de maconha não seria uma medida constitucionalmente legítima, sob a perspectiva do princípio da proporcionalidade, diante das restrições ao direito fundamental do livre desenvolvimento da personalidade.

Nesse mesmo sentido, foi o voto proferido pelo 22 no âmbito do julgamento do Recurso Extraordinário nº 635.659/SP, ainda não julgado em definitivo. Assim como a Corte Constitucional mexicana, o ministro Gilmar Mendes, dentre outros fundamentos, também ressaltou que a criminalização do consumo de entorpecentes violaria o direito fundamental ao livre desenvolvimento da personalidade, que, no ordenamento brasileiro, decorreria do princípio da dignidade humana:

> A criminalização da posse de drogas 'para consumo pessoal' afeta o direito ao livre desenvolvimento da personalidade, em suas diversas manifestações. (...)

[347] *Ejecutoria num.* 1a./J. 9/2019 (10a.) da Suprema Corte de Justicia, Primera Sala. Publicado em: 28 fev. 2019.

> Nossa Constituição consagra a dignidade da pessoa humana e o direito à privacidade, à intimidade, à honra e à imagem. Deles pode-se extrair o direito ao livre desenvolvimento da personalidade e à autodeterminação.
>
> A proteção do indivíduo contra interferências que se estimem indevidas por parte do Estado pode ser atalhada, dessa forma, com a invocação do princípio da liberdade geral, que não tolera restrições à autonomia da vontade que não sejam necessárias para alguma finalidade de raiz constitucional, e mesmo pelo apelo ao princípio da proteção da dignidade da pessoa humana, que pressupõe o reconhecimento de uma margem de autonomia do indivíduo, tão larga quanto possível, no quadro dos diversos valores constitucionais.
>
> É sabido que as drogas causam prejuízos físicos e sociais ao seu consumidor. Ainda assim, dar tratamento criminal ao uso de drogas é medida que ofende, de forma desproporcional, o direito à vida privada e à autodeterminação.[348]

Efeito semelhante pode ser claramente identificável no emblemático julgamento da Ação Direta de Inconstitucionalidade nº 4.275/DF[349], inicialmente de relatoria do ministro Marco Aurélio, e, para o acórdão, de relatoria do ministro Edson Fachin, autor do voto prevalecente, por maioria, em julgamento realizado em 1º de março de 2018.

A discussão cingia-se à aferição da constitucionalidade do art. 58 da Lei nº 6.015, de 31 de dezembro de 1973 (Lei de Registros Públicos), que assim dispõe:

> Art. 58. O prenome será definitivo, admitindo-se, todavia, a sua substituição por apelidos públicos notórios.

Na Ação Direta de Inconstitucionalidade proposta pela Procuradoria Geral da República, buscava-se que fosse conferida intepretação conforme ao dispositivo em questão, para o fim de se garantir aos transgêneros o direito de alterar o prenome e o sexo no registro civil, de modo a adequá-los à respectiva autodeterminação de gênero, independentemente da realização de cirurgia de transgenitalização.

[348] RE nº 635.659/SP; Pleno; Supremo Tribunal Federal; julgamento ocorrido em 20 de agosto de 2015, ainda não finalizado. Após o voto do ministro Gilmar Mendes, pediu vista o ministro Edson Fachin.

[349] ADI nº 4.275/DF. Relator: Min. Marco Aurélio. Relator para o Acórdão: Min. Edson Fachin. Tribunal Pleno, julgado em 1º de março de 2018. Diário da Justiça Eletrônico nº 045, divulgado em 6 de março de 2019, publicado em 7 de março de 2019.

Na oportunidade, o ministro Marco Aurélio, no que concerne ao recorte temático ora em relevo, ressaltou a relevância da autonomia da vontade como "*condição de plenitude do ser humano*"; e, ato contínuo, destacou ser dever do Poder Público, no âmbito do Estado Democrático de Direito, "*promover a convivência pacífica com o outro, na seara do pluralismo, sem admitir o crivoda maioria sobre escolhas exclusivamente morais, sobretudo quando decorrem de inafastáveis circunstâncias próprias à constituição somática de pessoa*".

Nesse contexto, segundo o ministro, a dignidade humana, diante da incompatibilidade entre a morfologia sexual com a identidade de gênero, imporia a autorização para a alteração do assentamento civil. Tal garantia permitiria que a pessoa pudesse viver plenamente em sociedade, conforme sua própria percepção.

Ao final, o ministro Marco Aurélio votou pela interpretação do art. 58 da Lei nº 6.015, de 1973, conforme à Constituição para o fim de se garantir o direito à mudança do prenome e do gênero no registro civil, condicionando-se, no caso de cidadão não submetido à cirurgia de transgenitalização, aos seguintes requisitos: (i) idade mínima de 21 anos; e (ii) diagnóstico médico de transexualismo, presentes os critérios do art. 3º da Resolução nº 1.955, de 12 de agosto de 2010, do Conselho Federal de Medicina, por equipe multidisciplinar constituída por médico psiquiatra, cirurgião, endocrinologista, psicólogo e assistente social, após, no mínimo, dois anos de acompanhamento conjunto.

Em seu voto condutor, o ministro Edson Fachin parece não divergir, em essência, no que concerne aos fundamentos e ao reconhecimento da garantia ao direito de alteração do prenome e do gênero, no assento civil, independentemente da cirurgia de transgenitalização. Seu posicionamento, no entanto, procurou garantir o exercício do direito da forma mais abrangente possível, ao possibilitar a alteração diretamente no registro civil, sem a necessidade de qualquer provimento jurisdicional, e mediante a livre expressão da identidade de gênero.

Em sua fundamentação, o ministro Edson Fachin também se lastreou na garantia de proteção, pelo Estado, da dignidade humana, como direito fundamental inerente à livre expressão da personalidade. Nesse sentido, asseverou que se é dever do Estado assegurar que os indivíduos possam viver com a mesma dignidade, "*deve também assegurar-lhes o direito ao nome, ao reconhecimento de sua personalidade jurídica, à liberdade e à vida privada*".

Ao final, reconheceu que a livre expressão de identidade de gênero desonera o cidadão de provar quem é, razão pela qual a adequação de sua identidade nos registros públicos poderia se realizar tanto administrativa quanto judicialmente, não sendo a via judicial obrigatória.

Igualmente significativo foi o julgamento realizado no âmbito da Ação Direta de Inconstitucionalidade nº 4.227/DF, de relatoria do ministro Ayres Brito, julgado em 5 de maio de 2011 pelo Plenário do Supremo Tribunal Federal.[350]

Discutiu-se, na referida Ação Direta de Inconstitucionalidade, a necessidade de se atribuir interpretação conforme à Constituição ao art. 1.723 do Código Civil[351], para o fim de se garantir a mesma proteção jurídico-institucional às uniões homoafetivas.

No referido julgamento, no que concerne ao recorte temático ora discutido, firmou-se o entendimento, conforme se depreende da própria ementa do julgado, de que a liberdade para dispor da própria sexualidade consistiria em parte integrante do direito fundamental correspondente à autonomia da vontade.[352] Esse direito à preferência sexual emanaria do próprio princípio da dignidade da pessoa humana.

Nesse sentido, asseverou o ministro Ayres Britto:

> Por conseguinte, cuida-se de proteção constitucional que faz da livre disposição da sexualidade do indivíduo um autonomizado instituto jurídico. Um tipo de liberdade que é, em si e por si, um autêntico bem de personalidade. Um dado elementar da criatura humana em sua intrínseca dignidade de universo à parte. Algo já transposto ou catapultado para a inviolável esfera da autonomia de vontade do indivíduo, na medida em que sentido e praticado como elemento da compostura anímica e psicofísica (volta-se a dizer) do ser humano em busca de sua plenitude existencial. Que termina sendo uma busca de si mesmo, na luminosa trilha do "Torna-te quem és", tão bem teoricamente explorada por Friedrich Nietzsche.

[350] ADI nº 4.277/DF. Relator: Min. Ayres Britto. Tribunal Pleno, julgado em 5 de maio de 2011. Diário da Justiça Eletrônico nº 198, publicado em 14 de outubro de 2011.

[351] "Art. 1.723. É reconhecida como entidade familiar a união estável entre o homem e a mulher, configurada na convivência pública, contínua e duradoura e estabelecida com o objetivo de constituição de família".

[352] Nesse sentido, vide o seguinte excerto da ementa do julgado: "O concreto uso da sexualidade faz parte da autonomia da vontade das pessoas naturais. Empírico uso da sexualidade nos planos da intimidade e da privacidade constitucionalmente tuteladas. Autonomia da vontade. Cláusula pétrea.".

E arrematou, na sequência:

> Óbvio que, nessa altaneira posição de direito fundamental e bem de personalidade, a preferência sexual se põe como direta emanação do princípio da 'dignidade da pessoa humana' (inciso III do art. 1º da CF), e, assim, poderoso fator de afirmação e elevação pessoal.

O ministro Gilmar Mendes acompanhou a solução proposta pelo ministro relator – assim como o fizeram, aliás, todos os demais. No entanto, o ministro destacou significativas divergências em relação à fundamentação para tanto, notadamente no que concerne aos caminhos percorridos para a obtenção da necessária legitimidade de atuação da Corte para se obter o resultado proposto pelo ministro Ayres Britto.

Em síntese, o ministro Gilmar Mendes demonstrou desconforto quanto à legitimidade constitucional no que concerne à perspectiva de se promover uma intepretação aditiva ao texto constitucional, para o fim de se efetivar, no âmbito do Supremo Tribunal Federal, a estruturação de uma regulamentação exauriente a respeito do tema debatido, assim prescindindo da atuação do Poder Legislativo.

A propósito, ressaltou que o Supremo Tribunal Federal tinha por tradição a adoção de comportamento caracterizado como "*self restraint*" (autocontenção, em livre tradução), no que concerne ao controle de constitucionalidade, ao procurar se ater, na medida do possível, à tradição kelseniana de sistema de sanção de nulidade, por parte da Corte Constitucional.

Essa tradição, todavia, sofreu certa mitigação na experiência mais recente do Supremo Tribunal Federal, diante de imperativos concretos, bem como sob influência da experiência estrangeira, como, por exemplo, da Corte Constitucional italiana, com o emprego de decisões manipulativas com efeitos aditivos.

Nada obstante, o ministro Gilmar Mendes fez consignar a sua preocupação com o emprego da técnica em questão. Nesse sentido, asseverou ser necessária a realização de devida relativização, no caso concreto, para o fim de se promover a proteção dos direitos fundamentais invocados.[353]

[353] Nesse sentido, para legitimar o emprego da técnica, destacou o ministro Gilmar Mendes: "E o texto, em si mesmo, nessa linha, não é excludente – pelo menos essa foi a minha primeira pré-compreensão – da possibilidade de se reconhecer a união estável entre pessoas do mesmo sexo, não com base no texto legal (art. 1.723 do Código Civil), nem na norma constitucional (art. 226, § 3º), mas com suporte em outros princípios constitucionais.

Nessa linha argumentativa, revela-se bastante significativo o escorço desenvolvido pelo ministro no sentido de demonstrar a controvérsia política envolvendo o tema, em concreto, caracterizada pela ausência de uma deliberação consensual do Congresso Nacional e de outros órgãos legislativos de diversos entes federativos. A esse respeito, o ministro demonstrou que o tema tem sido enfrentado há mais de 15 anos em diversas casas legislativas, sem que fosse possível alcançar uma regulamentação satisfatória.

Diante disso, concluiu o ministro Gilmar Mendes que a mora legislativa para resolver – se não todos – pelo menos os mais prementes relacionados à temática em questão, configuraria verdadeira proteção insuficiente do direito fundamental de liberdade, expresso na liberdade sexual. E, nesse sentido, asseverou que:

> (...) é inegável que a ausência de uma regulamentação legislativa minimamente estruturada durante todo esse período implica uma proteção insuficiente aos cidadãos que pretendem resguardar seus direitos fundamentais e aqueles decorrentes de uma união homoafetiva.

Acresça-se a essa conclusão, a manifestação do ministro no sentido de que o direito fundamental em questão é titularizado por uma minoria, de modo que a obtenção de consensos legislativos, em torno de uma regulamentação adequada, poderia, em tese, ser obstaculizado por regras decisórias de votos majoritários.

Tal aspecto seria fundamental para legitimar a atuação da Corte para o fim de se promover a proteção ao direito fundamental em questão a alcances não expressamente resultantes do texto constitucional.[354]

Todavia eu não diria que isso decorre do texto legal nem que está nele albergada alguma proibição, mas tão somente – por isso que me parece e pelo menos esse seria o meu juízo neste momento – que o único argumento forte a justificar aqui a interpretação conforme à Constituição é o fato de o dispositivo do Código Civil estar sendo invocado para impossibilitar o reconhecimento da união entre pessoas do mesmo sexo.
Do contrário, nós estaríamos a fazer um tipo de interpretação conforme muito extravagante. É, dessa forma, portanto, que fundamento neste julgamento a possibilidade de utilização da interpretação conforme à Constituição.".

[354] *In verbis*: "Daí decorre, então, um dever de proteção. Mas é preciso mais uma vez dizer isso de forma muito clara, sob pena de cairmos num voluntarismo e numa interpretação ablativa, em que, quando nós quisermos, nós interpretamos o texto constitucional de uma ou outra maneira. Não se pode atribuir esse arbítrio à Corte, sob pena de nos deslegitimarmos.

Para tanto, o ministro precisou diagnosticar a existência de uma lacuna valorativa ou axiológica quanto ao sistema de proteção de um direito fundamental titularizado por uma minoria (casais homoafetivos), de modo a respaldar a atuação da Corte Constitucional para, ao final, possibilitar o advento de uma solução provisória, a partir da aplicação do dispositivo do Código Civil que trata da união estável entre homem e mulher.

Mais recentemente, o Supremo Tribunal Federal, em julgamento encerrado em 8 de maio de 2020, no âmbito da Ação Direta de Inconstitucionalidade nº 5.543/DF, de relatoria do ministro Edson Fachin, novamente reforçou a aplicabilidade do princípio da dignidade humana para o fim de proteger (e promover) a autonomia privada.

Na referida Ação Direta de Inconstitucionalidade, discutiu-se a respeito da constitucionalidade do art. 64, *caput*, inciso IV, da Portaria nº 158, de 4 de fevereiro de 2016 do Ministério da Saúde, e do art. 25, *caput*, inciso XXX, alínea "d", da Resolução nº 34, de 11 de junho de 2014, da Diretoria Colegiada da Agência Nacional de Vigilância Sanitária (ANVISA). Os referidos dispositivos tratam da inaptidão para que indivíduos do sexo masculino que tiveram relações sexuais com pessoas do mesmo sexo realizem doação sanguínea nos doze meses subsequentes à prática.

Por maioria de votos, o Supremo Tribunal Federal entendeu que os referidos dispositivos seriam inconstitucionais ao estabelecer a restrição de doação de sangue, ainda que temporária, para determinados grupos, com fundamento no argumento consequencialista consistente na consideração de que homens que se relacionam sexualmente com outros homens integrariam "grupo de risco", e que, portanto, estariam mais propensos à disseminação de doenças como a síndrome da imunodeficiência humana (AIDS), quando da realização das transfusões de sangue.

Na oportunidade, o ministro relator fundamentou a sua conclusão pela inconstitucionalidade das referidas restrições, notadamente, com fundamento na evidência de violação à dignidade humana, em suas diversas perspectivas. Nesse sentido, asseverou:

Quanto à concretização desse dever de proteção, o que se percebe é o seu contínuo esvaziamento, dada a ausência de um modelo legalmente institucionalizado e estabelecido pelo Poder Legislativo, o que também desestimula uma ação efetiva do Poder Executivo e, por vezes, serve de fundamento para a negativa de inúmeras demandas administrativas."

> Nesse quadrante comum compreendo e adoto como conteúdo do princípio da dignidade da pessoa humana o valor intrínseco da pessoa, ou seja a pessoa como fim em si mesmo, e nunca como instrumento ou objeto; a autonomia pública (coletiva) e privada (individual) dos sujeitos; o mínimo existencial para a garantia das condições materiais existenciais para a vida digna; e o reconhecimento individual e coletivo das pessoas nas instituições, práticas sociais e relações intersubjetivas (SARMENTO, Daniel. *Dignidade da Pessoa Humana*: conteúdo, trajetórias e metodologia. Belo Horizonte: Fórum, 2016, p. 92).
>
> As normas ora impugnadas afrontam sobremaneira a autonomia e o reconhecimento daqueles que querem doar sangue e encontram-se limitados pelas previsões normativas ora impugnadas.

E, em seguida, no que concerne ao aspecto da autonomia – que integra o conteúdo do princípio da dignidade humana, conforme se destacou acima – acrescentou:

> Há, assim, uma restrição à autonomia privada dessas pessoas, pois se impede que elas exerçam plenamente suas escolhas de vida, com quem se relacionar, com que frequência, ainda que de maneira sexualmente segura e saudável. Da mesma forma, há também, em certa medida, um refreamento de sua autonomia pública, pois esse grupo de pessoas tem sua possibilidade de participação extremamente diminuída na execução de uma política pública de saúde relevante de sua comunidade – o auxílio àqueles que necessitam, por qualquer razão, de transfusão de sangue.[355]

Diante do quanto exposto, é possível afirmar a existência de um consenso, desde Pico Della Mirandola, notadamente passando por Kant, e chegando nos autores contemporâneos, já mencionados, no sentido de que o princípio da autonomia privada é elemento fundamental – porém não exclusivo – na conformação do conteúdo da dignidade humana.

Por outro lado, não é possível estabelecer o mesmo consenso no sentido de que a dignidade humana é critério legitimador da autonomia privada, sob pena de ingressarmos em uma definição de perfil vazio de conteúdo.

[355] ADI nº 5.543/DF. Relator: Min. Edson Fachin. Tribunal Pleno, julgado em 11 de maio de 2020. Diário da Justiça Eletrônico nº 211, divulgado em 25 de agosto de 2020, publicado em 26 de agosto de 2020.

Nesse particular, portanto, reside uma dificuldade importante no que concerne à formulação da autonomia privada por parte de Rose Melo Vencelau Meireles, nos termos acima apontados. Essa dificuldade reside, exatamente, na (im)possibilidade de considerar autonomia e dignidade como elementos distintos e, ao mesmo tempo, esse como critério legitimador daquele.

Não se desconsidera, tal como já apontado anteriormente, que há relações importantes entre ambos os princípios. Essa relação de conformação de conteúdo e legitimação, no entanto, requer maior explicitação, sob pena de se incorrer na definição, acima mencionada, que se demonstrou ser carente de apuro metodológico.

Esse aspecto é especialmente relevante ao tratarmos de um conceito jurídico aberto e polissêmico, como a expressão que representa o princípio da dignidade humana, ao qual se pretende atribuir os efeitos da importância, do alcance e da intensidade que o princípio em questão induz.

De fato, o art. 1º, *caput*, inciso III, da Constituição Federal, como se sabe, explicita que a dignidade humana é um dos próprios fundamentos da República Federativa do Brasil, o que resulta, como destaca Ingo Sarlet, na imposição ao Estado dos deveres inerentes à garantia e à promoção da dignidade humana das pessoas, em perfil individual e coletivo.[356]

Seria despiciendo invocar, em minúcias, os efeitos possivelmente decorrentes do princípio em questão. Nesse sentido, a assertiva acima é suficiente para destacar a relevância – quiçá autoevidente – da necessidade de estabelecimento de critérios razoavelmente seguros para a conformação do conteúdo da dignidade humana.

Como se sabe, entre os riscos que se corre com uma delimitação fluida e semanticamente vazia do conteúdo da dignidade humana, pode-se mencionar o seu emprego arbitrário, inclusive para o fim de limitar o exercício de outros direitos e garantias fundamentais, com fundamento em critérios axiológicos e valorativos não submetidos aos crivos, às regras e aos limites próprios de um regime democrático.

Para descrever esse fenômeno, Antonio Junqueira de Azevedo desenvolve representativa analogia. Reúne sob a alcunha de "*bando dos quatro*" os quatro conceitos jurídicos indeterminados: função social, ordem pública,

[356] SARLET, **Dignidade (da pessoa) humana e direitos fundamentais na Constituição de 1988**, p. 78.

boa-fé e interesse público[357]. A referência é em alusão ao *bando dos quatro* (ou *camarilha dos quatro*) – a denominação empregada para os quatro membros do Partido Comunista Chinês, que, durante a Revolução Cultural da China (1966-1976), foram considerados responsáveis pelos maiores excessos na repressão às manifestações dissonantes da ideologia predominante. O grupo é comumente referido pela concentração de poder (no entorno de Mao Zedong, durante seu governo, e, também, logo após a sua morte), e pela capacidade de manipulação ideológica e de disseminação de propaganda.

Diante da banalização do emprego da dignidade da pessoa humana, Antonio Junqueira de Azevedo acresceu, ao *bando dos quatro*, o conceito indeterminado de *dignidade da pessoa humana*.[358]

Esse fenômeno de trivialização dos direitos fundamentais, em especial da *dignidade humana* também é referido por Otávio Luiz Rodrigues Junior. Nesse sentido, alerta ao pernicioso efeito decorrente das características próprias da *dignidade humana* referentes à sua formulação polissêmica e à sua relevância: "*a plurivocidade da dignidade humana associa-se ao problema de se utilizar esse conceito como um trunfo argumentativo: quem se pode colocar contrariamente à dignidade humana?*".[359]

O problema apontado tem como consequência, segundo o referido autor, impactos relevantes em três aspectos principais: (i) preservação do espaço democrático e respeito à separação de poderes; (ii) previsibilidade do Direito; e (iii) transferência do espaço decisório da autonomia privada para o âmbito judicial.[360]

Acresça-se, nessa linha argumentativa, as críticas realizadas pelo ministro Dias Toffoli, no âmbito do Recurso Extraordinário nº 363.889/DF, quanto ao emprego do princípio da dignidade humana. Nesse julgado, discutia-se a flexibilização da coisa julgada em ações de investigação da paternidade, propostas por pessoas economicamente hipossuficientes, julgadas improcedentes por falta de provas (exame de DNA). Na oportunidade, asseverou o ministro:

357 Azevedo, Antonio Junqueira de. Caracterização jurídica da dignidade da pessoa humana. **Revista da Faculdade de Direito da Universidade De São Paulo**, v. 97, p. 112, 2002.

358 *Ibid.*

359 Rodrigues Junior, **Direito civil contemporâneo:** estatuto epistemológico, constituição e direitos fundamentais,p. 329.

360 *Ibid.*, pp. 325-326.

> Creio ser indispensável enaltecer a circunstância da desnecessidade da invocação da dignidade humana como fundamento decisório da causa. Tenho refletido bastante sobre essa questão, e considero haver certo abuso retórico em sua invocação nas decisões pretorianas, o que influencia certa doutrina, especialmente de Direito Privado, transformando a conspícua dignidade humana, esse conceito tão tributário das Encíclicas papais e do Concílio Vaticano II, em verdadeira panaceia de todos os males.[361]

Ao comentar a decisão do ministro Dias Toffoli, Otavio Luiz Rodrigues Jr. elencou quatro razões que fundamentariam a dispensabilidade do emprego do princípio da dignidade humana no julgamento do referido Recurso Extraordinário. São elas: (i) a necessidade de esgotamento dos meios legais e interpretativos; (ii) a dualidade de posições em conflitos privados e unidade da dignidade humana; (iii) a complexidade e a plasticidade conceitual da dignidade humana; e (iv) o efeito desestabilizador da dignidade humana como fundamento decisório.[362]

De fato, a banalização a que ora se alude tem por efeito o apagamento dos marcos que separam as perspectivas morais das normas jurídicas; e isso por força do voluntarismo do intérprete de ocasião, o que, invariavelmente, conduz à arbitrariedade.

No que concerne ao tema ora delimitado, o emprego da dignidade humana, no âmbito das relações privadas, exige o enfrentamento desses desafios, sob perspectivas jusfilosóficas, e, principalmente, normativas, para fins de delimitação rigorosa do âmbito de aplicabilidade do Direito, sob pena de cometimento de violações à própria autonomia privada.

A esse respeito, a proposta kantiana é, do ponto de vista lógico formal, bem resolvida quanto à resolução de possíveis tensões entre o reconhecimento da dignidade humana e a autonomia individual.

Em seu modelo, como visto acima, a dignidade humana se revela, em síntese, exatamente na impossibilidade de submeter alguém a servir à

[361] RE nº 363.889/DF. Relator: Min. Dias Toffoli. Tribunal Pleno, julgado em 2 junho de 2011. Diário da Justiça Eletrônico nº 238, divulgado em 15 de dezembro de 2011, publicado em 16 de dezembro de 2011.

[362] RODRIGUES JUNIOR, Otavio Luiz. Dignidade humana e direito privado contemporâneo: a contribuição metodológica do Recurso Extraordinário nº 363.889. *In*: MORAES, Alexandre de; MENDONÇA, André Luiz de Almeida (org.). **Democracia e sistema de justiça:** obra em homenagem aos 10 anos do Ministro Dias Toffoli no Supremo Tribunal Federal. Belo Horizonte: Fórum, 2020. pp. 485–498.

função de meio para o arbítrio de outrem, *i.e.*, para atender o interesse alheio. Assim, a dignidade humana estaria na garantia máxima ao exercício da autonomia.

A autonomia kantiana, todavia, também como se demonstrou oportunamente, não significa o atendimento às inclinações e vontades concretas, mas, sim, aquela que legitima a formulação de seu imperativo categórico, que, por essência, é metafísico. Nesse particular, o elemento da universalidade, que constitui um dos pilares do imperativo categórico, sob a perspectiva puramente lógica e abstrata, em tese, resultaria no afastamento do modelo kantiano, de discussões relativas a possíveis conflitos entre dignidade humana e autonomia. É logicamente inconcebível cogitar-se da violação da dignidade humana pelo exercício da autonomia kantiana, em seu caráter relativo à universalidade.

Sabe-se, todavia, que o modelo kantiano tem seus pecados, notadamente nos excessos quanto ao individualismo, voluntarismo e abstrativismo – e aí está o volume de críticas que se seguiram, e que aqui foram, de alguma forma, desenvolvidas, para evidenciá-los.

A formulação metafísica kantiana não resolve, portanto, o problema; assim como não o faz a sua proposta específica para a Doutrina do Direito. É inegável, no entanto, também como acima destacado, a sua influência, até os dias atuais, no desenvolvimento do tema.

Ainda que não se concorde com a solução kantiana, o problema, necessariamente, precisa ser enfrentado. Se o emprego do princípio da dignidade humana, haja vista seu conteúdo polissêmico e abstrato, já é suficientemente desafiador, ainda mais complexa é sua utilização para a específica finalidade de limitação da autonomia privada.

Não se trata, meramente, de um ônus argumentativo adicional, que revele, no caso concreto, a violação ao *status* de dignidade, por algum excesso no exercício da autonomia. Exige-se, muito além, um compromisso metodológico que sinalize, de forma transparente, as premissas e os meios decisórios empregados para afastar parcela da autonomia em benefício de outro valor constitucionalmente tutelado. Para tanto, é imprescindível que sejam acusadas as aberturas axiológicas, no âmbito das quais são realizadas escolhas morais, e, adicionalmente, sejam explicitados os motivos pelos quais tais escolhas não foram ou não puderam ser realizadas no âmbito de processos democráticos ordinários.

Caso contrário, o emprego do princípio dignidade humana, representará, em verdade, um mecanismo de arbitrariedade para o fim de imposição de valores morais particulares da autoridade de ocasião, em detrimento da liberdade de escolha individual.

4
O ESPAÇO NORMATIVO E O CONTEÚDO DA AUTONOMIA PRIVADA

4.1. Considerações introdutórias

Após o assentamento dos fundamentos que subsidiam a compreensão da autonomia privada, em seu contexto jusfilosófico e histórico, e em consideração de sua posição normativa, o capítulo tem por objetivo o estabelecimento de diretrizes e pressupostos para o alcance do conteúdo da autonomia privada, bem como de seus efeitos, sob a perspectiva dogmática apresentada no capítulo anterior.

Nesse contexto, buscar-se-á estabelecer, inicialmente, o que representa e o que não representa a constitucionalização do Direito Civil.

Para tanto, será problematizada a questão das dificuldades inerentes a um procedimento classificatório – invariavelmente reducionista, porém didático. Assim, serão propostas duas categorias distintas: (i) a perspectiva axiológica-hermenêutica; e (ii) a perspectiva normativo-institucional. A primeira congrega teorias focadas em aspectos morais, principiológicos e hermenêuticos, seguindo a tradição do Direito Civil Constitucional. A segunda reúne teorias centradas em questões relativas a categorias de normas e distribuição de competências jurisdicionais.

Na sequência, será apresentada a questão da eficácia dos direitos fundamentais nas relações entre particulares. A discussão temática ocorrerá seguindo a apresentação de quatro modelos distintos, quais sejam: (i) o modelo *state action;* (ii) o modelo de três níveis; (iii) o modelo de eficácia direta; e (iv) o modelo de eficácia indireta.

Estabelecidos os parâmetros constitucionais, e considerada a adoção, para os efeitos deste trabalho, do modelo fraco da eficácia indireta dos direitos fundamentais, serão apresentadas as implicações da hipótese proposta no âmbito normativo infraconstitucional.[363]

Em seguida serão estabelecidas as fontes normativas constitucionais do princípio da autonomia privada. Buscar-se-á a compreensão da autonomia privada como princípio implícito autônomo, com fundamentos e perspectivas totalmente independentes de princípios como a dignidade humana, direito à felicidade e hipóteses de características teleológicas, acima referidos, muito embora se possa reconhecer, em situações específicas, conflitos, colisões e intersecções.

Postas as premissas dogmáticas sobre as quais se assentará o conteúdo e as respectivas fontes normativas/constitucionais da autonomia privada, serão analisados os efeitos e as consequências da hipótese adotada. Assim, serão discutidos os efeitos da hipótese em relação ao: (i) Executivo; (ii) Legislativo; e (iii) Judiciário.

Ao final, será examinada a autonomia privada e os direitos fundamentais diante dos novos desafios oriundos dos avanços tecnológicos digitais.

4.2. A constitucionalização do direito civil

Tornou-se lugar comum, em vários ramos do Direito, a menção à existência de um processo de constitucionalização da ordem jurídica. Não é possível afirmar, por outro lado, que exista consenso quanto à definição do que seria essa constitucionalização, bem como sobre quais seriam suas características.

A depender, no entanto, do que se compreende por constitucionalização do Direito, em especial do Direito Civil, os impactos são significativos. A rigor, entre as hipóteses que decorreriam de determinadas percepções desse processo de constitucionalização, pode-se, inclusive, mencionar aquela que projeta o apagamento dos marcos que delimitam as fronteiras entre Direito Público e Direito Privado, conforme, inclusive, alerta Otavio Luiz Rodrigues Junior.[364]

No que concerne à autonomia privada, são relevantes as consequências de se transferirem suas fontes normativas de codificações pretensamente

[363] Rodrigues Junior, **Autonomia da vontade, autonomia privada e autodeterminação:** notas sobre a evolução de um conceito na modernidade e pós-modernidade, p. 10.

[364] Rodrigues Junior, **Direito civil contemporâneo:** estatuto epistemológico, constituição e direitos fundamentais.

herméticas para o arcabouço constitucional. A depender de como se caracteriza o fenômeno da constitucionalização, é de se supor a ocorrência de efeitos mais ou menos intensos.

A título de ilustração: se são verdadeiras as hipóteses de que o Direito Civil é fundamentado, precipuamente, no pilar da autonomia privada, e que, por sua vez, a autonomia privada defluiria do texto constitucional, torna-se possível, ao menos em abstrato, cogitar-se, como apontado (e rechaçado) por Otávio Luiz Rodrigues Junior, da hipótese do próprio apagamento dos marcos distintivos entre Direito Público e Direito Privado.

De fato, são inúmeras as tentativas para diagnosticar e descrever as causas, as características e os efeitos do desenvolvimento desse processo de constitucionalização.

Dessa forma, não é possível estabelecer um consenso, em nossa doutrina, a respeito dos principais elementos e características desse fenômeno.

A esse respeito, é de se destacar a iniciativa de Carlos Eduardo Elias de Oliveira no sentido de sistematizar em três correntes distintas a classificação das perspectivas sobre a constitucionalização do Direito Civil. O referido autor utiliza o critério da "*abertura epistemológica do Direito Civil*" de cada uma das correntes para destacar as seguintes: (i) constitucionalização do Direito Civil; (ii) recivilização do Direito Civil; e (iii) linha intermediária ou indefinida.[365]

Como bem alertado em seu texto, a classificação – como é natural – pressupõe uma simplificação, o que resulta, de um lado, em vantagens para fins didáticos e de assimilação das correntes, e, de outro, em limitações nas análises das nuances de cada um dos autores que contribuem com a análise do fenômeno.

Para os fins deste trabalho, pretende-se propor a classificação entre duas correntes principais, que congregam teses e propostas análogas – porém objetivamente diferenciáveis em razão de características próprias.

O critério classificatório que se objetiva propor é composto pela presença (ou pela ausência, conforme o caso) de dois fatores preponderantes para a formulação da resposta à indagação sobre o que representaria esse processo de constitucionalização, quais sejam: (i) o reconhecimento da

[365] OLIVEIRA, Carlos Eduardo Elias de. **Constitucionalização e recivilização constitucional do direito civil:** um mapeamento atual. Disponível em: https://flaviotartuce.jusbrasil.com.br/artigos/1144920893/constitucionalizacao-e-recivilizacao-constitucional-do-direito-civil-um-mapeamento-atual. Acesso em: 12 jan. 2021.

existência de reflexos axiológicos relevantes; e (ii) a defesa de alterações substanciais quanto a critérios hermenêuticos para o reconhecimento e a validação da norma jurídica.

Nesse sentido, para a primeira corrente que será abordada, na sequência, para a caracterização desse processo de constitucionalização do Direito Civil, parte-se da premissa de que a sua ocorrência teria resultado em maior flexibilização da norma jurídica – seja ela constitucional, seja infraconstitucional – para o fim de se inserirem pautas de valores morais na conformação de seu conteúdo normativo. Trata-se do critério axiológico.

Em segundo lugar, para essa corrente, a constitucionalização do Direito teria resultado, igualmente, na alteração substantiva dos critérios de reconhecimento e validação das normas jurídicas por meio da hermenêutica constitucional e principiológica.

A esse primeiro conjunto de posições doutrinárias, para fins de sistematização didática, atribuir-se-á a nomenclatura de perspectiva axiológica-hermenêutica de constitucionalização do Direito.

Para a segunda corrente, os fatores preponderantes relacionados ao processo de constitucionalização do Direito estão relacionados a aspectos normativos e institucionais. Não há, a rigor, alterações substanciais nos parâmetros de diferenciação de Direito e Moral. Ou seja, fatores axiológicos não são determinantes para a caracterização da constitucionalização do Direito. Da mesma forma, também não se propõe, no âmbito dessas teorias, mudanças significativas em critérios para validação e reconhecimento do Direito, notadamente a partir de novas técnicas hermenêuticas, em especial por uma supervalorização de interpretação de princípios e normas constitucionais.

A esse segundo conjunto de teorias será atribuída a denominação de perspectiva normativo-institucional de constitucionalização do Direito.

4.2.1. Perspectiva axiológica-hermenêutica da constitucionalização do direito

4.2.1.1. Os fundamentos do neoconstitucoinalismo

No âmbito deste imenso arcabouço doutrinário, é possível dele destacar claramente uma corrente na qual se reúne um conjunto de ideias a respeito do tema, que se articulam em torno de alguns elementos comuns. A esse conjunto de ideias tem-se atribuído as expressões: neoconstitucionalismo, pós-positivismo, neoiluminismo, dentre outras expressões análogas.

De forma bastante significativa, Luís Roberto Barroso, a respeito do neoconstitucionalismo, assevera: "*sabe-se que veio depois e que tem a pretensão de ser novo. Mas não se sabe bem o que é*"[366]. Talvez essa assertiva explique as incertezas relativas aos marcos teóricos que norteiam a proposta neoconstitucionalista.

A título de exemplificação, verifica-se que Suzana Pozzolo nomeia como autores neoconstitucionalistas: Ronald Dworkin, Robert Alexy e Gustavo Zagrebelsky.[367] Menciona-se, ainda, o próprio Luigi Ferrajoli, que, por sua vez, não é reconhecido como tal por Manuel Atienza.[368]

A referida autora, todavia, reconhece que esses autores não se autodenominariam em uma mesma corrente jusfilosófica. E, de fato, nem poderiam, haja vista a existência de verdadeiros abismos nas teorias dos diferentes autores. Há autores que, inclusive, ignoram por completo essas categorias, como, *v.g.*, Ronald Dworkin.

Nada obstante, argumenta Pozzolo que seria possível pinçar alguns elementos comuns que poderiam ser reunidos em uma mesma corrente jusfilosófica. Seriam os seguintes.

O primeiro aspecto se refere à dicotomia princípios *versus* regras (normas). Os princípios diferenciam-se em peso e importância e em relação à aplicação denominada de "tudo ou nada", que caracteriza a interpretação das regras. Os princípios são considerados valores morais positivados. Possuem generalidade e abstração em sua redação. Nesse contexto, sugere-se uma maior aplicação dos princípios na interpretação, devidamente acompanhados de fundamentações baseadas em argumentos de justiça. A utilização de regras e princípios na interpretação jurídica, segundo o neoconstitucionalismo, deve ocorrer de forma direta para a solução dos casos concretos[369].

366 BARROSO, Luís Roberto. Neoconstitucionalismo e constitucionalização do Direito (O triunfo tardio do direito constitucional no Brasil). **Revista de Direito Administrativo**, v. 240, p. 2, jul./set. 2001.

367 POZZOLO, Susanna. Neoconstitucionalismo y especificidad de la interpretación constitucional. **U. d. Alicante. Doxa: Cuadernos de Filosofia del Derecho**, v. n. 21, p. 339, 1998.

368 ATIENZA, Manuel. Dos versiones del constitucionalismo. **Doxa: Cuadernos de Filosofia del Derecho**, n. 34, 2011.

369 POZZOLO, **Neoconstitucionalismo y especificidad de la interpretación constitucional**, p. 340.

O segundo está relacionado à operação interpretativa: subsunção *versus* ponderação. No âmbito da aplicação do princípio, se realiza um juízo de ponderação, que envolve, em primeiro lugar, a identificação dos valores incidentes no caso concreto; em segundo, a valoração dos princípios conflitantes entre si, de modo a se estabelecer uma hierarquia axiológica; em terceiro lugar, a relação entre os princípios se estabelece à luz do caso concreto, de modo que, em outras circunstâncias, aquele princípio que cedeu espaço poderá restar prevalecente.[370]

O terceiro aspecto mencionado por Susanna Pozzolo é: constituição *versus* independência do legislador. Nesse particular, retrata a ideia de uma penetração geral do texto constitucional no âmbito de toda a legislação e da atividade do legislador. A constituição não trata apenas da organização dos Poderes. Muito além disso, tem um conteúdo substancial que condiciona a validade das normas infraconstitucionais. Segundo Pozzolo, o conteúdo substancial condicionante exerce uma função muito parecida com aquela desenvolvida pelo Direito Natural. Nesse contexto, a lei cede espaço para a Constituição e se converte em instrumento de mediação entre exigências práticas e exigências constitucionais.[371]

A quarta dicotomia diz respeito a juízes *versus* liberdade do legislador. Formulação que identifica a tese favorável à interpretação criativa da jurisprudência. Com o abandono do método da subsunção, com o conteúdo substancial dos princípios, e a ideia da penetração do texto constitucional, o juiz encarrega-se de uma contínua adequação da legislação às prescrições constitucionais.[372]

O neoconstitucionalismo pode ser distinguido, igualmente, pela adoção de um modelo axiológico da Constituição. O conteúdo da Constituição se constitui como uma passagem para o discurso moral. Nesse sentido, a validade e a legitimidade da norma constitucional residem não na autoridade de quem a elaborou, mas, sim, no valor de seu conteúdo: "*a justificação jurídica, portanto, em última instância é necessariamente moral*".[373]

Ou seja, o Direito é considerado válido não em razão de um teste de *pedigree*, mas em razão de um teste moral, o qual, por definição, não se fun-

[370] *Ibid.*, p. 340.
[371] *Ibid.*, p. 340.
[372] *Ibid.*, p. 340.
[373] *Ibid.*, p. 343.

damenta na gênese dos princípios, mas, sim, em seu conteúdo. Essa é uma tentativa clara de afastar-se da doutrina juspositivista clássica.[374]

Luís Prieto Sanchís, em concepção semelhante a propósito do neoconstitucionalismo, reconhece uma conexão intrínseca entre Direito e Moral. Assevera que a validade das normas ou decisões já não depende mais de sua origem social, mas a uma adequação formal e substantiva à Constituição, e, ainda, de sua consistência prática com esse horizonte de moralidade que preside e se recria na argumentação constitucional[375].

Defende, assim, uma nova visão da atitude interpretativa e das tarefas da ciência e da teoria do Direito, propugnando a adoção de um comprometimento do jurista com um trabalho construtivo e não só descritivo do Direito.

Nesse contexto, argumenta que, se o Direito apresenta esse lado ético e as normas se identificam com fundamento em certas pautas morais, então bem se pode postular alguma forma vigorosa de obrigação de obediência (moral) às normas jurídicas.

Em passagem bastante esclarecedora acerca da proposta do neoconstitucionalismo, assevera:

> Mais princípios que regras; mais ponderação que subsunção; onipresença da Constituição em todas as áreas jurídicas e em todos os conflitos minimamente relevantes, em lugar de espaços isentos em favor da opção legislativa ou regulamentadora; onipotência judicial em lugar de autonomia do legislador ordinário; e por último, coexistência de uma constelação plural de valores, as vezes tendencialmente contraditórios, em lugar da homogeneidade ideológica em torno a um punhado de princípios coerentes entre si e em torno, sobretudo, às sucessivas opções legislativas.[376]

Manuel Atienza, por sua vez, aponta as seguintes características principais: (i) a conexão entre Direito e Moral, e, assim, a crítica ao positivismo jurídico; (ii) a contraposição entre princípios e regras; e (iii) o papel central da ponderação na jurisdição.[377]

[374] *Ibid.*, p. 343.

[375] SANCHÍS, Luis Prieto. **Justicia constitucional y derechos fundamentales**. Madri: Trotta Editorial, 2014. pp. 103-104.

[376] *Ibid.*, p.117.

[377] ATIENZA, **Dos versiones del constitucionalismo**, p.74.

Em relação à ponderação, Manuel Atienza explica que se trata apenas de um dos três esquemas básicos da argumentação jurídica, os outros dois são subsunção e adequação (raciocínio finalista). Defende a relevância da resolução da maioria dos problemas segundo critérios de subsunção. A ponderação tem um papel residual.

Rechaça a crítica de que os constitucionalistas não positivistas confundem Direito e Moral. Não defende o legalismo ético.

O juiz tem obrigações morais de aplicar o Direito. Por essa razão, Atienza entende que é possível haver decisões injustas. Haveria uma certa margem de aceitação de decisões concretamente injustas, desde que estivessem de acordo com o Direito.

No entanto, Atienza entende que, no âmbito da ponderação, é possível estabelecer a conexão entre Direito e Moral. Na verdade, é inevitável que se recorra a argumentos valorativos axiológicos no âmbito da aplicação da ponderação. Nesse particular, reside a divergência entre Ferrajoli e Atienza. Para o primeiro, não haveria a possibilidade de se levantar argumento de natureza moral. Para o segundo, é inevitável que isso aconteça.

Isso não significa que o pensamento pós-positivista abandona a relevância da autoridade como legitimadora do Direito. Pois, segundo sua leitura de Dworkin,

> (...) o Direito é uma prática interpretativa e interpretar o Direito significa, a partir de materiais autoritários que são dados ao jurista (ao intérprete), esforçar-se para encontrar o sentido que suponha um máximo desenvolvimento dos valores dessa prática.[378]

Para Manuel Atienza, interpretar o Direito implica, em algum sentido, desenvolvê-lo. Ou seja, como resultado da interpretação, admite-se a criação de normas que não existiam, ou que não existiam explicitamente. Isso porque, em seu entendimento, a razão de ser da interpretação judicial é fazer justiça, lograr o cumprimento de determinados valores, respeitando as disposições da autoridade. Nada obstante, considera que interpretar não significa, propriamente, inventar.[379]

É relevante notar que Atienza rechaça expressamente o ativismo judicial. Mais adiante, todavia, reconhece um certo nível de 'ativismo tolerável',

[378] *Ibid.*, p. 82.
[379] *Ibid.*, p. 82.

que seria mais propício de ocorrer em sistemas jurídicos latino-americanos – se comparados aos sistemas europeus – na hora de se implementar (ou criar) direitos sociais, *"simplesmente, porque se não o fizerem, não cabe esperar que qualquer instância estatal possa satisfazer a exigência que surge quando alguém pede para ser reconhecido um desses direitos: à subsistência, à saúde, etc."*[380]

A esse respeito, é de se ressaltar que o neoconstitucionalismo tem recebido particular relevante aceitação em países da América Latina, notadamente México, Colômbia, Brasil, Argentina, Peru e Equador[381].

Essa receptividade pode ser atribuída, segundo Miguel Carbonell, a algumas especificidades próprias do contexto latino-americano, quais sejam: (i) a dicotomia direitos humanos e segurança pública; (ii) o receio do retorno ao autoritarismo; e (iii) a precária cultura jurídica.

No âmbito do Supremo Tribunal Federal – apenas para mencionar esse tribunal superior –, os ministros Celso de Mello e Luiz Fux declaram-se adeptos ao neoconstitucionalismo, além do próprio ministro Roberto Barroso, que tem considerável produção acadêmica a respeito do tema.

Em nossa doutrina, podemos citar alguns autores relevantes.

Eduardo Ribeiro Moreira, em "*Neoconstitucionalismo: a invasão da Constituição*", traz a ideia de "*sobreinterpretação da Constituição*", por intermédio da qual defende a utilização da ponderação como método de hermenêutica constitucional para aplicação dos direitos fundamentais de forma direta, inclusive nas relações privadas, e, também, para o controle judicial das políticas públicas.[382]

Antonio Cavalcanti Maia assevera que o pós-positivismo reconhece a centralidade dos princípios no sistema jurídico, em contraposição à proposta do positivismo clássico que supostamente privilegiaria a interpretação de regras. Nada obstante, reconhece que essa posição de centralidade dos princípios viabiliza a abertura do Direito a valores morais. Nesse contexto, propugna a efetivação dos impulsos emancipatórios e a hermenêutica progressista da Constituição.[383]

380 *Ibid.*, pp. 84-85.

381 CARBONELL, Miguel. Neoconstitucionalismo y derechos fundamentales en America Latina. **Pensamiento Constitucional**, v. 14, p. 24, 2010.

382 MOREIRA, Eduardo Ribeiro. **Neoconstitucionalismo:** a invasão da Constituição. São Paulo: Método, 2008.

383 MAIA, Antonio Cavalcanti. As transformações dos sistemas jurídicos contemporâneos: apontamentos acerca do neoconstitucionalismo. *In*: MOREIRA, Eduardo Ribeiro. **A invasão da Constituição**. São Paulo: Método, 2008. pp. 207–239.

Quanto à objeção de que essa perspectiva resultaria em um excessivo alargamento dos poderes dos juízes, propõe o controle das decisões judiciais pela imposição de um ônus argumentativo. Defende, ainda, que aos juízes deverão ser impostos valores como imparcialidade, boa-fé, honestidade, responsabilidade social, e capacidade teórica.[384]

Daniel Sarmento, por sua vez, afirma que seu posicionamento se alinha ao neoconstitucionalismo, mas com algumas restrições. Diz-se discordante em relação à concepção de Luís Prieto Sanchís, acima mencionada[385], notadamente quanto ao pluralismo de valores por ele defendido. Nesse sentido, assevera:

> Contudo, eu assumo o rótulo, sem constrangimentos, se o neoconstitucionalismo for pensado como uma teoria constitucional que, sem descartar a importância das regras e da subsunção, abra também espaço para os princípios e para a ponderação, tentando racionalizar o seu uso. Se for visto como uma concepção que, sem desprezar o papel protagonista das instâncias democráticas na definição do Direito, reconheça e valorize a irradiação dos valores constitucionais pelo ordenamento, bem como a atuação firme e construtiva do Judiciário para proteção e promoção dos direitos fundamentais e dos pressupostos da democracia. E, acima de tudo, se for concebido como uma visão que conecte o Direito com exigências de justiça e moralidade crítica, sem enveredar pelas categorias metafísicas do jusnaturalismo.[386]

Pode-se afirmar que, entre nós, o autor atualmente mais importante dessa vertente do constitucionalismo seja Luís Roberto Barroso.

Como principais características do neoconstitucionalismo, na concepção de Luís Roberto Barroso, podem ser mencionadas as seguintes.

A primeira delas se refere à ascensão dos princípios. Nesse particular, restaria evidenciada a superação do positivismo por parte do neoconstitucionalismo. Segundo o referido autor, o positivismo teria encontrado a sua decadência com a derrota do fascismo na Itália e a do nazismo na Alemanha. O fracasso político do positivismo teria aberto caminho para

[384] *Ibid.*, p. 232.

[385] Sanchís, **Justicia constitucional y derechos fundamentales**, p. 117.

[386] Sarmento, Daniel. **Neoconstitucionalismo no Brasil:** riscos e possibilidades. p. 19. Disponível em: http://www.dsarmento.adv.br/content/3-publicacoes/16-o-neoconstitucionalismo-no-brasil-riscos-e-possibilidades/o-neoconstitucionalismo-no-brasil.riscos-e-possibilidades-daniel-sarmento.pdf. Acesso em: 3 jun. 2018.

esse conjunto amplo e ainda inacabado de reflexões acerca do Direito, da sua função social e da sua interpretação[387].

O referido a autor explicita que o neoconstitucionalismo decorre de uma evolução da dogmática jurídica tradicional, notadamente após essa superação histórica do jusnaturalismo e do fracasso político do positivismo.

Para Barroso, o positivismo seria caracterizado da seguinte forma: (i) aproximação quase plena entre Direito e norma; (ii) afirmação da estatalidade do Direito: a ordem jurídica é una e emana do Estado; (iii) completude do ordenamento jurídico, que contém conceitos e instrumentos suficientes e adequados para a solução de qualquer caso, inexistindo lacunas; (iv) formalismo: a validade da norma decorre do procedimento seguido para a sua criação, independendo do seu conteúdo; e (v) crença no dogma da subsunção.[388]

Nesse contexto, assevera que o positivismo seria uma embalagem para qualquer produto.[389]

Diferentemente, no âmbito do pós-positivismo, no qual se prestigiaria a normatividade dos princípios, haveria uma reaproximação entre Ética e Direito. Os princípios espelhariam a ideologia da sociedade, seus postulados básicos e seus fins. Sob essa perspectiva os princípios teriam as seguintes funções: (i) condensar valores; (ii) dar unidade ao sistema; e (iii) condicionar a atividade do intérprete.[390]

A propósito do pós-positivismo e da sua evolução em relação ao positivismo, assevera:

> Pós-positivismo é uma superação do legalismo, não com recurso a ideias metafísicas ou abstratas, mas pelo reconhecimento de valores compartilhados por toda a comunidade. Esses valores integram o sistema jurídico, mesmo que não positivados em um texto normativo específico.[391]

O segundo aspecto diz respeito à eficácia jurídica dos princípios e a distinção entre princípios e regras. A propósito, defende que a Constituição

[387] BARROSO, Luís Roberto; BARCELLOS, Ana Paula. O começo da história. A nova interpretação constitucional e o papel dos princípios no direito brasileiro. **Revista da EMERJ**, v. 6, n. 23, p. 33, 2003.

[388] BARROSO, Luís Roberto. Fundamentos teóricos e filosóficos do novo direito constitucional brasileiro. **Revista de Direito Administrativo**, v. 225, p. 22, jul./set. 2001.

[389] *Ibid.*, p. 23.

[390] *Ibid.*, p. 25.

[391] *Ibid.*, p. 33.

passaria a ser encarada como um sistema aberto de princípios e regras, permeável a valores jurídicos suprapositivos, no qual as ideias de justiça e de realização dos direitos fundamentais desempenhariam um papel central.[392]

A terceira característica se refere à dicotomia ponderação e subsunção. No âmbito do chamado pós-positivismo, a subsunção cederia espaço para a ponderação. Além disso, os princípios, com a sua flexibilidade, teriam dado margem à possibilidade de realização da justiça no caso concreto[393].

Em seguida, é necessário destacar o conteúdo dos princípios. Os princípios carregam conteúdo axiológico ou decisões políticas. Princípios são valorativos ou finalísticos. Disso decorre a possibilidade de exame, por parte do intérprete, dos valores e fins contidos nos princípios e respectiva aplicação no caso concreto. Permitir-se-ia, portanto, integrações subjetivas por parte do intérprete[394].

Para que se viabilize a aplicação dos princípios no caso concreto, defende o referido autor o emprego das técnicas de ponderação, que se performa: (i) com a identificação das normas relevantes; (ii) com o exame dos fatos e a respectiva interação com os elementos normativos; e (iii) com a aplicação da ponderação em sentido estrito.

Não obstante a defesa da utilização de princípios e técnicas de ponderações diretamente aos casos concretos, Luís Roberto Barroso entende que tal proposta não significa, propriamente, um convite ao *"ao exercício indiscriminado de ativismo judicial"*.[395]

Para coibir os excessos, propugna o controle pela argumentação. Para tanto, a argumentação deve (i) indicar os fundamentos normativos; (ii) possibilitar a universalização dos critérios adotados pela decisão; e (iii) observar tanto princípios instrumentais ou específicos de intepretação constitucional, como princípios materiais, que trazem a carga axiológica, ideológica e finalística, de modo a percorrer o caminho ditado pelos princípios instrumentais e realizar, tão intensamente quanto possível, à luz dos outros elementos em questão, o estado ideal pretendido pelos princípios materiais.[396]

392 *Ibid.*, p. 26.

393 BARROSO; BARCELLOS, **O começo da história**. A nova interpretação constitucional e o papel dos princípios no direito brasileiro, p.12.

394 *Ibid.*, pp. 13-14.

395 *Ibid.*, p. 21.

396 *Ibid.*, pp. 23-25.

É de se destacar, todavia, que o referido autor, muito embora pareça rechaçar o "*exercício indiscriminado de ativismo judicial*", defende uma interpretação constitucional criativa, que seja instrumento viável para, efetivamente, viabilizar transformações e avanços sociais, no âmbito de uma teoria constitucional progressista. *In verbis*:

> A Constituição de 1988 tem sido valiosa aliada do processo histórico de superação da ilegitimidade renitente do poder político, da atávica falta de efetividade das normas constitucionais e da crônica instabilidade institucional brasileira. Sua interpretação criativa, mas comprometida com a boa dogmática jurídica, tem se beneficiado de uma teoria constitucional de qualidade progressista. No Brasil, o discurso jurídico, para desfrutar de legitimidade histórica, precisa ter compromisso com a transformação das estruturas, emancipação das pessoas, a tolerância política e o avanço social.[397]

Diante do exposto, verifica-se, de fato, relevante conjunto de posições de autores que defendem a adoção do discurso neoconstitucionalista no Brasil.

4.2.1.2. O Direito Civil Constitucional

No âmbito da compreensão do Direito Civil em nossa doutrina, é possível, igualmente, identificar o farto emprego dos métodos e princípios do discurso neoconstitucionalista, notadamente por parte de alguns autores que defendem esse "novo" Direito Civil Constitucional.[398]

De fato, o denominado novo Direito Civil Constitucional é frequentemente retratado, por aqueles que o defendem, a partir de algumas características e elementos comuns. A enumeração desses elementos comuns tem o específico propósito de contribuir com a sua sistematização, de modo a facilitar a sua compreensão. Evidentemente, há inúmeros autores a tratar do tema, fato esse que enseja a riqueza de especificidades teóricas e modos distintos de observar o mesmo fenômeno.

Igualmente, os elementos que perfazem o conteúdo dessa corrente doutrinária se interconectam e, eventualmente, se sobrepõem entre si, razão pela qual a identificação classificatória ora formulada não representa, propriamente, uma estanqueidade conceitual.

397 *Ibid.*, p. 46.

398 A esse respeito: TEPEDINO, Gustavo; MORAES, Maria Celina Bodin de. A caminho de um direito civil constitucional. **Revista de Direito Civil, Imobiliário, Agrário e Empresarial**, v. 17, n. 65, 1993.

Em primeiro lugar, faz-se alusão a uma suposta superação do paradigma do individualismo, que caracterizaria o Direito Civil anterior ao advento dessa nova corrente dogmática. Nesse sentido, afirma Paulo Luiz Netto Lôbo que o Direito Civil "*ao, longo de sua história no mundo romano-germânico, sempre foi identificado como o* locus *normativo privilegiado do indivíduo*".[399] Por tal razão, estaria, naturalmente, distante do Direito Constitucional.

Essa perspectiva teria sido superada, a partir da compreensão de que o Direito Civil – e os projetos de codificação – deveria se submeter a uma interpretação a partir do texto constitucional; e não como um sistema apartado e hermético.

A esse respeito, Paulo Lôbo assevera que:

> (...) a constitucionalização é o processo de elevação ao plano constitucional dos princípios fundamentais do Direito Civil, que passam a condicionar a observância pelos cidadãos, e a aplicação pelos tribunais, da legislação infraconstitucional.[400]

Como se verá adiante, a descrição desse processo de constitucionalização por elevação não é novo; e já havia sido mencionado por Louis Favoreau, em artigo publicado em 1996[401], como um dos efeitos do processo de constitucionalização de diferentes ramos do Direito francês, identificado na década de 1980.

A proposta do Direito Civil Constitucional, no entanto, vai muito além da mera constitucionalização por elevação. Os efeitos são bastante distintos, conforme se pode observar.

Sobre o tema, Eugenio Facchini Neto explicita que esse processo de constitucionalização envolve certa publicização do Direito Privado – e não meramente a alteração do *locus* normativo –, a ser identificada com maior intervenção estatal de modo a garantir valores oriundos do *welfare state*. Muito embora Paulo Lôbo admita a possibilidade da existência desse fenômeno de publicização do Direito Civil, por força de maior intervenção estatal, alerta para a necessidade de não o confundir com a sua pers-

[399] Lôbo, Paulo Luiz Netto. Constitucionalização do direito civil. **Revista de Informação Legislativa**, n. 141, p. 99, 1999.

[400] *Ibid.*, p. 100.

[401] Favoreu, Louis Joseph. La constitucionalizacion del derecho. **Revista de Derecho**, v. XII, pp. 31–43, 2001.

pectiva de constitucionalização do Direito Civil, a ser caracterizada com o propósito de validação do direito positivo aos parâmetros de validade constitucional.[402]

É possível identificar um segundo elemento consistente na alusão a uma fragmentação da legislação de Direito Privado. Trata-se do fenômeno – já abordado anteriormente – que trata da alegada alteração do centro normativo do Direito Civil. Esse fenômeno é descrito por Facchini Neto como o "*deslocamento do monossistema simbolizado pelos códigos totalizantes, em direção ao polissistema legislativo, adotando-se microssistemas que gravitam ao lado do Código Civil*".[403]

Esse processo teria resultado na perda da centralidade do Código Civil e de sua função de manutenção de sentido e coesão das normas de Direito Privado. Essa função, com o advento do novo Direito Civil Constitucional, passaria a ser exercida pelo próprio texto constitucional, que passa a ser o centro de todo o ordenamento jurídico.

O terceiro elemento poderia ser caracterizado como o ocaso dos excessos do individualismo, que simbolizavam, no Direito Privado, a prevalência da ideologia do liberalismo clássico. O individualismo teria cedido espaço a uma pauta ética definida pelo solidarismo constitucional – pautado pela dignidade social, conforme definido por Pietro Perlingieri por *pari dinignità sociale* – e pelo princípio da dignidade da pessoa humana.[404]

A elevação do princípio da dignidade humana, em detrimento do individualismo, teria resultado nas formulações funcionalizantes do Direito Civil, a que se fez referência nos itens 0 e 0, em relação aos quais também foram formuladas as críticas pertinentes.

É possível afirmar, como já alertado, que, desse terceiro elemento, decorre a ideia de que há uma tendência de despatrimonialização (ou repersonalização) do Direito Civil, em benefício de um perfil existencial. Em outras palavras, o Direito Civil deixa de ser o *locus* normativo da pro-

[402] Lôbo, **Constitucionalização do direito civil**.

[403] Facchini Neto, Eugênio. Reflexões histórico-evolutivas sobre a constitucionalização do direito privado. *In*: Sarlet, Ingo Wolfgang (org.). **Constituição, direitos fundamentais e direito privado**. Porto Alegre: Livraria do Advogado, 2003, p. 23.

[404] Nas palavras de Facchini Neto: "Ou seja, abandona-se a ética do individualismo pela ética da solidariedade; relativiza-se a tutela da autonomia da vontade e se acentua a proteção da dignidade da pessoa humana.". (Facchini Neto, Reflexões histórico-evolutivas sobre a constitucionalização do direito privado, p. 23.)

teção do patrimônio e dos bens e passa a tutelar a pessoa e os seus propósitos de vida.

Nesse sentido, veja-se a propósito, a posição de Luiz Edson Fachin a respeito da constitucionalização do direito de propriedade:

> O que está hoje na Constituição distancia-se, por certo, dos ideais albergados na codificação civil. A seu tempo, congruente com essa conformação, a moldura jurídica da propriedade, veiculada pelo Código Civil brasileiro, atendeu plenamente aquela quadra de valores ao centrar-se nas ideias de circulação e de pertença; com a primeira engendrou a disciplina dos contratos e das obrigações e, com a segunda, edificou o regime dos direitos reais, subordinando ambos a um estatuto cujo acesso somente facultou aos que podem contratar e possuir.
>
> (...)
>
> Havia sido escrito ao conceito de função social um réquiem quando a Constituição brasileira de 1988, ao recuperar a experiência positivada no texto legal do Estatuto da Terra, lhe administrou um renascimento. Da função esculpiu-se uma obrigação social. Sepultou-se o conceito vazio, o vocábulo ornato, pálido retoque na estrutura do estatuto das titularidades.

E conclui que:

> O conteúdo da função social constitucionalmente previsto substantiva o direito, e por isso mesmo se torna causa que chancela o ingresso de tal direito no universo jurídico da existência, com as sequelas daí decorrentes, nomeadamente a proteção possessória.[405]

O último elemento a ser mencionado diz respeito aos critérios hermenêuticos de validação e de legitimação do Direito Civil. Esse elemento congrega diversos outros aspectos também comumente suscitados para caracterizar o Direito Civil Constitucional.

Nesse particular, pode-se afirmar, assim como o faz Luís Roberto Barroso, que uma das bases filosóficas desse novo Direito Civil Constitucional seria, exatamente, tal como se afirmou acima, a decadência do positivismo

[405] FACHIN, Luiz Edson. Homens e mulheres do chão levantados. *In*: FACHIN, Luiz Edson. **Questões do direito civil brasileiro contemporâneo**. Rio de Janeiro: Renovar, 2008. pp. 49-65.

jurídico.[406] Igualmente, essa premissa também restou incorporada ao arcabouço doutrinário do Direito Civil Constitucional.

Facchini Neto, nessa linha argumentativa, alude à denominada superação do paradigma do juiz como ser inanimado, ou "*juiz boca da lei*", na conhecida expressão de Montesquieu[407]. É de se destacar, a propósito, a significativa controvérsia relacionada à acusação a Montesquieu em relação ao excesso de formalismo na atividade interpretativa constitucional. A rigor, uma leitura mais abrangente da obra indica que Montesquieu não estava a tratar, propriamente, da relevante problemática relacionada à hermenêutica jurídico-constitucional – mas, sim, aos próprios pilares do constitucionalismo moderno, no que promoveu relevantes contribuições, não a um arremedo de positivismo, mas à própria configuração do Estado de Direito, tal como hoje o conhecemos.[408]

Não obstante, atribui-se, com frequência, ao advento do novo Direito Civil Constitucional, a obsolescência da intepretação formalista do Direito, em benefício da hermenêutica de princípios e direitos fundamentais, especificamente na seara das relações privadas.

Nesse contexto, com fundamento em releituras recentes do conhecido texto de Konrad Hesse, "*A força normativa da Constituição*"[409] [410], defende-se que o paradigma pós-positivista requer que a interpretação de todo o ordenamento jurídico seja realizada a partir da interpretação do texto constitucional, em especial dos princípios fundamentais. A essa técnica Eduardo Moreira atribui a denominação de sobreinterpretação do Direito.[411]

[406] BARROSO, Fundamentos teóricos e filosóficos do novo direito constitucional brasileiro, p. 28.

[407] FACCHINI NETO, Reflexões histórico-evolutivas sobre a constitucionalização do direito privado, p. 21.

[408] MONTESQUIEU, **Do espírito das leis**.

[409] HESSE, Konrad. **A força normativa da Constituição**. Porto Alegre: Sergio Antonio Fabris, 1991.

[410] Veja-se, nesse sentido: MOREIRA, Eduardo Ribeiro. Neoconstitucionalismo e teoria da interpretação. **Revista da EMERJ**, v. 11, n. 4, p. 259, 2008; e BARROSO, Fundamentos teóricos e filosóficos do novo direito constitucional brasileiro, p. 43.

[411] Sobre o tema, assevera Eduardo Moreira: "Os princípios operaram grande parte dessa transformação, antes última fonte subsidiária, hoje fonte principal, regendo a aplicação das leis. Por isso, toda e qualquer norma jurídica – não só as leis, mas a sua concretização, a jurisprudência – deve condicionar-se à sobre-interpretação dos princípios jusfundamentais. Essa é a característica mais importante do processo de constitucionalização do direito, em suma, a 'teoria da interpretação a partir da Constituição parece que já não pode ser a mesma

De certo modo, esse novo modelo interpretativo, a rigor, encontra-se em linha com a exortação de Pozzolo, no sentido de se privilegiar mais princípios do que regras e de se defender a onipresença da Constituição, como forma, inclusive, de estabelecer limites à independência do legislador.[412]

Nesse sentido, menciona-se a posição de Gustavo Tepedino no que concerne às relações entre a Constituição e o Direito Civil:

> Não há civilista que negue abertamente a eficácia normativa da Constituição e sua serventia para, ao menos de modo indireto, auxiliar a intepretação construtiva da norma infraconstitucional. Subsiste, no entanto, com inquietante frequência, uma postura cultural bizarra, consistente na adaptação dos princípios constitucionais às regras codificadas – e não o contrário –; o que acaba por negar, malgrado o reconhecimento retórico, o papel normativo da Constituição. Tal comportamento metodológico parece intensificar-se com a promulgação do novo Código Civil, que afinal representaria, para os nostálgicos do iluminismo, uma reconstrução de um sistema fechado e auto-suficiente, uma nova síntese "constitucional" das relações de Direito Privado.
>
> Pode-se, contudo, esconjurar esse espectro nas relações intersubjetivas, reunificando o sistema de fontes de acordo com a axiologia constitucional. Esta tomada de posição, liderada, de maneira até certo ponto surpreendente, na experiência brasileira, pela doutrina do Direito Civil, e prontamente encampada pelo Judiciário – leia-se, com especial ênfase, o STJ –, que anteciparam às formulações da teoria constitucional, encontra todavia resistências na doutrina e na magistratura de graus inferiores.[413]

Por vezes, a perspectiva do Direito Civil Constitucional é empregada para o fim de se defender a releitura crítica do Direito Civil, em sentido que ultrapassa os limites hermenêuticos textuais e as técnicas interpretativas tradicionais, com o propósito de se avançar em determinadas pautas de valores compreendidos em princípios – de tessitura aberta e de apreensão, por vezes, fluída. É o que se depreende, *v.g.*, do posicionamento de Luiz Edson Fachin, ao defender a compreensão do Direito Civil para além

que a teoria da interpretação a partir da lei: as normas constitucionais estimulam outro gênero de raciocínio jurídico.'". (MOREIRA, Neoconstitucionalismo e teoria da interpretação,p. 255.)

412 POZZOLO, Neoconstitucionalismo y especificidad de la interpretación constitucional, p. 340.

413 TEPEDINO, Gustavo. Os 15 anos da Constituição e o direito civil. *In*: TEPEDINO, Gustavo. **Temas de direito civil.** Tomo II. Rio de Janeiro: Renovar, 2006. pp. 379–382.

da mera exegese, pois "*esperança, ação e vocábulo, são problemas e questionamentos que não levam a um desmoronar da configuração do Direito Civil, estatutos de base aptos a apresentarem uma dada sociedade*"; e conclui: "*nestas outras palavras, eis o direito que desata nós*".[414]

A proposta hermenêutica do Direito Civil Constitucional, evidentemente, implica em impactos relevantes no que concerne à adoção de teorias relativas à eficácia dos direitos fundamentais nas relações privadas. A leitura principiológica apregoada pressupõe, a rigor, a aplicação direta dos direitos fundamentais, com intermediação legislativa inexistente ou bastante reduzida, para o fim de construção do conteúdo normativo.

Dada a relevância do tema, e bem considerados os propósitos ora perquiridos, destaca-se capítulo próprio para a colocação do problema, das críticas e das perspectivas que se pretende adotar a esse respeito.

4.2.2. Perspectiva normativo-institucional da constitucionalização do direito

Tal como destacado acima, a sistematização ora formulada não pressupõe, exatamente, um consenso sobre todos os fatores que explicam e descrevem o processo de constitucionalização de vários ramos do Direito. Em especial, as posições doutrinárias que se reúnem, nesse particular, apresentam características bastante distintas umas das outras.

Nada obstante, é possível estabelecer pontos de convergência, em especial no que se refere aos elementos preponderantes que são incluídos no objeto das análises por esse conjunto de correntes; e àqueles que, a *contrario sensu*, são excluídos das descrições do fenômeno em questão.

Esse conjunto de posições acerca do processo de constitucionalização do Direito não pressupõe a existência de movimentos no sentido de alterações significativas na inserção de normas morais no Direito (pauta de valores). Assim, não reconhecem o critério axiológico como aspecto relevante na descrição desse processo.

Da mesma forma, também não são estabelecidos critérios hermenêuticos de validação e reconhecimento de normas jurídicas que, de algum modo, proponham algum tipo de ruptura com o estado de coisas vigente quanto a esse particular.

[414] FACHIN, Luiz Edson. **Teoria crítica do direito civil**. 3. ed. Rio de Janeiro: Renovar, 2012. p. 349.

Em suma, para essa perspectiva, o reconhecimento da existência da supremacia do texto constitucional em relação a todos os demais textos normativos dos ramos do Direito não pressupõe qualquer compromisso com teorias relacionadas à eficácia de direitos fundamentais, em especial, nas relações privadas.

De fato, como bem alerta Virgílio Afonso da Silva[415], o reconhecimento da força normativa dos direitos fundamentais, não só como posição jurídica do cidadão perante o Estado, mas também no âmbito das relações privadas, não pressupõe um consenso sobre o modo como essa normatividade incide no âmbito das relações entre particulares. Assim, muito embora concordem com esta premissa, *v.g.*, Hans Carl Nipperdey[416] é reconhecido como um dos principais defensores da teoria da eficácia direta dos direitos fundamentais, enquanto Günter Dürig se coloca como defensor da teoria da eficácia indireta[417], conforme se explorará oportunamente.

Os principais teóricos que integram essa perspectiva são Gunnar Folke Schuppert e Christian Bumke[418], Louis Favoreau[419], e, entre os nacionais, Virgílio Afonso da Silva[420] e Otávio Luiz Rodrigues Junior[421].

Louis Favoreau defende a existência de três tipos de constitucionalização: (i) a constitucionalização-juridicização; (ii) a constitucionalização-elevação; e (iii) a constitucionalização-transformação.[422]

A constitucionalização-juridicização está relacionada com a efetivação do texto constitucional como norma jurídica cogente. Esse processo,

415 SILVA, Virgílio Afonso. **A constitucionalização do direito:** os direitos fundamentais nas relações entre particulares. São Paulo: Malheiros, 2005. p. 41.

416 NIPPERDEY, Hans Carl. Direitos fundamentais e direito privado. *In*: HECK, Luís Afonso (org.). **Direitos fundamentais e direito privado:** textos clássicos. Porto Alegre: Sergio Antonio Fabris, 2011. pp. 51–70.

417 DÜRIG, Günter. Direitos fundamentais e jurisdição civil. *in*: HECK, Luís Afonso (org.). **Direitos fundamentais e direito privado:** textos clássicos. Porto Alegre: Sergio Antonio Fabris, 2011. pp. 13–50.

418 SCHUPPERT, Gunnar Folke; BUMKE, Christian. **Die Konstitutionalisierung der Rechtsordnung:** Überlegungen zum Verhältnis von verfassungsrechtlicher Ausstrahlungswirkung und Eigenständigkeit des "einfachen" Rechts. Baden-Baden: Nomos, 2000.

419 FAVOREU, **La constitucionalizacion del derecho.**

420 SILVA, **A constitucionalização do direito:** os direitos fundamentais nas relações entre particulares.

421 RODRIGUES JUNIOR, **Direito civil contemporâneo:** estatuto epistemológico, constituição e direitos fundamentais.

422 FAVOREU, **La constitucionalizacion del derecho**, pp. 39-43.

a rigor, revela uma superação da ideia, manifestada pelo próprio Favoreau, de que *"o direito constitucional era um catálogo de receitas políticas com caráter vagamente obrigatório, no qual a ciência política teria mais importância do que o direito"*.[423]

De estatuto de natureza meramente política, a Constituição passa a se comportar como verdadeiro texto normativo, se impondo coercitivamente a governantes e governados.

O segundo tipo mencionado por Favoreau é a constitucionalização-elevação, que representa o "deslizamento para cima" das normas jurídicas.

A propósito desse tipo de constitucionalização e da perspectiva de Favoreau, Otávio Luiz Rodrigues Junior especifica que, no aplicável ao sistema brasileiro, a hipótese de Favoreau seria denominada de *"constitucionalização por elevação de normas ordinárias ao texto constitucional"*.[424]

Tão simples como se pode depreender da precisa nomenclatura proposta por Otávio Luiz Rodrigues Junior, esse tipo de constitucionalização ocorre pela mera alteração do *locus* normativo do dispositivo "constitucionalizado".

É oportuno, todavia, reverberar o alerta formulado por Rodrigues Junior no sentido de que a alteração do *locus* normativo não pressupõe, a rigor, modificações substantivas no caráter axiológico inerente à norma tornada constitucional.[425]

Novamente, nesse particular, verifica-se divergência substancial em relação à corrente anteriormente exposta. O processo de constitucionalização por elevação de norma expressa tem efeito neutro quanto ao conteúdo axiológico que informa o dispositivo. Isso porque a decisão, de natureza política, em relação a qual o *status* normativo que deverá aquela norma representar está intimamente relacionado com circunstâncias contingenciais do ambiente político-social.

O terceiro tipo mencionado por Favoreu é a constitucionalização-transformação. A esse tipo refere-se como *"a constitucionalização dos direitos e das liberdades que leva a uma impregnação dos distintos ramos do direito, assim como uma transformação desses"*.[426]

423 *Ibid.*, p. 39.

424 Rodrigues Junior, **Direito civil contemporâneo:** estatuto epistemológico, constituição e direitos fundamentais, p. 208.

425 *Ibid.*, p. 211.

426 Favoreu, **La constitucionalizacion del derecho**, p. 40.

Esse processo de constitucionalização resulta em transformações, não apenas nos ramos do Direito, mas nas próprias instituições do Estado, tanto administrativas quanto jurisdicionais, e nas relações entre particulares.

Registre-se que esse tipo de constitucionalização é o que, *in verbis*, "*mais propriamente se aproxima do que* [Virgílio Afonso da Silva chama] *de constitucionalização do direito*".[427]

A propósito do tema, Favoreu faz referência a três efeitos específicos decorrentes do processo de constitucionalização.

O primeiro se refere à modernização do Direito, "*na medida em que, em geral, a transformação do direito se traduz por sua modernização*".[428]

Essa transformação a que alude Favoreu está relacionada com a alteração do Direito para se promover avanços normativos direcionados pela lógica dos direitos fundamentais. Nesse aspecto, haveria uma influência normativa do catálogo de direitos fundamentais para fins de atualização do Direito, em seus diversos ramos.

O segundo efeito mencionado por Favoreu diz respeito à unificação da ordem jurídica, manifestada em duas vertentes: (i) as normas constitucionais se transformam progressivamente em fundamento comum aos distintos ramos do Direito; e (ii) a relativização da distinção clássica entre Direito Público e Direito Privado.

Por fim, menciona – como terceiro efeito – que o processo de constitucionalização teria resultado na simplificação da ordem jurídica.

Nesse particular, cabe mencionar a veemente discordância de Otávio Luiz Rodrigues Junior quanto aos efeitos mencionados por Favoreu.

No que concerne à suposta unificação do Direito, pode-se afirmar que um dos principais objetivos de sua obra "*Direito Civil contemporâneo: estatuto epistemológico, Constituição e direitos fundamentais*" é, exatamente, reforçar a existência da distinção sistêmica entre Direito Público e Direito Privado e, por consequência, preservar o estatuto epistemológico do Direito Civil.

Quanto à alegada simplificação do Direito, a afirmação de Favoreu é, *per se*, contraintuitiva, haja vista os autoevidentes movimentos cada vez mais intensos de especialização em diversas áreas do Direito, ainda que submetidos à ordem constitucional comum.

[427] SILVA, **A constitucionalização do direito:** os direitos fundamentais nas relações entre particulares, p. 47.

[428] FAVOREU, **La constitucionalizacion del derecho**, p. 41.

Por fim, o suscitado processo de modernização do Direito à luz dos direitos fundamentais é igualmente controverso. Como oportunamente aponta Rodrigues Junior, o avanço decorrente do processo de constitucionalização – ainda que evidenciado na experiência brasileira, por exemplo – é contingencial, haja vista a possibilidade de se colher exemplos históricos em que a evolução se deu em âmbito ordinário.[429]

Schuppert e Bumke, conforme sistematização realizada por Virgílio Afonso da Silva[430], que ora se adota por sua clareza e didatismo, desenvolvem cinco formas pelas quais se daria esse processo de constitucionalização. Nada obstante, assim como pontua Virgílio Afonso da Silva[431], em razão das especificidades de nosso sistema, em especial do modelo analítico de enumeração dos direitos fundamentais presente em nossa Constituição, resumem-se a dois os aspectos observáveis em nossa experiência constitucional: (i) constitucionalização por reforma legislativa; e (ii) constitucionalização por irradiação do Direito Constitucional.

A constitucionalização do Direito por reforma legislativa, como se depreende de sua especificação, se caracteriza pela necessidade de adaptação da legislação ordinária ao novo texto constitucional em vigor.[432]

Como é de comum conhecimento, esse processo se deve ao fato de que o advento de um novo texto constitucional resulta na simples derrogação da norma infraconstitucional que é incompatível com o texto[433]. Trata-se da hipótese de não recepção de parte do ordenamento anterior à nova ordem constitucional.[434]

[429] Rodrigues Junior, **Direito civil contemporâneo:** estatuto epistemológico, constituição e direitos fundamentais, p. 225.

[430] Silva, **A constitucionalização do direito:** os direitos fundamentais nas relações entre particulares, pp. 38-45.

[431] *Ibid.*, p. 39.

[432] Schuppert; Bumke, **Die Konstitutionalisierung der Rechtsordnung:** Überlegungen zum Verhältnis von verfassungsrechtlicher Ausstrahlungswirkung und Eigenständigkeit des "einfachen" Rechts, p. 10.

[433] Mendes, Gilmar Ferreira; Branco, Paulo Gustavo Gonet. **Curso de direito constitucional**. 12. ed. São Paulo: Saraiva, 2017. p. 1129.

[434] Nesse sentido: "CONSTITUIÇÃO. LEI ANTERIOR QUE A CONTRARIE. REVOGAÇÃO. INCONSTITUCIONALIDADE SUPERVENIENTE. IMPOSSIBILIDADE. 1. A lei ou é constitucional ou não é lei. Lei inconstitucional é uma contradição em si. A lei é constitucional quando fiel à Constituição; inconstitucional na medida em que a desrespeita, dispondo sobre o que lhe era vedado. O vício da Inconstitucionalidade é congênito à lei e há de ser apurado em face da Constituição vigente ao tempo de sua elaboração. Lei anterior não

A constitucionalização por reforma legislativa não se confunde com a mera não recepção da norma jurídica anterior à Constituição, muito embora dela seja um (possível) resultado prático. A reforma pressupõe a alteração normativa objetiva por parte do legislador, de modo a adequar a ordem jurídica infraconstitucional que regula determinado tema ao texto constitucional em vigor.

A título de ilustração, Otávio Luiz Rodrigues Junior fornece um exemplo bastante representativo.[435] Trata-se da reforma na legislação de Direito Civil que decorreu do advento do § 6º do art. 227 da Constituição Federal, que estabeleceu a proibição de qualquer forma de discriminação entre os filhos, havidos ou não da relação do casamento, ou por adoção.

A respeito do tema, o art. 358 do Código Civil de 1916 dispunha, *in verbis*, que *"os filhos incestuosos e os adulterinos não podem ser reconhecidos"*.

Trata-se, portanto, de dispositivo que, à toda evidência, é absolutamente incompatível com o § 6º do art. 227 da Constituição Federal. Em que pesem as transformações havidas nas normas que regulamentavam o tema antes da Constituição Federal de 1988[436], o fato é que há cristalino caso de não recepção, pela nova ordem constitucional, de dispositivo legal previsto no Código Civil.

Conforme acima destacado, a mera vigência do novo texto constitucional resultou na simples derrogação do dispositivo. Esse efeito derrogatório não se confunde com a constitucionalização por reforma legislativa, frise-se. Nada obstante, antes da entrada em vigor do novo Código Civil, em 2002, que também se ocupou da adaptação da codificação civil à ordem

pode ser inconstitucional em relação à Constituição superveniente; nem o legislador poderia infringir Constituição futura. A Constituição sobrevinda não torna inconstitucionais leis anteriores com ela conflitantes: revoga-as. Pelo fato de ser superior, a Constituição não deixa de produzir efeitos revogatórios. Seria ilógico que a lei fundamental, por ser suprema, não revogasse, ao ser promulgada, leis ordinárias. A lei maior valeria menos que a lei ordinária. 2. Reafirmação da antiga jurisprudência do STF, mais que cinquentenária. 3. Ação direta de que se não conhece por impossibilidade jurídica do pedido.".
(ADI nº 2/DF. Relator: Min. Paulo Brossard. Tribunal Pleno, julgado em 6 de fevereiro de 1992. Diário da Justiça, publicado em 21 de novembro de 1997.)

[435] RODRIGUES JUNIOR, **Direito civil contemporâneo:** estatuto epistemológico, constituição e direitos fundamentais, pp. 216-218.

[436] Faz-se, aqui, referência à descrição pormenorizada constante na obra de Otávio Luiz Rodrigues Junior: RODRIGUES JUNIOR, **Direito civil contemporâneo:** estatuto epistemológico, constituição e direitos fundamentais, p. 217.

constitucional vigente, a Lei nº 7.841, de 17 de outubro de 1989, expressamente revogou a norma do art. 358 do Código Civil de 1916.

A edição da Lei nº 7.841, de 1989, portanto, ilustra o reflexo direto da força normativa do texto constitucional no âmbito da legislação infraconstitucional por meio da reforma legislativa realizada com o específico propósito de se promover a adequação das referidas normas à ordem constitucional então vigente.

A segunda hipótese de constitucionalização apresentada por Schuppert e Bumke se refere à irradiação do Direito Constitucional. Esse processo seria caracterizado pela confirmação da submissão de todo o ordenamento jurídico à ordem constitucional, e não apenas aquilo que fosse pertinente às normas de Direito Público, tipicamente predominantes nas cartas constitucionais do paradigma liberal, como, por exemplo, forma de organização estatal, direitos do cidadão em face do Estado, dentre outros.[437]

O principal fundamento da hipótese levantada por Schuppert e Bumke reside no célebre julgamento do caso Lüth, por parte do Tribunal Constitucional alemão.[438]

O conhecido caso tem como substrato fático o movimento encabeçado por Eric Lüth – jornalista e ex-combatente militar alemão, à época diretor do *Staatliche Pressestelle Hamburg* – na abertura da *Semana de filme alemão*, em 1950, de boicote ao filme *Amada imortal* do diretor cinematográfico Veit Harlan.

Veit Harlan era conhecido pela obra direcionada à promoção da cultura nazista, em especial o filme *Jud Süß* (Judeu Süss). Por essa razão, foi duramente atacado por Eric Lüth, por quem era considerado *"o menos adequado na busca pela moralidade alemã"*, exatamente por ter escrito o roteiro e dirigido o filme em questão.

O movimento de boicote ao trabalho de Veit Harlan resultou em contencioso promovido pelos produtores do filme – *Domnick-Film-Produktion GmbH* – em que Lüth era acusado de incorrer em conduta imprópria por ferir os bons costumes (*boni mores*), sob o fundamento do § 826 do BGB.

No julgamento do caso pela Corte Constitucional alemã, reconheceu-se que o ponto principal a ser enfrentado seria se os direitos fundamentais

[437] SCHUPPERT; BUMKE, **Die Konstitutionalisierung der Rechtsordnung:** Überlegungen zum Verhältnis von verfassungsrechtlicher Ausstrahlungswirkung und Eigenständigkeit des "einfachen" Rechts,p. 18.
[438] BVerfGE 7, 198.

afetariam o Direito Privado, assim como de que modo se colocariam esses efeitos. As posições extremas, então em debate, teriam, de um lado, aqueles que defendiam que os direitos fundamentais constrangeriam apenas o Estado; e, de outro, aqueles que entendiam que prevaleceriam sobre todos, incluindo as relações privadas.

Muito embora tenha reconhecido que o principal propósito dos direitos fundamentais seria a proteção do indivíduo contra o poder do Estado, o Tribunal Constitucional alemão entendeu que *"a lei fundamental erige um sistema objetivo de valores na sua seção de direitos fundamentais, e, justamente por meio dele, expressa e reafirma a validade dos direitos fundamentais"* e conclui que:

> (...) esse sistema de valores, centrado na personalidade e na dignidade humanas em livre desenvolvimento na sociedade, deve ser aplicado como axioma constitucional por todo o sistema legal: deve direcionar e informar a legislação, a administração e a jurisdição.[439]

Com fundamento nessas conclusões, o Tribunal Constitucional reconheceu a aplicabilidade dos direitos fundamentais nas relações privadas, e, dessa forma, tornou prevalecente, no caso concreto, a compreensão de que as normas de Direito Civil deveriam ser interpretadas à luz do direito fundamental à liberdade de expressão, no caso, expressa na liberdade de manifestação da opinião por parte de Erich Lüth.

Essa conclusão, todavia, não representou qualquer compromisso com as teorias relacionadas à eficácia direta dos direitos fundamentais, conforme se explorará adiante. Houve um especial cuidado para se reforçar a higidez do sistema de Direito Civil vigente. Por essa razão, o próprio Tribunal Constitucional construiu a solução do caso no reconhecimento e na reafirmação da manifestação indireta de tais efeitos, preferencialmente pela abertura permitida pelas cláusulas gerais.

A hipótese de constitucionalização por irradiação de Schuppert e Bumke apresenta alguns pontos semelhantes com a perspectiva de Favoreu e de Virgílio Afonso da Silva quanto à constitucionalização-transformação.

No que concerne à constitucionalização por irradiação (Schuppert e Bumke), ou por transformação (Favoreu), contemporaneamente, não há como se negar a existência dos efeitos decorrentes desse processo no orde-

[439] Em livre tradução (BVerfGE 7, 198).

namento jurídico, em especial após as evoluções que sobrevieram ao julgamento do caso Lüth.

Mais importante do que reconhecer a existência de tais efeitos – que hoje não mais induzem qualquer tipo de polêmica – é o estabelecimento de esquema metodológico adequado para o tratamento da irradiação dos direitos fundamentais nas relações privadas. É o que alerta Rodrigues Junior[440], e com o que se concorda integralmente.

A propósito, nesse particular reside a principal crítica às perspectivas agregadas na corrente axiológica-hermenêutica quanto à constitucionalização do Direito Civil, acima. Como visto, a proposta do Direito Civil Constitucional por vezes emprega recursos retóricos, seja na sobrevalorização da hipótese da irradiação de efeitos – com reflexos importantes na interpretação de princípios, seja no emprego metodologicamente descompromissado do princípio da dignidade da pessoa humana (tal como já exposto anteriormente) com o específico propósito de impor pautas axiológicas, sob o pretexto de uma alegada superação do positivismo jurídico.

Humberto Ávila, nesse sentido, criticamente, explicita que o neoconstitucionalismo, fonte em que se fartou o Direito Civil Constitucional, *"está menos para uma teoria jurídica ou método, e mais para uma ideologia ou movimento, defendido com retórica, vagueza e subserviência à doutrina estrangeira"*.[441]

Assim, mais importante do que o posicionamento ora formulado no que concerne à caracterização do que seria, efetivamente, o processo de constitucionalização sob a perspectiva normativo-institucional, com os apontamentos acima especificados, torna-se premente o estabelecimento do modelo metodológico atinente à eficácia dos direitos fundamentais, em especial no que concerne ao conteúdo normativo da autonomia privada.

A rigor, torna-se imprescindível estabelecer qual modelo seria efetivamente compatível com a hipótese – que ora se procura defender – do sentido positivo da autonomia privada em seu perfil democrático.

440 Rodrigues Junior, **Direito civil contemporâneo:** estatuto epistemológico, constituição e direitos fundamentais, p. 231.

441 Ávila, Humberto. "Neoconstitucionalismo": entre a "ciência do direito" e o "direito da ciência". *In*: Souza Neto, Claudio Pereira de; Sarmento, Daniel; Binenbojm, Gustavo (orgs.). **Vinte anos da Constituição Federal de 1988.** Rio de Janeiro: Editora Lumen Juris, 2009. p. 192.

4.3. Os direitos fundamentais e o direito civil

Konrad Hesse, em sua obra *Verfassungsrecht und Privatrecht*, resultante de uma conferência proferida em 13 de junho de 1988, apontou, com precisão, que o Direito Constitucional e o Direito Privado são partes necessárias de uma ordem jurídica unitária que reciprocamente se complementam, se apoiam e se condicionam[442].

Essa recíproca influência é significativa e determinante para a construção normativa tanto do Direito Civil como do Direito Constitucional, naquilo que é pertinente às liberdades e garantias do indivíduo.

Essa noção, no entanto, por si só não é suficiente para que possa ser alcançada a extensão, sob a perspectiva jurídico-dogmática, dessa recíproca influência, especificamente para o fim de ser possível a extração da norma jurídica que servirá de parâmetro para a resolução de problemas concretos.

Afora isso, também se faz necessário reconhecer que essa correlação também é dinâmica, e, dessa forma, evolui no tempo e espaço, na medida em que se avança (ou se retrocede) cultural, social e economicamente.

Evidentemente, nem sempre se fez predominante a noção atual de que o texto constitucional, mais do que obrigatório, é, por si, parâmetro formal e material de controle de validade do ordenamento jurídico infraconstitucional, de modo a sujeitar as normas que com ele conflitam às sanções de nulidade cabíveis por parte dos mecanismos de controle de constitucionalidade.

Nesse sentido, Hesse esclarece, a propósito do modelo do Estado liberal clássico, que, mesmo diante hipóteses em que se havia editado textos constitucionais para a organização política e institucional de determinadas entidades nacionais, o vínculo entre Direito Privado e Direito Constitucional era inexistente.[443] Nesse contexto, as codificações, conforme se apontou anteriormente, em sua pretensão hermética e exauriente, constituíam o *locus* normativo do Direito Privado, e, consequentemente, das liberdades e garantias fundamentais do modelo liberal clássico. Dessa forma, conforme o reconhece Hesse, os textos constitucionais longe estavam de representar qualquer provocação ou programação para modificar o Direito Privado, exatamente em razão da ausência de qualquer eficácia vinculante frente ao legislador ordinário de Direito Privado.[444]

442 HESSE, Konrad. **Derecho constitucional y derecho privado**. Madri: Civitas Ediciones, 2001.

443 *Ibid.*, p. 35.

444 *Ibid.*, p. 35.

Com o advento do modelo do *estado social*, em especial com a República de Weimar, assim como com o projeto constitucional mexicano de 1917, dentre outras experiências constitucionais, como é de comum conhecimento, promoveu-se significativo aumento no rol de direitos fundamentais a serem tutelados pelo Estado. Objetivou-se, em essência, exatamente a mitigação dos excessos provocados pelo individualismo, dos equívocos do dogma da igualdade formal e do perfil absolutista do direito de propriedade. Para tanto, fez-se necessário, a começar pelo texto constitucional, municiar o Estado de instrumentos normativos e institucionais que o permitisse intervir mais intensamente nas relações econômicas, para o fim de resguardar princípios de caráter social.

Após os traumas vivenciados nas duas Grandes Guerras Mundiais, e com a superveniente evolução do constitucionalismo contemporâneo, não só se verificou significativa mudança no rol de direitos fundamentais, mas, igualmente, na forma de se aferir a sua incidência normativa.

Sendo dispensável escorço histórico mais aprofundado sobre o tema, é suficiente reconhecer que, se é possível afirmar que, em determinado período do passado, houve alguma discussão a respeito da existência da força normativa do texto constitucional[445], no sentido de sua obrigatoriedade atrelada à determinada sanção jurídica correspondente, atualmente eventuais questionamentos a esse respeito não são mais cabíveis. A norma constitucional, mais do que uma 'Carta Política', é norma jurídica, e, dessa forma, obriga a todos os seus destinatários. Evidentemente, o mesmo raciocínio se aplica às normas de direitos fundamentais previstas no ordenamento jurídico, em especial, na Constituição Federal.

Se não há polêmica quanto à eficácia – aqui entendida como a capacidade de produção de efeitos jurídicos –, em si, das normas de direitos fundamentais, o mesmo não pode ser afirmado em relação à metodologia empregada para a aferição dos referidos efeitos, em especial no âmbito das relações privadas, com as respectivas consequências normativas em decorrência da aceitação de um ou outro método.

[445] Nesse sentido, reconhece Ingo Sarlet que apenas após a promulgação da Constituição de 1988, no Brasil, passou-se a levar a sério o texto constitucional como norma juridicamente vinculativa: SARLET, Ingo Wolfgang. A influência dos direitos fundamentais no direito privado: o caso brasileiro. *In*: SARLET, Ingo Wolfgang; NUENER, Jörg; MONTEIRO, António Pinto (org.). **Direitos fundamentais e direito privado**. Coimbra: Almedina, 2007. p. 112.

Reconhecer que o texto constitucional vale – aí incluso o rol de direitos fundamentais – e que é de obrigatória observância pelo Estado, pelo Legislador, pelo Judiciário e pelos cidadãos, não é, necessariamente, admitir um consenso em relação a como o respeito à norma se realiza, efetivamente. Admitir a existência de uma força normativa da Constituição não necessariamente pressupõe a adesão a qualquer perspectiva a respeito de como essa força se comporta.

Evidentemente, a adoção de um ou outro método de aferição dessa força normativa resultará em consequências significativas para a concretização das normas de Direito Privado, sejam elas normas legais (em sentido estrito) infralegais ou contratuais.

Nesse particular, se revela a importância da metodologia empregada para concretização dos efeitos dos direitos fundamentais no âmbito da conformação do conteúdo da autonomia privada.

A título de ilustração das possíveis consequências decorrentes dos efeitos dos direitos fundamentais nas relações privadas, de início, poder-se-ia aventar que quanto maior a incidência das normas de direitos fundamentais no âmbito das relações privadas, menor seria o espaço deixado às vontades, como diria Pontes de Miranda, ao se referir à sua perspectiva negativa da autonomia privada.[446] Sob essa perspectiva, supõe-se que o aumento da tutela estatal, por meio da efetivação dos direitos fundamentais, resultaria, invariavelmente, em menor espaço para a decisão individual.[447]

Por outro lado, a tutela jurisdicional da eficácia dos direitos fundamentais nas relações privadas também tem sido invocada sob o pretexto de se promover a maximização da autonomia privada. Em tais hipóteses, a observância dos direitos fundamentais, a rigor, estaria a serviço da promoção da liberdade jurídica individual, e não o contrário. Veja-se, a esse respeito, toda a discussão desenvolvida quanto ao perfil existencial da autonomia privada e às suas relações com o princípio da dignidade humana, em especial no item 3.4.

[446] Miranda, **Tratado de direito privado.**

[447] Nesse sentido: "No direito privado vige o princípio da liberdade contratual. A partir do instante dm que um parceiro contratual está obrigado diretamente a observar os direitos fundamentais da outra parte, a autonomia privada acaba de uma forma ou de outra sendo atingida.". (Duque, Marcelo Schenk. **Eficácia horizontal dos direitos fundamentais e jurisdição constitucional**. 2. ed. São Paulo: Editora dos Editores, 2019. p. 145.)

O rigor metodológico, portanto, é essencial para que se possa aferir as relações entre direitos fundamentais e, em especial, a autonomia privada, que constitui o objeto do presente trabalho. De fato, a ausência de compromissos explícitos no que concerne à eficácia dos direitos fundamentais resulta, em sentido contrário, na mais pura arbitrariedade quanto à incidência, em concreto, de princípios normativos – que, a rigor, possuem tessitura aberta e relevante carga axiológica. A consequência, portanto, é incidir-se nas armadilhas de subjetivismos, arbítrios e excessos no que concerne aos critérios de reconhecimento e validação da norma jurídica.

De fato, anteriormente, se reconheceu a autonomia privada, em seu perfil constitucional, como a possibilidade e o poder jurídico atribuído aos particulares para estabelecerem posições jurídicas de natureza privada, às quais o ordenamento jurídico atribui efeitos, viabiliza institucionalmente os meios e disponibiliza os instrumentos necessários e suficientes para que as referidas posições jurídicas alcancem os efeitos pretendidos.

Diante de tal posicionamento, faz-se, assim, necessário estabelecer, nessa moldura, a medida da conformidade dos métodos de aferição dos efeitos dos direitos fundamentais nas relações particulares com a perspectiva constitucional da autonomia privada ora desenvolvida.

4.4. A autonomia privada e a questão da eficácia dos direitos fundamentais

A análise da relação da autonomia privada com as teorias de eficácia dos direitos fundamentais no âmbito das relações privadas será realizada por meio de breve descrição de quatro principais correntes, para que, então, se possa estabelecer a fundamentação correspondente ao modelo mais adequado para o desenvolvimento da perspectiva de autonomia privada que ora se formula.

Nesse sentido, serão analisados os modelos: (i) *state action*; (ii) de três níveis, formulado por Robert Alexy[448]; (iii) de eficácia direta; e (iv) de eficácia indireta.

Para a realização da classificação ora adotada, partiu-se das sistematizações realizadas por Otávio Luiz Rodrigues Junior[449] e por Virgílio Afonso da Silva[450], em relação às quais se concorda em maior parte.

[448] ALEXY, Robert. **Teoria dos direitos fundamentais**. 2. ed. São Paulo: Malheiros, 2017.

[449] RODRIGUES JUNIOR, **Direito civil contemporâneo:** estatuto epistemológico, constituição e direitos fundamentais.

4.4.1. O modelo *state action*

Como observa Mark Tushnet, os fundamentos da doutrina do *state action* remontam aos propósitos do liberalismo clássico no sentido de criação de estruturas políticas que, ao mesmo tempo, empoderassem e limitassem os governos.[451]

De tal desiderato decorre a função exercida pelos textos constitucionais no sentido de evitar e solucionar eventuais ameaças, por parte do Estado, aos direitos humanos dos cidadãos. Assim como o Estado, grandes corporações e agentes privados também podem, em tese, violar direitos humanos. Ou seja, assim como o Estado, os agentes privados podem, por exemplo, discriminar pessoas com base em critérios de raça, ou perseguir funcionários que adotem discursos que estejam em desacordo com o viés político ideológico do empregador.

Nessa linha de raciocínio, a doutrina do *state action* compreende que o agente privado, no exercício de tais atividades, age em conformidade com os poderes que foram delegados pelo Estado, por leis e regulamentos, para atuar e interferir nos mercados e nos comportamentos dos agentes. Assim, segundo Tushnet, para essa doutrina, o governo sempre estará, de alguma forma, implicado em decisões privadas.[452]

A doutrina da *state action*, portanto, procura analisar de que forma o Estado deverá ser responsabilizado – ou chamado a responder – por violações a direitos fundamentais perpetrados tanto pelo Estado, como, também, em última análise, por particulares no exercício de atividades privadas.

A referida corrente teórica, largamente adotada tanto na doutrina quanto na jurisprudência norte-americanas, é complexa e repleta de polêmicas. Não por outro motivo, assevera Tushnet que a doutrina da *state action* tem sido descrita como uma área de desastre conceitual.[453]

Os desafios conceituais e metodológicos envolvendo a referida doutrina podem ser claramente ilustrados a partir de um de seus casos mais emblemáticos: *Shelley vs. Kraemer*.[454] As circunstâncias fáticas do caso envolvem

[450] SILVA, **A constitucionalização do direito:** os direitos fundamentais nas relações entre particulares.

[451] TUSHNET, Mark. The issue of state action/horizontal effect in comparative constitutional law. **International Journal of Constitutional Law**, v. 1, p. 79, 2003.

[452] *Ibid.*, p. 79.

[453] *Ibid.*, p. 80.

[454] *Shelley vs. Kraemer*, 334 U.S. 1 (1948).

um contrato firmado entre titulares de propriedades em um loteamento, por força do qual haviam se compromissado a não permitir a venda dos imóveis para indivíduos não brancos. Um desses titulares resolveu alienar o seu imóvel a um indivíduo negro, e, ato contínuo, foi acionado perante a corte local para que promovesse o cumprimento do contrato. Após a corte local ter validado a avença, o caso foi decidido pela Suprema Corte americana. Na oportunidade, a corte concluiu que, apesar de não ser possível que acordos restritivos, inclusive com fundamento em critérios raciais, por si sós, sejam invocados como objeto de ação para a tutela de direitos fundamentais específicos, a atuação judicial para a validação e o cumprimento do referido acordo consistiriam em uma *state action* passível de sanção por discriminação e, por consequência, por violação à *equal protection clause* da Décima Quarta Emenda Constitucional.

É de se notar, tal como apontam Virgílio Afonso da Silva[455] e Mark Tushnet[456], que há uma questão relevante no desenvolvimento argumentativo realizado pela Suprema Corte americana: é problemático defender que a violação a direito fundamental teria ocorrido apenas quando da decisão do juiz local que, nada mais fez do que validar um contrato já firmado.

Daniel Sarmento[457] afirma que a doutrina *state action* se fundamenta na ideia de que os direitos fundamentais impõem limitações apenas aos Poderes Públicos e não aos particulares – à exceção da proibição da escravidão, prevista na Décima Terceira Emenda Constitucional. Daí porque se torna necessário o recurso às técnicas argumentativas empregadas em *Shelley vs. Kraemer* para o fim de fazer cessar as violações aos direitos fundamentais ali identificadas.

Trata-se, no dizer de Virgílio Afonso da Silva, de uma artificialidade empregada pela jurisprudência norte-americana para "*transformar um ato privado em um ato estatal*".[458]

Nessa linha de raciocínio, e ao analisar a *state action doctrine*, Gunther Teubner especifica que, em conformidade com essa doutrina, as lesões a

[455] SILVA, **A constitucionalização do direito:** os direitos fundamentais nas relações entre particulares, p. 101.

[456] TUSHNET, **The issue of state action/horizontal effect in comparative constitutional law**, p. 181.

[457] SARMENTO, Daniel. **Direitos fundamentais e relações privadas**. Rio de Janeiro: Lumen Juris, 2004. p. 228.

[458] SILVA, **A constitucionalização do direito:** os direitos fundamentais nas relações entre particulares, p. 100.

direitos fundamentais resultantes de atores privados seriam identificáveis apenas quando algum elemento de seus atos se possa identificar como proveniente de alguma instância estatal ou, ainda, na hipótese de exercício de funções públicas. Alerta, no entanto, Teubner que, em um contexto – cada vez mais presente – de transnacionalidade, a onipresença da ação estatal possível no Estado nacional, de forma que a *state action doctrine* possa ser aplicada, é cada vez mais rara[459]. Há, portanto, uma tendência à descentralização, sobretudo em ambientes globalizados, da autoridade estatal, e, dessa forma, de cada vez mais rara identificação da *state action doctrine*.

A referida corrente teórica não encontra, na doutrina constitucionalista contemporânea brasileira, maiores reverberações.

4.4.2. O modelo de três níveis

O modelo de três níveis foi proposto, originalmente, por Robert Alexy [460], em sua obra *Teoria dos direitos fundamentais*. Teria a vantagem de absorver elementos de três teorias distintas a respeito da eficácia dos direitos fundamentais: (i) eficácia direta; (ii) eficácia indireta; e (iii) modelo de convergência estatista[461].

O primeiro nível seria representado pela ideia de dever estatal e indicaria a predominância dos efeitos indiretos. Para tanto, Alexy invoca a associação, realizada no caso Lüth, dos direitos fundamentais a uma ordem objetiva de valores. Essa ordem objetiva de valores impõe o dever de observância por parte das instituições do Estado, incluindo o legislador ordinário e o judiciário. Nesse sentido, assevera que:

> (...) o fato de as normas de direitos fundamentais valerem como princípios objetivos (ordem objetiva de valores) para todos os ramos do direito implica

[459] TEUBNER, Gunther. **Fragmentos constitucionais:** constitucionalismo social na globalização. 2. ed. São Paulo: Saraiva, 2020. p. 396.

[460] ALEXY, **Teoria dos direitos fundamentais**, p. 533.

[461] Diante da repercussão inexistente, na prática brasileira, dessa teoria, faz-se suficiente, tão-somente, a referência à obra de Schwabe, assim como aos comentários, a esse respeito, formulados por Otávio Luiz Rodrigues Junior: SCHWABE, Jürgen. O chamado efeito perante terceiros dos direitos fundamentais para a influência dos direitos fundamentais no tráfego do dieito privado. *In*: HECK, Luís Afonso (org.). **Direitos fundamentais e direito privado**. Porto Alegre: Sergio Antonio Fabris, 2012; e RODRIGUES JUNIOR, **Direito civil contemporâneo:** estatuto epistemológico, constituição e direitos fundamentais, p. 302.

que o Estado tem o dever de levá-las em consideração tanto na legislação civil quanto na jurisprudência civil.[462]

O segundo nível se refere aos direitos do particular frente ao Estado. Segundo Alexy, essa construção confere, ao particular, um direito a que os princípios de direitos fundamentais concernentes à sua posição jurídica sejam considerados pelo Estado.[463] Nesse sentido, na medida em que o Estado não veda a conduta do particular que viola determinado direito fundamental incide, por conduta própria, em uma violação a direito fundamental, e, consequentemente, gera em uma pretensão daquele cujo direito foi violado perante a entidade estatal.

O terceiro nível trata especificamente dos efeitos dos direitos fundamentais nas relações jurídicas entre particulares.[464] Nesse nível, a incidência dos efeitos dos direitos fundamentais é direta, isso porque, segundo Alexy, há determinados direitos e não direitos, liberdades e não liberdades e competências e não competências na relação cidadão-cidadão que estão relacionadas diretamente a direitos fundamentais que devem ser observados no âmbito dessa relação.[465]

Alexy alerta que cada um dos níveis aborda a mesma questão sob diferentes aspectos, e que não há, *a priori*, qualquer relação de primazia entre eles. A escolha de que nível será empregado na fundamentação da solução do caso seguirá um juízo de conveniência.

A esse respeito, o referido autor defende ainda que, no âmbito da jurisdição civil, em tese, as decisões devem ser produzidas, em princípio, com fundamento no Direito Civil vigente – ou seja, haveria a mediação legislativa para a solução dos casos concretos relacionados a direitos fundamentais. Haveria, no entanto, a possibilidade de recurso direto aos direitos fundamentais; para essas hipóteses, o juiz deverá assumir correspondente ônus argumentativo.[466]

Nesse particular, reside a principal divergência entre o modelo proposto por Virgílio Afonso da Silva e Alexy. Para o primeiro autor, a escolha entre os níveis não depende, meramente, de um juízo de conveniência e

[462] ALEXY, **Teoria dos direitos fundamentais**, p. 533.

[463] *Ibid.*, p. 538.

[464] *Ibid.*, p. 538.

[465] *Ibid.*, p. 539.

[466] *Ibid.*

oportunidade, mas, sim, da verificação da existência, ou não, de mediação legislativa entre os direitos fundamentais e a relação entre particulares.[467]

4.4.2.1. A autonomia privada como princípio formal

No modelo de Virgílio Afonso da Silva, os direitos fundamentais são equiparados aos princípios, na perspectiva de Alexy; ou seja, a sua normatividade está vinculada à maior medida possível de sua realização diante de possibilidades fáticas e jurídicas existentes.[468] Nessa linha, o autor afasta-se da premissa de ordem objetiva de valores, que norteou a decisão no caso Lüth.

Nesse modelo, parte-se do pressuposto de que, quando houver mediação legislativa, ou seja, quando houver norma ordinária claramente aplicável ao concreto, a incidência dos efeitos dos direitos fundamentais se dará de forma indireta. Esses efeitos indiretos são percebidos, não apenas por intermédio da decisão do legislador, mas, principalmente, por força da interpretação dos dispositivos ordinários à luz dos direitos fundamentais possivelmente aplicáveis.

Diante de hipóteses em que a mediação legislativa for inexistente ou insuficiente, far-se-á necessária, sob determinadas condições e limites, a aferição de efeitos diretos dos direitos fundamentais no caso concreto.

Nesse particular, para as hipóteses em que a incidência dos efeitos é direta, Virgílio Afonso da Silva fundamenta-se na premissa (oriunda de Alexy[469]) de que a autonomia privada é um princípio formal, na medida em que não se caracteriza como norma de conduta, mas, sim, como norma de validade.[470]

Assim, a autonomia privada desempenharia, no âmbito das relações privadas, uma função semelhante à do legislador, ao tornar suficientemente válidas as decisões particulares levadas a efeito em seu âmbito. A competência decisória atribuída ao particular, por si só, estabelece razões suficientes para o reconhecimento da ordem jurídica da validade das decisões tomadas entre privados.[471]

[467] SILVA, **A constitucionalização do direito:** os direitos fundamentais nas relações entre particulares,p. 145.

[468] ALEXY, **Teoria dos direitos fundamentais**, p. 90.

[469] *Ibid.*, p. 341.

[470] SILVA, **A constitucionalização do direito:** os direitos fundamentais nas relações entre particulares, p. 148.

[471] *In verbis*: "A autonomia privada desempenha, no âmbito das relações privadas, em que direitos fundamentais estão em jogo, uma função muito semelhante, pois – da mesma forma que a competência decisória do legislador fornece razões para que suas decisões sejam

A autonomia privada, portanto, representaria uma competência, no sentido de Alexy[472], protegida e reconhecida pelo ordenamento jurídico. A essa competência inerente à autonomia privada haveria a norma de não competência que defluiria de eventual direito fundamental a ser considerado no caso concreto. Nesse sentido, haveria de se estabelecer uma análise entre a incidência da norma de não competência decorrente do direito fundamental e a incidência da norma de competência que é resultante da autonomia privada como princípio formal.

O cerne do problema, portanto, reside quando há, no caso concreto, uma decisão particular, entre privados, fundamentada no âmbito da competência garantida pela autonomia privada, enquanto princípio formal, que poderia resultar, em tese, em uma afronta a determinado direito fundamental, aqui entendido como princípio material – ou seja, como mandamentos de otimização, cuja realização, em concreto, sujeita-se às circunstâncias fáticas e jurídicas existentes.

Essa tensão é comumente resolvida por meio da técnica de sopesamento.[473][474] Nada obstante, a compreensão da autonomia privada como princí-

respeitadas, mesmo nos casos em que há restrições a direitos fundamentais em decorrência de uma lei ou outro ato legislativo -, a autonomia privada é o princípio (meramente formal) que fornecerá razões para que um ato de vontade entre particulares, ainda que restrinja direitos fundamentais de uma ou ambas as partes, seja aceito e considerado como válido.". (Rodrigues Junior, **Direito civil contemporâneo:** estatuto epistemológico, constituição e direitos fundamentais, p. 149.)

472 O próprio autor esclarece a ideia de competência: "Segundo esse conceito, um sujeito de direito A tem uma competência em face do sujeito de direito B quando, com base nessa competência, A pode alterar uma posição jurídica de B. Isso significa, por outro lado, que o sujeito de direito B encontra-se, em face de A, em uma posição de sujeição.". (Rodrigues Junior, **Direito civil contemporâneo:** estatuto epistemológico, constituição e direitos fundamentais, p. 150.)

473 Daniel Sarmento, a defender o emprego da referida técnica assevera: "É possível que a proteção de uma delas, no caso concreto, importe em lesão a outro direito fundamental ou princípio constitucional igualmente relevante. Nesta hipótese, poderá ser necessário, diante dos contornos do caso, restringir a liberdade em questão, de forma proporcional, visando a otimização dos bens jurídicos em confronto, através de uma ponderação de interesses. É exatamente isto que ocorre quando se discute a aplicação dos direitos fundamentais na esfera privada, em que se torna necessário ponderar esta autonomia com o direito que estaria sendo violado pela conduta do particular.". (Sarmento, **Direitos fundamentais e relações privadas**, p. 191.)

474 Sobre a técnica de solução de colisão de princípios: Alexy, **Teoria dos direitos fundamentais**, p. 93 e ss.

pio formal afasta a possibilidade de emprego da referida solução. Não há como realizar a ponderação de princípio formal (autonomia privada) com princípios materiais. Isso porque o princípio formal da autonomia privada não possui, por essência, um conteúdo específico; trata-se, a rigor, de uma norma de competência, cuja essência é a validação das decisões tomadas pelos particulares. Desse modo, ausente um valor de comparação entre o princípio formal da autonomia privada e os direitos fundamentais, não há como se falar em sopesamento.[475]

Se não é possível o emprego da técnica de sopesamento, Virgílio Afonso da Silva, como alternativa, propõe a adoção de determinados critérios para definir "*situações em que a autonomia privada deve ser mais respeitada e situações em que esse respeito poderá ser mais facilmente mitigado*".[476]

Tais situações enumeradas por Virgílio Afonso seriam as seguintes:

(i) Assimetria entre as partes envolvidas. Quando houver uma desigualdade fática entre as partes se fará necessária, em tese, uma proteção maior ao direito fundamental titularizado pela parte mais fragilizada na relação. Nessa hipótese, a autonomia privada cederia maior espaço para o fim de uma maior concretização do direito fundamental aplicável. Evidentemente, não se trata de uma regra a ser aplicada *a priori*; ou seja, o caso concreto evidenciará as circunstâncias em que se faz necessário o afastamento da autonomia privada para o fim de incidência da proteção ao direito fundamental. Isso porque é possível que existam circunstâncias fáticas assimétricas entre as partes na qual a autonomia privada é plenamente exercida e, por essa razão, não resulta em hipótese em que algum direito fundamental possa ser validamente invocado.

(ii) Autonomia real e autonomia aparente. Em razão do que foi dito anteriormente, Virgílio Afonso enfatiza que o grau real de autonomia privada é o fator decisivo para se aferir se restrições a direitos fundamentais podem ser aceitas (ou não) em benefício da manutenção do princípio formal da autonomia privada. Nesse sentido, conclui que tão mais sólido será o princípio formal quanto mais real for a autonomia privada.

475 SILVA, **A constitucionalização do direito:** os direitos fundamentais nas relações entre particulares, p. 160.

476 *Ibid.*

(iii) Precedência *prima facie* e intensidade da restrição a direitos. Quando não se tratar de hipótese em que a assimetria de posições ou algum falseamento da autonomia resulte em prejuízos à autonomia privada real, haverá a precedência *prima facie* da autonomia privada em relação a outros direitos fundamentais envolvidos. Essa precedência poderá ser alterada a depender da intensidade da restrição aos direitos fundamentais envolvidos. Assim haverá menor peso do princípio formal da autonomia privada quanto maior for a intensidade de restrição ao direito fundamental.

(iv) Conteúdo essencial da autonomia privada e os direitos fundamentais. Por fim, Virgílio Afonso da Silva concorda em parte com a proposta de J. J. Gomes Canotilho no sentido da existência de um núcleo irredutível da "autonomia pessoal".[477] Ressalta, no entanto, que é possível a admissão de hipóteses em que a violação a direitos fundamentais (dignidade humana, por exemplo) é de tal intensidade que não há como fundamentar a manutenção de algum arbítrio do particular que possa, de algum modo, dar ensejo à violação.[478]

É importante destacar que Virgílio Afonso da Silva rechaça a possibilidade de adoção de técnicas relativas à aferição de proporcionalidade na análise das restrições aos direitos fundamentais. Em especial, não há como

[477] Canotilho, **Direito constitucional e teoria da Constituição**, p. 1293.

[478] Em tentativa semelhante: Marcelo Schenk Duque também formula alguns critérios: "1. Quanto maior for o grau de pessoalidade da relação, maior será a tendência de critérios pessoais, como empatia, visão de mundo ou até mesmo preferências por determinadas características estritamente pessoais, serem respeitados como fundamentos das respectivas escolhas.
2. Quanto mais a decisão se abrigar na liberdade de consciência ou de crença, que são invioláveis, maior será a tendência de critérios subjetivos serem reconhecidos como fundamento das respectivas escolhas.
3. Quanto mais a pessoa guardar para si seus critérios pessoais de escolha, de modo a não ferir aquele que venha a ser eventualmente preterido, maior será a tendência desses critérios subjetivos serem reconhecidos como fundamento das respectivas escolhas.
4. Por outro lado, quanto mais a exteriorização dos motivos por parte de quem decide ferir aquele que é preterido, de modo a atingir sua personalidade, maior será a tendência de o direito intervir, punindo aquele que, por emprego abusivo da liberdade de expressão, viola a dignidade de outrem.". (Duque, **Eficácia horizontal dos direitos fundamentais e jurisdição constitucional**, p. 118.)

se aplicar o teste da necessidade – a medida é necessária quando não houver alternativa que alcance o mesmo objetivo, sem ferir, com a mesma intensidade, o direito fundamental invocado. De fato, se houver a imposição ao particular da análise do parâmetro da necessidade em todo tipo de restrição a direito fundamental potencialmente em tensão com a autonomia privada, haverá, em última análise, severa restrição à própria autonomia privada e ao seu núcleo essencial, para se adotar a expressão de Canotilho.

A solução adotada por Virgílio Afonso é metodologicamente articulada e tem relevantes fundamentos.

Nada obstante, a consideração da autonomia privada como princípio formal de competência não considera o seu perfil positivo, e, portanto, ignora o princípio democrático ínsito à autonomia privada como capacidade jurídica de autodeterminação.

Para reforçar tal posicionamento, é de se notar que a fonte utilizada para a consideração da autonomia privada como princípio formal, qual seja, a teoria de Alexy, é lastreada expressamente na ideia de liberdade negativa. Nesse sentido:

> Acima, na análise do conceito de liberdade, a liberdade de se fazer ou deixar de fazer tudo o que se quer, ou seja, a liberdade de escolher entre alternativas de ação, foi denominada 'liberdade em sentido amplo'. Uma pessoa seria considerada como livre em sentido negativo na medida em que suas alternativas de ação não sejam bloqueadas por obstáculos a essas ações. Esses obstáculos foram objeto de algumas diferenciações. Se os obstáculos às ações são ações positivas de outrem, sobretudo do Estado, então, trata-se de liberdade negativa em sentido estrito ou da liberdade liberal.[479]

E arremata: "*O princípio cuja viabilidade é aqui analisada deve ter por objeto a liberdade negativa em sentido estrito, ou seja, a liberdade liberal*".[480]

O modelo em questão tem a grande vantagem, sob a perspectiva do sentido positivo da autonomia privada, de destacar a necessidade de se privilegiar a mediação legislativa nas hipóteses em que a legislação infraconstitucional seria suficiente para a solução dos casos. Nessas circunstâncias, tal como destacado acima, os efeitos dos direitos fundamentais seriam verificados apenas de modo indireto, tanto pelo respeito à decisão

[479] ALEXY, **Teoria dos direitos fundamentais**, p. 351.
[480] *Ibid.*

legislativa (inclusive sobre a ponderação de princípios possivelmente aplicáveis, em tese) quanto pela interpretação dos dispositivos legais à luz dos direitos fundamentais.

Nada obstante, o modelo tem seu aspecto mais desafiador quando se trata do nível em que há a aplicabilidade direta dos efeitos dos direitos fundamentais. Nesse particular, cabe destacar o afastamento dos juízos de ponderação, sob o argumento de ausência de conteúdo material do princípio formal da autonomia da vontade; ou seja, não haveria como se identificar parâmetros de comparação.

A solução posta no lugar, no entanto, é, em muito, semelhante ao juízo de sopesamento, em especial quando se trata do critério "*procedência* prima facie *e intensidade da restrição a direitos*". Em articulação semelhante à regra da colisão de princípios, assevera Virgílio Afonso da Silva que "*o peso do princípio formal expressado pela autonomia privada tende a ser menor quanto maior for a intensidade da restrição aos direitos fundamentais envolvidos*".[481]

O grande desafio relativo ao modelo em questão é a identificação de critérios seguros, que respeitem o princípio democrático, para a aferição dos efeitos dos direitos fundamentais em hipóteses de decisões submetidas ao arbítrio da autonomia privada.

De fato, diferentemente do que ocorre em outros ramos do Direito, a principal norma constitucional que garante a proteção ao agente privado, por parte do arcabouço jurídico-institucional, para autodeterminar os atos da vida civil é aquela constante do art. 5º, *caput*, inciso II, que prevê que "*ninguém será obrigado a fazer ou deixar de fazer alguma coisa senão em virtude de lei*". Ou seja, é exatamente a omissão legislativa que garante o âmbito de atuação do privado. Para essas hipóteses de omissão, segundo o modelo, os efeitos dos direitos fundamentais deverão ser percebidos de forma direta.

Na prática, a liberdade do privado, em seu sentido negativo, em hipóteses de tensões com direitos fundamentais, será tolhida pela incidência direta de seus efeitos, a ser aferida, determinada e executada de forma heterônoma, por terceiros, por intermédio de técnica em muito semelhante ao sopesamento.

É fato que são articulados alguns critérios de modo a estabelecer alguma metodologia para amenizar a incidência direta dos efeitos dos direitos fun-

[481] SILVA, **A constitucionalização do direito:** os direitos fundamentais nas relações entre particulares.

damentais. No entanto, por mais que se possa concordar com o aspecto de Justiça inerente às formulações propostas, há de se reconhecer a necessidade de fundamentação normativa que estabeleça segurança para a adoção dos referidos parâmetros.

Tome-se, por exemplo, ainda, o critério de "*grau de pessoalidade da relação*" adotado por Marcelo Schenk Duque[482] (e não mencionado por Virgílio Afonso, diga-se de passagem). Por mais que se reconheça o valor moral na escolha adotada, há que se percorrer algum caminho normativo para se alcançar validade jurídica para o referido critério.

Sobre o tema, em formulação que guarda alguma relação com a proposta de Schenk Duque, Robert Alexy menciona a teoria das esferas de proteção da liberdade[483], empregada no caso *Elfes*[484]. A proposta contida na teoria das esferas, além de não ser totalmente por ele encampada, é articulada em conjunto com critérios metodológicos próprios, incluindo a técnica de sopesamento por ele defendia. A esse respeito assevera que "*a teoria das esferas demonstra ser, portanto, uma descrição extremamente rudimentar dos diferentes graus de intensidade aos quais, sob diferentes condições, a proteção dos direitos fundamentais está submetida*".[485] Volta-se, portanto, ao mesmo critério de sopesamento anteriormente mencionado.

O risco a que se incorre pela adoção do modelo em questão, portanto, é exatamente a supressão de eventual atuação legítima, no âmbito dos limites da autonomia privada, sob a alegação de violação de algum direito fundamental concretamente suscitado em contexto em que a larga tessitura poderia abrigar alguma arbitrariedade.

O risco se agrava quando, por exemplo, está sob tensão o princípio da dignidade humana *vis-à-vis* a autonomia privada. Nesse sentido, volta-se aos mesmos dilemas apresentados no item 3.4 quanto aos déficits democráticos que exsurgem de posicionamentos heterônomos para a concretização dos princípios em questão.

482 DUQUE, **Eficácia horizontal dos direitos fundamentais e jurisdição constitucional**, p. 118.

483 ALEXY, **Teoria dos direitos fundamentais.**

484 BVerfGE 6, 32.

485 ALEXY, **Teoria dos direitos fundamentais**, pp. 363-364.

4.4.3. O modelo de eficácia direta dos direitos fundamentais e o direito civil

Conforme pontua Otávio Luiz Rodrigues Junior[486] com ilustrativas notas biográficas, a origem da teoria da eficácia direta dos direitos fundamentais nas relações privadas remonta à obra do civilista alemão Hans Carl Nipperdey. Sua principal obra, a respeito da temática em questão, foi publicada, inicialmente, em 1961, sob o título original *Grundrechte und Privatrecht*[487], e complementada, na sequência, em 1962, com o texto originalmente intitulado "*Freie Entfaltung der Persönlichkeit*"[488], dedicado ao disposto no art. 2º, *caput*, inciso I, da Constituição alemã, que trata do direito ao livre desenvolvimento da personalidade.

Para Nipperdey, os direitos fundamentais da dignidade da pessoa humana e do livre desenvolvimento da personalidade são normas decisivas na Constituição alemã.[489] Em especial, a dignidade da pessoa humana é o fundamento de todo o ordenamento jurídico – incluído, evidentemente, o Direito Privado[490] – bem como "*o valor extremo*" e "*o centro da ideia de direito, da força que torna moral no direito*".[491]

Diante da relevância do referido princípio para o ordenamento jurídico, Nipperdey defende que a liberdade e a dignidade devam ser preservadas inclusive entre os grupos sociais e econômicos. Assim, o valor intrínseco da pessoa também deve ser reconhecido no âmbito dos poderes sociais e econômicos, como forma de proteger o indivíduo dos detentores desses poderes.[492] Nessa linha de raciocínio, Nipperdey considera que a autonomia privada é, igualmente, resultante dos princípios da dignidade humana e da liberdade de desenvolvimento.[493]

Em desenvolvimento de seu raciocínio, Nipperdey assevera que a liberdade dos privados em sentido absoluto poderia resultar em abusos e opressões à própria liberdade individual dos menos favorecidos. Desse modo, o

[486] Rodrigues Junior, **Direito civil contemporâneo:** estatuto epistemológico, constituição e direitos fundamentais, p. 275.

[487] Nipperdey, Direitos fundamentais e direito privado.

[488] Nipperdey, Hans Carl. Livre desenvolvimento da personalidade. *In*: Heck, Luís Afonso (org.). **Direitos fundamentais e direito privado.** Porto Alegre: Sergio Antonio Fabris, 2012.

[489] *Ibid.*, p. 71.

[490] Nipperdey, Direitos fundamentais e direito privado, p. 52.

[491] *Ibid.*, p. 52.

[492] *Ibid.*, p. 53.

[493] *Ibid.*, p. 53.

princípio do estado social deve proteger a liberdade individual ao impor limites imediatos às liberdades pretensamente absolutas e opressivas de outros agentes. Da mesma forma, a ordem fundamental social imporia a necessidade de observância de certos limites ao direito de propriedade, *i.e.*, a propriedade obriga e o seu uso deve servir, simultaneamente, ao bem-estar da comunidade.[494]

Em suma, os direitos fundamentais garantem, protegem e legitimam o Direito Privado, garantindo-lhe liberdade perante o Estado. O catálogo de direitos fundamentais não apenas contém direitos do particular perante o Estado, mas também a instalação jurídica – protegida constitucionalmente – diante de intervenções estatais concretas, como casamento e direito de família, liberdade empresarial, comércio, direito de propriedade e direito de herança. Nesse sentido, há uma vinculação direta, tanto do legislador – impondo-lhe limites e deveres de observância – como, também, no âmbito do tráfego do Direito Privado. Ou seja, não somente as normas editadas pelo legislador não podem infringir direitos fundamentais constitucionalmente garantidos, como, igualmente, as convenções e os negócios jurídicos privados, da mesma forma, não podem contradizer as garantias instituídas.[495]

Nipperdey assim explicita os efeitos normativos dos direitos fundamentais nas relações privadas:

> Mais correto deveria ser falar do efeito absoluto de certos direitos fundamentais. Trata-se do efeito normativo imediato de determinações de direitos fundamentais particulares em sua qualidade de direito constitucional objetivo, vinculativo que anulou, modificou, complementou ou criou de novo determinações de direito privado. Esse direito constitucional contém para campos do direito fora da constituição não somente 'proposições diretrizes' ou 'regras de interpretação', mas uma regulação normativa do ordenamento jurídico total como unidade, da qual também emanam imediatamente direitos privados subjetivos do particular. Uma infração contra uma norma fundamental também atuante no direito privado leva, em regra, à nulidade do negócio jurídico.[496]

[494] *Ibid.*, p. 54.
[495] *Ibid.* pp. 58-59.
[496] *Ibid.*, pp. 59-60.

Para Nipperdey, utilizando-se da expressão empregada em Lüth, os direitos fundamentais formam uma ordem objetiva de valores, que não é neutra. Ou seja, os direitos fundamentais apontam para uma nova ordem, que deve, obrigatoriamente, ser seguida pelo Estado, por instituições públicas e privadas, e por particulares.

Nesse sentido, os efeitos dos direitos fundamentais são absolutos. Assim, toda norma de Direito Privado que estiver em desacordo com o que neles estiver disposto deverá sofrer sanção de nulidade. Esse raciocínio vale tanto para as normas decorrentes de lei em sentido estrito, quanto para as normas resultantes de negócios jurídicos entre particulares. Nesse sentido, o Código Civil continua vigendo na exata medida em que não conflita com a lei fundamental.

A teoria de Nipperdey prescinde, portanto, de quaisquer recursos às cláusulas gerais, ou "*lugares de invasão*", para que os efeitos dos direitos fundamentais sejam percebidos nas relações entre privados. Não há qualquer tipo de mediação entre os direitos fundamentais e o suporte fático do caso concreto; os agentes privados dispõem dos direitos e das garantias fundamentais para obstar que outro agente privado incorra em alguma limitação ao seu pleno exercício de tais posições jurídicas.

Cada particular é titular de direitos fundamentais, e, como tal, no âmbito das relações privadas, é perfeitamente possível que os referidos direitos sejam invocados por quaisquer das partes para obstar que a contraparte incorra em algum tipo de conduta que seja incompatível com os referidos direitos e garantias. Tal perspectiva não representaria qualquer violação à autonomia privada ou à liberdade dos particulares. Ao contrário, no dizer de Nipperdey "*nesse caso, está afiançamento da liberdade contra afiançamento da liberdade*".[497] Assim, não há que se cogitar do fim da autonomia privada, mas, tão-somente, da plena consideração da lei fundamental para a liberdade no âmbito do tráfego do Direito Privado.[498]

José Carlos Vieira de Andrade, aliás, pretende realizar uma distinção – não sem fundamento – entre relações privadas de poder e relações privadas típicas. No que concerne à primeira categoria, explicita que, em relações de poder – não em relações entre iguais –, justificar-se-ia uma proteção da liberdade das pessoas em posição de vulnerabilidade. Esclarece, ainda, que

[497] *Ibid.*, p. 63.

[498] *Ibid.*, p. 64.

esse poder não necessariamente seria um poder jurídico, mas um poder de fato inequívoco e objetivamente determinável. Exemplifica como: hipóteses de monopólio de fato, de cartelização ou de oligopólio, pelo menos de bens essenciais.[499] Na segunda categoria, seriam incluídas as relações típicas entre privados; ou seja, determinadas pelo critério da igualdade. Nestas últimas, não se justificaria uma proteção demasiada da liberdade individual, haja vista que a própria liberdade contratual se encarregaria de tal desiderato.

No âmbito da doutrina brasileira, é possível identificar uma grande aceitação da teoria de eficácia direta dos direitos fundamentais aos particulares. Como se viu acima, os adeptos das correntes axiológica-hermenêuticas da constitucionalização do Direito Civil, acima explicitadas, a rigor compreendem a necessidade de se estabelecer vínculos diretos entre os particulares, em relações privadas, e os direitos fundamentais.

Há diversos autores que adotam a teoria da eficácia imediata dos direitos fundamentais nas relações privadas. A esse respeito, é importante, desde logo, destacar que não é possível o estabelecimento de consensos, notadamente, quanto ao grau e às características das diversas teorias que abordam o tema. Não seria possível sistematizá-las sem alguma perda significativa de detalhes e fundamentos. Por essa razão, serão abordadas as características mais comumente identificadas, a partir do trabalho de autores de indiscutível relevância como Ingo Wolfgang Sarlet[500/501], Edson Fachin, Carlos Ruzyk[502], Daniel Sarmento[503] e Gustavo Tepedino[504].

[499] ANDRADE, José Carlos Vieira de. Os direitos, liberdades e garantias no âmbito das relações entre particulares. *In*: SARLET, Ingo Wolfgang (org.). **Constituição, direitos fundamentais e direito privado**. 2. ed. Porto Alegre: Livraria do Advogado, 2006. pp. 286-287.

[500] SARLET, Ingo Wolfgang. Direitos fundamentais e direito privado: algumas considerações em torno da vinculação dos particulares aos direitos fundamentais. **Revista de Direito do Consumidor**, v. 36, pp. 54–104, 2000.

[501] SARLET, A influência dos direitos fundamentais no direito privado: o caso brasileiro.

[502] FACHIN, Luiz Edson; RUZYK, Carlos Eduardo Pianovski. Direitos fundamentais, dignidade da pessoa humana e o novo Código Civil: uma análise crítica. *In*: SARLET, Ingo Wolfgang (org.). **Constituição, direitos fundamentais e direito privado.** 2. ed. Petrópolis: Livraria do Advogado, 2006.

[503] SARMENTO, **Direitos fundamentais e relações privadas.**

[504] TEPEDINO, Gustavo. A incorporação dos direitos fundamentais pelo ordenamento brasileiro: sua eficácia nas relações jurídicas privadas. *In*: TEPEDINO, Gustavo. **Temas de direito civil.** Tomo III. Rio de Janeiro: Renovar, 2009.

A propósito do tema, é relevante destacar a classificação de Otávio Luiz Rodrigues Junior quanto à existência de um modelo fraco e um modelo forte de eficácia direta dos direitos fundamentais nas relações privadas. O modelo forte se caracterizaria, em princípio, pela verificação, em caráter primário, dos efeitos dos direitos fundamentais. O modelo fraco, por outro lado, compreende que os efeitos devem ser percebidos apenas de forma residual.[505]

Além de tais percepções, é possível estabelecer conexões importante entre o modelo de eficácia direta, em especial em sua vertente mais forte, e as premissas neoconstituconalistas do Direito Civil Constitucional. Nesse sentido, é possível evidenciar relevantes fundamentações em relação às funções emancipatórias do Direito. Esses objetivos disruptivos seriam alcançados por intermédio da atividade interpretativa, com técnicas de aplicação de princípios, em detrimento da atividade legislativa associada às técnicas subsuntivas, sob a iluminação de critérios axiológicos extraíveis do conteúdo do princípio da dignidade humana.

Nesse sentido, no âmbito do modelo forte, e a exemplo de Nipperdey, Luiz Edson Fachin e Carlos Eduardo Pianovski Ruzyk entendem que o princípio da dignidade humana possui caráter legitimador do ordenamento jurídico; mais além, compreendem que há uma racionalidade inerente à produção, à reprodução da vida e à dignidade que antecedem o próprio direito e a ele dão fundamento, na qualidade de dimensão ética indissociável.[506]

Gustavo Tepedino também defende que há uma nova ordem pública advinda com o estabelecimento da dignidade humana como valor constitucional maior: no ápice do nosso ordenamento jurídico. Tal circunstância teria resultado em alteração inclusive da percepção sobre o conceito de ordem pública. Nesse sentido, defende que se a proteção desses valores existenciais constitui esse ponto culminante da nova ordem pública, *"não poderá haver situação jurídica subjetiva que não esteja comprometida com a realização do programa constitucional"*.[507]

505 Rodrigues Junior, **Direito civil contemporâneo:** estatuto epistemológico, constituição e direitos fundamentais, p. 288.

506 Fachin; Ruzyk, **Direitos fundamentais, dignidade da pessoa humana e o novo Código Civil:** uma análise crítica.

507 Tepedino, **A incorporação dos direitos fundamentais pelo ordenamento brasileiro:** sua eficácia nas relações jurídicas privadas, p. 48.

Para que o Direito possa se conformar a essa nova ordem pública, pautada pela proteção de valores existências, fundamentados na dignidade humana, a atividade legislativa longe estaria de ser suficiente para os desafios advindos com a complexidade das relações sociais e econômicas da contemporaneidade. A esse respeito, assevera Tepedino que:

> (...) de nada adiantaria aguardar a intervenção reformista do legislador, sendo mais útil, ao revés, e urgente, procurar soluções interpretativas que ampliem a proteção humana, atribuindo-se máxima efetividade social aos princípios constitucionais e aos Tratados internacionais que ampliam o leque de garantias fundamentais da pessoa humana.[508]

Thiago Luís Santos Sombra, por sua vez, entende que:

> (...) a teoria da eficácia imediata dos direitos fundamentais nas relações jurídico-privadas, em que pesem as inúmeras críticas, vem preencher um vazio axiológico-normativo constatado na concepção clássica dos direitos fundamentais.[509]

Mais enfaticamente, Fachin e Ruzyk entendem que o recurso às soluções tradicionais de subsunção do suporte fático à norma estabelecida pelo legislador ordinário não apenas não consistiu na melhor alternativa, como poderia, inclusive, resultar em prejuízos efetivos aos direitos fundamentais dos indivíduos.[510]

De tais constatações resultaria, portanto, a necessidade de adoção de ações, por parte dos operadores jurídicos, que efetivamente atendam às necessidades que emanam do princípio da dignidade humana, e que, dessa forma, resultem nos objetivos emancipatórios decorrentes dessa dimensão ética aludida por Fachin e Ruzyk.

508 *Ibid.*, p. 46.

509 SOMBRA, Thiago Luís Santos. **A eficácia dos direitos fundamentais nas relações privadas**. 2. ed. São Paulo: Atlas, 2011. p. 99.

510 *In verbis*: "Tal proceder pode gerar ofensa a direitos fundamentais decorrentes da cega aplicação da 'solução' positivada no modelo ou, mesmo, da ausência de modelos, excluindo a possibilidade de reconhecimento de direitos onde estes se fazem necessários. É um dos modos pelos quais o direito pode gerar vítimas, afastando-se de uma direção emancipatória". (FACHIN; RUZYK, **Direitos fundamentais, dignidade da pessoa humana e o novo Código Civil:** uma análise crítica, pp. 101-102.)

Tepedino concorda com o posicionamento acima explicitado, no sentido da insuficiência dos modelos de eficácia dos direitos fundamentais que impõem determinados limites à verificação, em concreto, dos referidos efeitos nas relações típicas de Direito Privado. A propósito, assevera que:

> (...) a proteção constitucional da pessoa humana supera a setorização da tutela jurídica (a partir da distinção entre os direitos da personalidade, no âmbito do direito público, e os chamados direitos da personalidade do direito privado) bem como a tipificação de situações previamente estipuladas, nas quais pudesse incidir o ordenamento.[511]

No que concerne, ainda, à posição de Tepedino, nessa linha, é interessante notar que, no que diz respeito à tensão entre a aplicabilidade direta dos efeitos dos direitos fundamentais às relações privadas e a proteção da autonomia privada, assevera que a tutela desse último princípio é realizada, tão-somente, na medida em que realiza os valores sociais e existenciais assegurados, de forma privilegiada, pela hierarquia axiológica do ordenamento constitucional.[512] A tutela da autonomia privada, portanto, estaria condicionada ao atendimento de determinado fim relacionado a algum valor social ou existencial, de modo que a sua não observância faria com que a atuação do indivíduo não estaria albergada pelo Direito e por seu instrumental.

Daniel Sarmento também reverbera diversos postulados do neoconstitucionalismo para fundamentar a sua aderência ao modelo de eficácia direta dos direitos fundamentais. Dentre as referidas premissas, podem ser mencionadas as seguintes: (i) o processo de constitucionalização levou a Constituição para o centro do ordenamento, inclusive no que concerne ao Direito Privado; (ii) há uma força crescente do pós-modernismo jurídico, que se mostra descrente com os sistemas tradicionais, no que concerne ao alcance de objetivos emancipatórios em relação ao Direito; (iii) deve-se reconhecer a força normativa da Constituição, para que ela penetre mais profundamente em todos os campos do Direito; (iv) a Constituição incide no Direito Privado, não apenas como limite para legislador, mas, também, como parâmetro hermenêutico para a legislação ordinária e para os atos

511 TEPEDINO, **A incorporação dos direitos fundamentais pelo ordenamento brasileiro: sua eficácia nas relações jurídicas privadas**, p. 62.

512 *Ibid.*

negociais privados, e como norma imediatamente aplicável, apta a disciplinar diretamente relações jurídicas, independentemente de mediação legislativa; (v) os direitos fundamentais e a sua eficácia são orientados por uma ordem objetiva da valores previstana Constituição; (vi) a autonomia privada e a autonomia pública são complementares e devem ser protegidas concomitantemente, com a devida observância de condições básicas – sem as quais não se pode exercer minimante quaisquer das autonomias – para tanto (mínimo existencial); (vii) a aplicação direta dos efeitos dos direitos fundamentais nas relações privadas se realiza pela ponderaçãode interesses, de modo a compatibilizá-los com a autonomia privada; (viii) no Brasil, a moldura axiológica da Constituição impõe a adoção do modelo de eficácia direta e imediata; (ix) reconhece-se a existência de um processo de fortalecimento dos poderes judiciais como consequência do pós-positivismo, que investe na juridicidade dos princípios, e da assunção da supremacia material da Constituição, potencializada pelos diversos mecanismos de jurisdição constitucional; e (x) deve-se prestigiar a presunçãode constitucionalidade das leis, e, portanto, das escolhas realizadas pelo legislador. No entanto:

> (...) em face da ausência de norma adequada, ou quando a que tiver sido adotada pelo legislador afastar-se dos parâmetros axiológicos extraídos da Constituição, deverá o Judiciário aplicar diretamente os direitos fundamentais na resolução dos litígios privados.[513]

Com fundamento nessas premissas, acima sintetizadas, defende Daniel Sarmento que "*o caminho para um Direito que se pretenda justo e libertador passa, necessariamente, pela luta em prol da afirmação concreta dos direitos humanos em todos os quadrantes, inclusive no espaço das relações privadas*".[514]

Em seguimento à classificação adotada por Otávio Luiz Rodrigues Junior, anteriormente mencionada, destaca-se a posição de Ingo Wolfgang Sarlet na defesa de uma eficácia direta dos direitos fundamentais no âmbito das relações privadas. Diferentemente do que foi visto no modelo forte, Ingo Sarlet não necessariamente recorre às premissas do Direito Civil Constitucional e dos postulados do neoconstitucionalismo para fundamentar as suas hipóteses. Da mesma forma, não alcança resultados idênticos.

[513] SARMENTO, **Direitos fundamentais e relações privadas**, pp. 369-375.
[514] *Ibid.*, p. 379.

A hipótese de Sarlet é, inicialmente, articulada sob o consenso em torno do reconhecimento unânime (ou praticamente) na doutrina e jurisprudência brasileiras, no sentido da existência de efeitos das normas de direitos fundamentais no âmbito das relações entre privados. Ou seja, não há uma discussão sobre "se", mas, sim, sobre "como".

Sarlet recorre ao fundamento normativo previsto no art. 5º, § 1º da Constituição Federal para defender não apenas a máxima efetividade das normas constitucionais, mas, especialmente, a aplicabilidade direta (independentemente de qualquer medida concretizadora) das normas de direitos fundamentais. Apesar de enfatizar esse efeito decorrente do mencionado dispositivo, reconhece, todavia, a possibilidade de haver determinadas gradações na aferição de tais efeitos.[515]

Ingo Sarlet, nessa linha, acrescenta que há normas previstas na Constituição que expressamente se direcionam ao Poder Público. No entanto, outra há que os destinatários são especificamente os particulares. Assim

[515] Em benefício da preservação da clareza da fundamentação, *in verbis*: "Se, portanto, todas as normas constitucionais sempre são dotadas de um mínimo de eficácia, no caso dos direitos fundamentais, à luz do significado outorgado ao art. 5º, §1º, de nossa Lei Fundamental, pode afirmar-se que aos poderes públicos incumbem a tarefa e o dever de extrair das normas que os consagram (os direitos fundamentais) a maior eficácia possível, outorgando-lhes, nesse sentido, efeitos reforçados relativamente às demais normas constitucionais, já que não há como desconsiderar a circunstância de que a presunção da aplicabilidade imediata e plena eficácia que milita em favor dos direitos fundamentais constitui, em verdade, um dos esteios de sua fundamentalidade formal no âmbito da Constituição. Assim, para além da aplicabilidade e eficácia imediata de toda a Constituição, na condição de ordem jurídico-normativa, percebe-se – na esteira de García de Enterría – que o art. 5º, §1º, de nossa Lei Fundamental constitui, na verdade, um *plus* agregado às normas definidoras de direitos fundamentais, que tem por finalidade justamente a de ressaltar sua aplicabilidade imediata independentemente de qualquer medida concretizadora. Poderá afirmar-se, portanto, que – no âmbito de uma força jurídica reforçada ao nível da Constituição – os direitos fundamentais possuem, relativamente às demais normas constitucionais, maior aplicabilidade e eficácia, o que, por outro lado (consoante já assinalado), não significa que mesmo dentre os direitos fundamentais não possam existir distinções no que concerne à graduação desta aplicabilidade e eficácia, dependendo da forma de positivação, do objeto e da função que cada preceito desempenha. Negar-se aos direitos fundamentais esta condição privilegiada significaria, em última análise, negar-lhes a própria fundamentalidade. Não por outro motivo – isto é, pela sua especial relevância na Constituição – já se afirmou que, em certo sentido, os direitos fundamentais (e a estes poderíamos acrescentar os princípios fundamentais) governam a ordem constitucional.". (SARLET, Ingo Wolfgang. **A eficácia dos direitos fundamentais:** uma teoria geral dos direitos fundamentais na perspectiva constitucional. 13. ed. Porto Alegre: Livraria do Advogado, 2018. p. 280.)

não haveria como se negar a existência, inclusive diante desse arcabouço normativo, de eficácia direta das normas constitucionais aos privados, mesmo em relações particulares.

Acrescenta, com fundamento na tese de Jörg Neuner[516], que o princípio da dignidade humana, assim como os direitos humanos, por sua relevância e por sua indisponibilidade, vincularia até mesmo o Poder Constituinte Originário; razão pela qual não se poderia negar, por consequência, a vinculação tanto do Poder Público quanto dos agentes privados.[517]

A reforçar o seu argumento, Sarlet esclarece que as violações aos direitos fundamentais podem partir tanto de agentes estatais quanto de agentes privados, indistintamente. Partindo do pressuposto de que as teorias *state action* e de convergência estatal são de desafiadora aceitação na atual dogmática do constitucionalismo brasileiro contemporâneo, não faria sentido garantir a tutela diante das violações oriundas do Estado e não proteger o indivíduo quando a opressão advier de agente privado.

Afora isso, as relações de profunda desigualdade entre privados próprias do contexto brasileiro deveriam ensejar maior consideração a respeito da necessidade de garantia de tutela mais enfática dos direitos fundamentais. Nesse sentido, assevera que:

> (...) importa reconhecer que quanto mais sacrificada for a liberdade e igualdade substanciais, maior haverá de ser o grau de proteção exercido pelo Estado no âmbito dos seus deveres gerais e específicos de proteção, atuando positivamente no sentido de compensar as desigualdades, mediante intervenção na esfera da autonomia privada e liberdade contratual.[518]

[516] Essa tese é referida, em síntese, pelo autor na seguinte passagem: "Sob a perspectiva da Constituição, os direitos fundamentais não se encontram, todavia, no topo da pirâmide normativa, senão que o povo alemão se declara partidário no art. 1, par. 2, da LF, dos 'direitos humanos como fundamento de toda comunidade humana'. A Lei Fundamental se refere, com isso, a um regime de regulamentação supra-estatal, o qual, de acordo com sua ideia, vale universalmente e vincula até mesmo a maioria constituinte". (NEUNER, Jörg. A influência dos direitos fundamentais sobre o direito privado alemão. *In*: SARLET, Ingo Wolfgang; MONTEIRO, Antonio Pinto; NEUNER, Jörg (orgs.). **Direitos fundamentais e direito privado.** Coimbra: Almedina, 2007. pp. 222-223.)

[517] SARLET, **Direitos fundamentais e direito privado:** algumas considerações em torno da vinculação dos particulares aos direitos fundamentais, p. 27.

[518] *Ibid.*, p. 29.

Por fim, Sarlet destaca que, para além do reconhecimento da eficácia direta, o principal desafio seria relacionado à análise da intensidade da eficácia dos direitos fundamentais no caso concreto. Sobre o tema, faz alusão à impossibilidade de se adotar, *a priori*, uma solução aplicável a todo e qualquer tipo de problema.

De fato, existe uma tensão relevante inerente ao tema ao se constatar que a solução dos problemas relativos à eficácia entre particulares é caracterizada por uma tensão entre dois ou mais titulares, cada um a seu modo, de direitos fundamentais importantes e que devem ser devidamente considerados. Não seria possível, dessa forma, aventar-se de uma eficácia direta absoluta dos direitos fundamentais.

Afora isso, e à luz dos argumentos articulados pelos defensores do modelo da eficácia indireta, é de se reconhecer os desafios relacionados à estrutura normativa e da natureza principiológica das normas definidoras de direitos e garantias fundamentais. De fato, há riscos a serem avaliados no que concerne aos excessos na aplicação de princípios diretamente aos casos concretos, sem a devida observância de critérios metodológicos relativamente seguros.

Alerta, aliás, Juan María Bilbao Ubillos que ninguém pode ser obrigado a organizar sua vida de forma a desconsiderar os valores constitucionais. E, nesse sentido, acrescenta que se deve ponderar que a aplicação direta dos direitos fundamentais nas relações privadas deve ser gradativa, sob pena de se sacrificar a autonomia contratual.[519]

Wilson Steinmetz, por sua vez, defende que a eficácia direta de direitos fundamentais nas relações privadas não necessariamente constitui uma ofensa à autonomia privada, seguindo sua própria conceituação de autonomia privada[520], pois: (i) "*a autonomia privada é, também ela, um bem constitucionalmente protegido e, em razão disso, não pode ser ela afastada sem mais*"; e

[519] UBILLOS, Juan María Bilbao. En qué medida vinculan a los particulares los derechos fundamentales? *In*: SARLET, Ingo Wolfgang (org.). **Constituição, direitos fundamentais e direito privado**. 2. ed. Porto Alegre: Livraria do Advogado, 2006. p. 334.

[520] Para o referido autor, a autonomia privada pode ser definida como "o poder de atribuído pela ordem jurídica aos particulares para que, livres e soberanamente, auto regulem os próprios interesses (direitos, bens, fins, pretensões). A autonomia privada manifesta-se como um poder de autodeterminação e de autovinculação dos particulares. No exercício da autonomia privada, os particulares tornam-se legisladores dos próprios interesses, seja para criar direitos, seja para criar deveres". (STEINMETZ, Wilson. **Direitos fundamentais e autonomia privada**. São Paulo: Malheiros, 2004. pp. 190-191.)

(ii) "*a dogmática e a jurisprudência constitucionais contemporâneas já produziram referenciais e metodológicos – e.g., a teoria dos princípios e o princípio da proporcionalidade – para solucionar as colisões entre direitos fundamentais e autonomia privada de forma racional e intersubjetivamente controlável*".[521]

Nesse mesmo sentido, posiciona-se Benedita Ferreira da Silva Mac Crorie, defensora da eficácia direta *prima facie* nas relações privadas[522], ao concluir que a autonomia privada não seria afetada por uma vinculação imediata dos direitos fundamentais no âmbito particular. A esse respeito, entende que a liberdade contratual é, efetivamente, objeto de garantias jusfundamentais, e, por essa razão, deverá espraiar os seus efeitos em relação a terceiros.[523]

Os problemas relacionados à fruição de direitos fundamentais nas relações entre privados, como salientado anteriormente, evidenciam tensões resultantes de possíveis contraposições de titulares de direitos e posições legítimas. Tais circunstâncias exigem a superação de conflitos por meio de soluções distintas para cada caso concreto e a partir das técnicas de ponderação defendidas por Alexy.[524][525]

Verifica-se, portanto, que a posição de Ingo Sarlet é consideravelmente distante de algumas das principais premissas defendidas pelo Direito Civil Constitucional, ainda que se possa haver convergências em parte dos resultados práticos decorrentes da aplicação da metodologia acima explicitada.

Por outro lado, também é possível a identificação de importante mitigação dos efeitos da aplicação direta, exatamente por não se reconhecer a legitimidade do postulado da aplicação direta, imediata e absoluta dos direitos fundamentais. Isso porque, conforme acima destacado, há dife-

[521] *Ibid.*, p. 198.

[522] Confira-se, a propósito, as conclusões, *in verbis*, da referida autora: "Por tudo isto, parece-nos que será de reconhecer uma vinculação direta *prima face*, ou seja, a impossibilidade de uma vinculação directa de feições absolutas, mas ainda assim, uma vinculação directa dos particulares aos direitos fundamentais. A inviabilidade de uma eficácia directa absoluta e a necessidade de adoptar soluções diferenciadas decorre, também, da estrutura normativa e da natureza eminentemente principiológica dos direitos fundamentais.". (Mac Crorie, Benedita Ferreira da Silva. **A vinculação dos particulares aos direitos fundamentais**. Coimbra: Almedina, 2017. p. 86.)

[523] *Ibid.*, pp. 82-83.

[524] Sarlet, Direitos fundamentais e direito privado: algumas considerações em torno da vinculação dos particulares aos direitos fundamentais., pp. 32-33.

[525] Alexy, **Teoria dos direitos fundamentais**. pp. 163 e ss.

rentes graus e intensidades distintas com as quais é possível a concretização dos direitos fundamentais em cada caso.

4.4.4. O modelo de eficácia indireta dos direitos fundamentais e o direito civil

O modelo de eficácia indireta dos direitos fundamentais nas relações privadas tem seus fundamentos estabelecidos pelos trabalhos de Günther Dürig, em especial na sua obra "*Grundrechte und Zivilrechtsprechung*".[526]

Dürig estabelece como base de seu modelo a liberdade, precisamente a liberdade individual, como decorrência da dignidade humana. Essa liberdade, ancorada no texto constitucional, possibilitaria que, em âmbito privado, fosse possível o estabelecimento de prejuízos e vantagens jurídicas, em detrimento da esfera jurídica de alguns, e em benefício de outros[527], e isso sem, necessariamente, resultar na imperatividade da intervenção do arcabouço normativo-institucional dos direitos fundamentais.

A dignidade humana, portanto, tem papel fundamental na construção teórica do modelo de eficácia indireta de Dürig, e, dessa forma, constitui a centralidade da ordem objetiva de valores que compõe o conteúdo dos direitos fundamentais.

A liberdade que decorre do princípio da dignidade humana, todavia, viabiliza que, no tráfego jurídico de Direito Privado, sejam realizadas determinadas mitigações da incidência de valores que orientam os direitos fundamentais. Nesse sentido, é absolutamente compatível, *v.g.*, com o ordenamento jurídico-civil: (i) o direito de deixar tratar-se desigualmente sem que isso represente violações ao Direito Civil; (ii) o direito de não querer fazer uso de liberdades particulares; (iii) o direito de poder tratar desigualmente partes envolvidas em atos e negócios jurídicos; e (iv) o direito de aceitar de outros renúncias contratuais a liberdades fundamentais, assim como o de pedir o cumprimento de contratos em que possam constar tais limitações e renúncias a direitos fundamentais.[528]

O direito de liberdade individual, assim, requer a consideração de espaços privados em que seja possível a mitigação e a renúncia de determinados direitos, ainda que, em última análise, lastreados em direitos fundamentais. Dessa forma, é perfeitamente lícito que os privados tomem decisões, no

[526] DÜRIG, **Direitos fundamentais e jurisdição civil.**

[527] *Ibid.*, p. 16.

[528] *Ibid.*, pp. 16-17.

âmbito particular, que, inclusive, sejam contrários a determinados valores morais. A liberdade de decidir não é – e nem deve ser –medida pela valoração moral da causa que lhe dê ensejo, de modo que a sua existência não pressupõe qualquer compromisso com determinado fim socialmente determinado, se não com os propósitos autonomamente fixados pelo indivíduo.

Afora isso, também deve ser considerado que o ordenamento jurídico de Direito Privado também representa, em sua essência, o transporte, em certa medida, de valores morais relevantes para o ordenamento jurídico. Tal como alerta Dürig, não se deve pressupor que o Direito Privado teria deixado sem proteção valores humanos relevantes até que, finalmente, houvesse a previsão explícita de direitos fundamentais nos respectivos textos constitucionais.[529]

Nesse sentido, defende que a aplicação dos direitos fundamentais no tráfego jurídico de Direito Privado é realizada pela mediação normativa do ordenamento jurídico de Direito Privado, em especial por intermédio das cláusulas gerais, suscetíveis de preenchimento de valores.[530]

A abertura das cláusulas gerais para a permeabilidade da ordem objetiva de valores[531], no entanto, não se faz de modo uniforme, mas, sim, em graus distintos de penetração, em conformidade com o conteúdo normativo do Direito ordinário a respeito da matéria: quanto maior a lacuna, maior será a abertura para o ingresso valorativo no âmbito das cláusulas gerais.

Nesse contexto, o preenchimento dos conceitos e das cláusulas gerais com os conteúdos decorrentes dos direitos fundamentais se daria em três níveis distintos de intensidade: (i) com o *esclarecimento* dos conceitos jurídicos constantes do ordenamento jurídico[532]; (ii) por meio de uma *interpretação aguçada pelos valores*, que resultaria, inclusive na *acentuação* de valor de normas de proteção dos direitos fundamentais – o que Otávio Luiz Rodrigues Junior, precisamente, pontua como verdadeira *atualização* dos conceitos do sistema jurídico[533]; e (iii) por meio da *colmatação* de lacunas eventualmente existentesno ordenamento jurídico.[534]

[529] *Ibid.*, pp. 34-35.

[530] *Ibid.*, p. 35.

[531] Ver, a esse respeito, os fundamentos da decisão proferida no caso Lüth, anteriormente explicitado.

[532] Dürig, **Direitos fundamentais e jurisdição civil**, p. 36.

[533] Rodrigues Junior, **Direito civil contemporâneo:** estatuto epistemológico, constituição e direitos fundamentais, p. 299.

[534] Dürig, **Direitos fundamentais e jurisdição civil**, pp. 38-39.

Esse modelo, segundo Dürig, preservaria a autonomia do Direito Privado,

> (...) tornada necessária lógico-jurídica e sistemático-juridicamente depois de reconhecimento jurídico fundamental da liberdade de disposição privada no tráfego jurídico de terceiros" e, ainda, salvaguardaria "a unidade do direito total, naturalmente necessária, na moral jurídica.[535]

Tal como já apontado anteriormente, o modelo da eficácia indireta foi sedimentado pela Corte Constitucional alemã no já mencionado caso Lüth. Como visto acima, naquela oportunidade, a Corte reconheceu a existência de uma ordem objetiva de valores, cujo conteúdo é conformado pelos direitos fundamentais. Tal conteúdo normativo também se fez presente na concretização de direitos no âmbito das relações privadas. Para tanto, todavia, não se fez necessário qualquer recurso a técnica argumentativa que levasse à desconsideração do Direito Privado.

Assim, como Dürig, reconheceu-se que o ingresso dessa ordem objetiva de valores no Direito Privado se realiza exatamente por meio das cláusulas gerais. Nesse sentido:

> A influência do sistema de valores dos direitos fundamentais é mais clara nessas regras do direito privado que são obrigatórias (*zwingendes Recht*) e fazem parte da *ordre public* no sentido amplo, ou seja, aquelas regras que, no interesse público, se aplicam a relações jurídicas privadas, quer as partes assim escolham ou não. Tais disposições, estando funcionalmente relacionadas e complementares ao direito público, estão particularmente expostas à influência do direito constitucional. 'Cláusulas gerais', como a § 826 BGB, pela qual a conduta humana é medida contra padrões extralegais como 'conduta adequada' (*güle Sitten*), permitem que os tribunais respondam a essa influência, quando decidindo o que é exigido em um caso específico, tais comandos sociais, devem partir do sistema de valores adotado pela sociedade em sua constituição nessa fase de seu desenvolvimento cultural e espiritual. As cláusulas gerais foram justamente descritas como "pontos de entrada" para direitos básicos no direito privado.[536]

[535] *Ibid.*, p. 35.

[536] BVerfGE 7, 198.

A decisão do caso Lüth foi paradigmática, especialmente ao reconhecer, no âmbito das relações privadas, a incidência dos direitos fundamentais, sem, no entanto, resultar em qualquer descompromisso metodológico com as técnicas interpretativas do direito ordinário. Não por outra razão, Otávio Luiz Rodrigues Junior assevera que *"a decisão Lüth, portanto, sob o aspecto metodológico, só reforçou a autonomia do Direito Civil e sua gramática normativa"*.[537]

É de se reconhecer, portanto, que a solução metodológica do modelo de eficácia indireta dos direitos fundamentais tem a vantagem de preservar o espaço normativo privado, na medida em que também garante a validade e eficácia dos acordos formados pelo exercício do princípio democrático.

Em que pesem os relevantes apontamentos articulados por Ingo Sarlet, e acima explicitados, não é possível afirmar que o modelo de eficácia direta, por sua vez, alcançaria resultados semelhantes, sem ensejar riscos consideráveis à autonomia privada, tanto em seu perfil negativo quanto em seu perfil positivo.

O modelo de eficácia direta dos direitos fundamentais, em especial em sua modalidade mais forte, enfrenta riscos relevantes relacionados a eventuais excessos na concretização dos direitos e garantias, não raras vezes, em prejuízo do direito ordinário e das avenças particulares. A tessitura aberta dos enunciados dos princípios pode resultar no apagamento dos limites republicanos que se impõem sobre a atividade judicante. Nesse ambiente, há significativa redução dos controles democráticos, o que, invariavelmente, dá ensejo a todo tipo de arbitrariedade, de natureza ideológica ou não.

A necessidade de imposição de limites claros à aplicação dos direitos fundamentais, há muito, tem sido objeto de apontamentos por parte da doutrina e jurisprudência, tanto em âmbito nacional quanto estrangeiro. Entre tais apontamentos, pode-se mencionar a relevante posição de Konrad Hesse, que já alertava a respeito da necessidade de demarcação de fronteiras para evitar que o benefício de uma proteção geral e eficaz de todos os direitos fundamentais se converta na praga da inflação dos direitos fundamentais, com a qual o Direito Privado teria pouco a ganhar, e os direitos fundamentais e o seu verdadeiro significado, muito a perder.[538]

537 RODRIGUES JUNIOR, **Direito civil contemporâneo:** estatuto epistemológico, constituição e direitos fundamentais, p. 267.

538 HESSE, **Derecho constitucional y derecho privado**, p. 67.

Sob a perspectiva da autonomia privada, o modelo de eficácia direta induz à tensão entre a liberdade negativa e a constrição exterior. Como visto acima, a solução para o referido conflito envolve, a rigor, o arbitramento, por um terceiro, entre os interesses tutelados pelos direitos fundamentais envolvidos e os interesses individuais resguardados pela autonomia privada.

Esse arbitramento, também como destacado anteriormente, é realizado, metodologicamente, pelos instrumentos e pelas técnicas da ponderação de valores formulados por Alexy[539]. Virgílio Afonso da Silva, diferentemente, defende a hipótese da autonomia privada como princípio formal, como forma de evitar os desafios inerentes às técnicas de ponderação. Em alguma medida, no entanto, o recurso, no modelo de Virgílio, à técnica muito similar à ponderação, com todas as suas dificuldades, torna-se inafastável.

A solução para a tensão entre direitos fundamentais, no âmbito do modelo de eficácia direta, é, necessariamente, heterônoma e realizada por critérios metodológicos que mitigam ou afastam o princípio democrático ínsito à perspectiva positiva da autonomia privada. Nesse contexto, a perspectiva subjetiva no ato de concretização dos direitos fundamentais se torna extremamente relevante.

Não por outro motivo, a concretização de direitos fundamentais, sob a perspectiva neoconstitucionalista, torna-se verdadeira força motriz, indutora de avanços sociais e econômicos. Os pretensos avanços, no entanto, ao se contraporem, como força heterônoma de limitação, aos interesses individuais, representam verdadeira ameaça à conformação da autonomia privada, como poder jurídico de autodeterminação.

Nesse particular, reside a relevância da compreensão da autonomia privada em seu sentido positivo, ao pôr em relevo, exatamente, a delimitação dos espaços privados estabelecida no ordenamento jurídico pelo direito legislado, ou seja, submetido aos procedimentos decisórios democráticos.

A reforçar tal posicionamento, Jorge Reis Novais afirma que, em tais casos (omissão do legislador na concretização dos direitos fundamentais), *"não ter o juiz qualquer habilitação especial que lhe dê vantagem sobre o legislador democrático na definição e delimitação recíproca das esferas de autonomia e liberdade dos particulares"*.[540]

539 ALEXY, **Teoria dos direitos fundamentais**.

540 NOVAIS, Jorge Reis. Os direitos fundamentais nas relações jurídicas entre particulares. *In*: SARMENTO, Daniel; SOUZA NETO, Cláudio Pereira de (orgs.). **A constituicionalização do direito: fundamentos teóricos e aplicações específicas**. Rio de Janeiro: Lumen Juris, 2007.

Nesse contexto, revela-se, por consequência, a relevante função dos direitos fundamentais. Não, propriamente, a indução de avanços determinados por perspectivas consequencialistas ou objetivos sociais específicos, almejado por determinado grupo, em detrimento do princípio democrático; mas, sim, a materialização jurídica da liberdade – inclusive diante de opressões de grupos majoritários – como decorrência direta do princípio da dignidade humana, sobre o qual se fundamenta a percepção do ser humano como um fim em si mesmo, e não como meio para o alcance de qualquer finalidade social, por mais valorosa que possa parecer.

4.5. O conteúdo da autonomia privada e o seu âmbito de proteção

4.5.1. As fontes normativas da autonomia privada

O marco histórico que caracterizou definitivamente o advento da Constituição Federal de 1988 foi o fim do período do Regime da Ditadura Militar que perdurou de 1964 a 1985. O advento do regime constitucional brasileiro não apenas pôs fim à vigência da Constituição de 1967, mas, principalmente, representou o encerramento da ordem nacional fundamentada no autoritarismo e no cerceamento de liberdades públicas e privadas de toda natureza.

É bastante representativo do momento histórico e do sentimento popular que permeava o contexto político e social da época que a intensificação do processo para o fim da ditadura militar – que já sofria intensos e distintos desgastes – tenha se realizado pelos movimentos da sociedade civil que tinham como objetivo o retorno do voto representativo: era o conhecido movimento das *Diretas Já*. Diante da inevitabilidade da queda do regime e do apoio popular à conhecida Emenda Dante de Oliveira, em 1984, o então Presidente General João Figueiredo anunciou, pela televisão, uma emenda constitucional prevendo eleições diretas para o ano de 1988.

Muito embora, em 1985, o Colégio Eleitoral tenha elegido Tancredo Neves como o novo Presidente da República, com o seu padecimento por enfermidade que acabou por resultar em sua morte, foi José Sarney, efetivamente, o responsável pela convocação da Assembleia Constituinte em 1987.

Nesse contexto, como bem observam Paulo Bonavides e Paes de Andrade, a Assembleia Constituinte de 1987 parece não ter um perfil ideológico claramente definido. Há, de fato, grupos corporativistas muito bem-organizados que incutiram, no texto constitucional, as suas pretensões.[541]

[541] Nesse sentido, esclarecem os referidos autores: "a ação partidária foi substituída pela movimentação dos grupos e a imprensa acusou a organização de lobbies de interesses os

Não se deve deixar de reconhecer, todavia, determinada ênfase em debates em torno de temas específicos (como, *v.g.*, temas sociais, direitos dos trabalhadores; questões da terra, propriedade e reforma agrária; capital estrangeiro etc.) nos quais se pôde verificar duas tendências. De fato, apesar de uma posição majoritariamente conservadora, a Constituinte propiciou, nos temas em questão, alguma representatividade de grupos e interesses específicos. Nesse sentido, pode-se verificar uma relativa representação da sociedade, no dizer de Paulo Bonavides e Paes de Andrade, "*com todas as suas intranquilidades, preocupações, instabilidade e deficiências de formação e de prática política*"[542].

Nada obstante, o famoso discurso de Afonso Arinos de Melo Franco, presidente da Comissão de Sistematização, proferido na sessão magna de promulgação da Constituição de 1988, em 5 de outubro de 1988, destacou, entre outros aspectos relacionados a direitos e garantias individuais e sociais, o papel da Constituição na defesa das liberdades públicas:

> Derrubar a Constituição, execrar os políticos, é derrubar a liberdade para entregar a política atual a outra 'política', isto é, a outro tipo de 'governo' não declarado, que teria em mãos a sorte e o destino do povo, e com ele o próprio futuro da Pátria.
>
> O desprezo à política não é a sua supressão, pois ela se confunde com o governo.
>
> Que haverá por detrás de tudo isso? Será que estamos ameaçados de outro tipo de 'política', ou seja, as ditaduras civis e militares, que têm sido a agonia secular da nossa República? (Muito bem! Palmas.)
>
> Srs. Constituintes de hoje, Srs. Congressistas de amanhã, nosso dever é fazer política, isto é, defender e praticar a Constituição brasileira em vigor, acreditar nela, convocar a Nação para defendê-la, se estiver em risco, reagir contra esses riscos disfarçados. Em suma, praticar e defender a liberdade. Fazer política é honrar nosso mandato, sustentar nosso trabalho, enobrecer a memória do nosso tempo.[543]

mais variados (o lobby santo, da Igreja Católica; o lobby evangélico, das várias ramificações protestantes; o lobby dos prefeitos, dos governadores, das multinacionais, das mulheres, dos cartorários, dos servidores públicos, etc.), como influenciadores ou deformadores da vontade da Constituinte.". (BONAVIDES, Paulo; ANDRADE, Paes de. **História constitucional do Brasil**. Rio de Janeiro: Paz e Terra, 1991. p. 472.)

542 *Ibid.*, p. 474.

543 FRANCO, Afonso Arinos de Melo. Discurso proferido na sessão de 5 de outubro de 1988. Brasília: Câmara dos Deputados, 1988.

Nesse contexto, é possível afirmar que, em seu vasto rol de direitos e garantias individuais e sociais, a Constituição de 1988 foi especialmente enfática quanto à defesa da liberdade, em seus diversos aspectos. Por outro lado, não há qualquer articulação expressa e específica a respeito da vigência do princípio da autonomia privada (ou autonomia da vontade).

Nada obstante, não é possível afirmar que a autonomia privada não ostentaria, por essa razão, o *status* de norma constitucional vigente, em especial como princípio basilar do Direito Privado. Ao contrário, é possível extrair a autonomia privada como princípio implícito, em decorrência de diversos dispositivos constitucionais.

O preâmbulo da Constituição Federal já sinaliza, dentre os valores supremos da República Federativa do Brasil, a garantia ao exercício dos direitos individuais, e, especificamente, a liberdade, no âmbito de um modelo de sociedade pluralista e sem preconceitos.

Na sequência, o art. 1º reforça, como fundamento da República Federativa, a cidadania, a dignidade da pessoa humana, o pluralismo político, a livre iniciativa, além dos valores sociais do trabalho e da soberania.

Já por força da exegese do art. 1º da Constituição Federal, portanto, é possível extrair a vigência da autonomia privada como princípio, não apenas diante da menção à liberdade como valor supremo e à livre iniciativa como fundamento de nossa República Federativa, mas, igualmente, do princípio da dignidade humana, que contém, dentre seus mais relevantes conteúdos normativos, a percepção da autonomia individual, a partir do que se torna reconhecível, no ser humano, a existência de um valor intrínseco e incondicionado.

Se a construção jurídica da autonomia privada é passível de ser realizada com fundamento na ideia de dignidade humana, isso não significa que, do ponto de vista normativo, é exigível, *a priori*, o recurso argumentativo ao princípio da dignidade humana para que seja reconhecida a proteção e a instrumentalização jurídicas da autonomia. De fato, a estrita observância do Direito (ordinário) posto é, por si só, suficiente para a solução da grande maioria dos temas relacionados ao Direito Privado. Outra minoria de temas mais sensíveis encontrarão a definição hermenêutica pela exegese das cláusulas gerais, conforme acima apontado. Por último, em hipóteses mais excepcionais, poderão ser empregadas determinadas técnicas de controle de constitucionalidade, quando aplicáveis, diante de inadequação entre o texto normativo ordinário e a Constituição.

O art. 5º da Constituição é ainda mais explícito na previsão da garantia da liberdade, seja em seu perfil negativo, ao destacar a reserva de espaços protegidos da intervenção estatal (*v.g.*, inciso VI, que trata da inviolabilidade da liberdade de consciência e de crença), seja em seu perfil positivo, ao declinar várias posições jurídicas necessárias para o pleno exercício dos direitos de participação na construção de processos democráticos (*v.g.*, inciso IV, que trata da liberdade de manifestação do pensamento).

É importante mencionar, ainda, o disposto no art. 170 da Constituição, que trata, especificamente, do regramento constitucional sobre a ordem econômica. O *caput* explicita que a ordem econômica brasileira é fundada na valorização do trabalho humano e na livre iniciativa, tem por fim assegurar a todos existência digna, conforme os ditames da justiça social. Entre os princípios que norteiam o ordenamento econômico encontram-se a propriedade privada e a função social da propriedade.

Tal como acima explicitado, não é possível afirmar que a Constituição Federal tem um perfil ideológico claramente identificado. Há, como visto, a previsão da garantia da propriedade privada e a ênfase na liberdade e na livre iniciativa como valores fundamentais do nosso Estado Democrático de Direito. Tal aspecto, todavia, não representa qualquer compromisso ideológico com o liberalismo clássico e os seus fundamentos.

Da mesma forma, o texto constitucional foi especialmente sensível em relação ao contexto socioeconômico brasileiro, em especial ao considerar a necessidade da redução das desigualdades e ao alçar, como objetivo a ser alcançado, a promoção da justiça social. Trata-se, pois, de um texto conectado com a realidade brasileira e com as mazelas do subdesenvolvimento do país. Não pressupõe a existência de qualquer igualdade formal – a todos pretensamente aprioristicamente garantida – assim como reconhece que a liberdade não é um dado objetivo que defluiria da mera não intervenção estatal.

Dessa forma, ainda que também não se comprometa com radicalismos ideológicos do oposto ao liberalismo, o texto constitucional reconhece a necessidade de instrumentalização de mecanismos condizentes com valores da justiça distributiva, inclusive para que as liberdades públicas e privadas possam ser plenamente universalizáveis.

Nesse particular, e a teor do que dispõem os art. 5º e art. 170, é possível afirmar que a Constituição possui, efetivamente, compromissos com a liberdade em seu perfil positivo, ao exigir a concretização de direitos básicos mínimos e condições materiais, para que a autodeterminação possa ser efetivamente exercida por todos indistintamente.

A respeito dessa temática, no entanto, é importante formular os devidos apontamentos. Tal como destacado, a Constituição Federal prevê, efetivamente, como um de seus mais relevantes objetivos a busca da justiça social, a redução das desigualdades e a observância da função social (da propriedade). Não há que se falar, no entanto, em uma relação de condição ou de pressuposição entre as normas que os preveem e aquelas que estabelecem os direitos e as garantias de liberdade – incluindo a autonomia privada.

Em outras palavras, não é possível estabelecer que a liberdade seja garantida, apenas e tão-somente, na medida em que obedece a determinado fim, por mais valoroso que seja o fim em questão. A garantia da liberdade – no que se inclui a autonomia privada, tanto em sua manifestação de caráter patrimonial quanto de natureza existencial – não é absoluta, pois é circunscrita a determinados limites, inclusive de previsão constitucional. A sujeição a limites, todavia, não significa que a garantia da liberdade possui qualquer relação de dependência com a demonstração de adequação a qualquer finalidade. O ser humano e a sua liberdade, reitere-se, constituem valores *per se*, e, dessa forma, não se submetem a qualquer critério de valoração heterônomo.

A esse respeito, oportunas são as reflexões de Paulo Mota Pinto, ao reconhecer que:

> (...) as pessoas não são, nem têm de ser, na modelação da própria esfera jurídica, sujeitos necessariamente racionais, tendo de reconhecer-se que esse é o espaço da espontaneidade, das idiossincrasias pessoas, da liberdade (também) emocional – numa palavra, do livre-arbítrio.[544]

Nesse aspecto, não se mostram condizentes com o arcabouço constitucional referente à autonomia privada as conclusões a que chega Pietro Perlingieri no sentido de se exigir, como condição de sua tutela jurídica, a obediência a interesses e funções que fundamentem a verificação do critério de merecimento.[545]

[544] PINTO, Paulo Mota, Autonomia privada e discriminação: algumas notas, *in*: SARLET, Ingo Wolfgang (Org.), **Constituição, Direitos Fundamentais e Direito Privado**, 2. ed. Porto Alegre: Livraria do Advogado, 2006, p. 361–404.

[545] PERLINGIERI, **Perfis do direito civil**, p. 19.

A respeito do tema, Daniel Sarmento faz interessante distinção entre a tutela da autonomia privada no que concerne a direitos patrimoniais e no que se refere a direitos existenciais. Segundo Sarmento, enquanto para a tutela dos últimos não seria possível estabelecer qualquer condição ou critério de merecimento, para que a autonomia privada, quanto a direitos patrimoniais, seja garantida, haveria a necessidade de atendimento aos referidos interesses e funções.[546]

Em que pese a relevância da argumentação desenvolvida, não é possível estabelecer, sob os aspectos normativos, a referida diferenciação na tutela da autonomia privada em seus perfis patrimonial e existencial, para o fim de justificar o condicionamento do primeiro a determinados valores de natureza social.

Especificamente no que concerne à tutela do direito de propriedade, na perspectiva democrática brasileira, já se teve a oportunidade de esmiuçar os fundamentos e o respectivo conteúdo. Na oportunidade, demonstrou-se os problemas inerentes às perspectivas consequencialistas de aferição do conteúdo do direito de propriedade, especialmente quando os critérios empregados por tais perspectivas são alçados a condições (*sine qua non*) para reconhecimento da tutela jurídica por parte do ordenamento.[547]

[546] SARMENTO, **Direitos fundamentais e relações privadas**, p. 215.

[547] Na oportunidade, a conclusão sobre o tema restou assim assentada: "Nesse sentido, pretendeu-se demonstrar que, apenas por procedimentos democráticos, é que se faz possível alcançar uma conformação, devidamente legitimada no âmbito do Estado Democrático de Direito, do conteúdo do direito de propriedade.

No contexto brasileiro hodierno, portanto, deixar de compreender o direito de propriedade sob a perspectiva do modelo democrático – nos termos, p.ex., em que pretende a doutrina civilista clássica –, é permitir que critérios ético-valorativos sejam empregados na conformação de seu conteúdo, de forma sub-reptícia e, portanto, não transparente, como modo de se sobrepor escolhas (ideologicamente norteadas) de um determinado grupo de interesses em detrimento dos demais.

Trata-se, dessa forma, de meio de imposição de interesses não legitimados democraticamente para o fim de estabelecer critérios próprios de decisão para alocação de recursos (e, portanto, de distribuição de poder) não condizentes com os princípios e valores que norteiam a ideia de Estado Democrático de Direito.

Diante do exposto, portanto, sopesada a devida relevância de um sistema de decisão que atribui ao particular a palavra final a respeito da alocação de determinado recurso, bem como considerados os respectivos impactos nas relações sociais, políticas e econômicas, e os interesses que poderão advir dessas interações, há que se reconhecer os critérios democráticos de legitimação, a que acima se aludiu, como instrumentos para se alcançar a conformação

Igualmente não seria possível, por contradição com a própria essência da autonomia privada, condicioná-la, como medida de viabilização de proteção, a qualquer finalidade de natureza coletiva, seja em relação a aspectos patrimoniais, seja em relação a aspectos existenciais, indistintamente.

A autonomia individual (da vontade ou, mais contemporaneamente, privada) é reforçada pelo princípio democrático ínsito ao seu perfil positivo, princípio esse alçado à categoria de cláusula pétrea (art. 60, § 4º, inciso II, da Constituição Federal).

Não há como dissociar a autonomia privada, como espaço protegido em que é garantida a autodeterminação jurídica do indivíduo, da garantia de participação democrática, submetida aos parâmetros do Estado Democrático de Direito, nos processos decisórios em que são estabelecidos os limites desse âmbito privado em cujo interior o Estado não ingressa. Em outras palavras, é inerente ao poder de autodeterminação jurídica, no âmbito privado, o poder igual – equivalente às demais autonomias – do estabelecimento das regras que conformam esse poder individual. Por essa razão, não se dissocia a autonomia privada do seu perfil positivo, ancorado que está no princípio democrático.

Considerar a autonomia privada exclusivamente sob o seu perfil negativo, é compreendê-la como mera concordância, dos privados, com os interesses e propósitos da autoridade de plantão; ou, ao menos, com a sua tolerância. Ou seja, o ato privado que recebe a qualificação jurídica, de modo a usufruir do arcabouço institucional do Estado para torná-lo juridicamente eficaz, é aquele que coincide com o critério de validação da autoridade, e não aquele que atende aos interesses livremente desenvolvidos pelo particular.

Trata-se, a rigor, de sujeitar o interesse privado ao arbítrio de outrem; o que é, precisamente, por definição, a ideia de heteronomia.

Em sentido análogo, sob outra perspectiva, Daniel Sarmento reconhece que a garantia da liberdade – e acrescente-se, da autonomia privada – não está circunscrita à liberdade formal ou negativa, isso porque "*é flagrante no discurso constitucional a preocupação com a efetividade da liberdade, com a garantia, enfim, das condições materiais indispensáveis ao seu exercício*"[548]. Sarmento, nesse particular, preocupa-se, em especial, com as condições econômicas

(ainda que dinâmica) do conteúdo do direito de propriedade.". (Marcelino, **O direito da propriedade democrática**, p. 244.)

[548] Sarmento, **Direitos fundamentais e relações privadas**, p. 212.

e sociais, e o efetivo atendimento das necessidades básicas, para o fim de, minimamente, permitir que a liberdade, realmente, seja usufruída. A essa percepção positiva, no entanto, deve-se adicionar o elemento do princípio democrático, para que seja possível, enfim, o reconhecimento pleno da liberdade e da autodeterminação individual para as decisões privadas.

Tais conclusões são reforçadas pelo princípio da legalidade previsto no art. 5º, *caput*, inciso II, da Constituição Federal. Como é de comum conhecimento, a norma em questão fundamenta a percepção – não tão precisa, porém esclarecedora – de que, no âmbito privado, tudo é permitido até que sobrevenha lei em sentido contrário.

A discussão em torno do princípio da legalidade, sob a perspectiva do espaço da autonomia privada, entretanto, não é tão simples quanto dá a entender a interpretação literal do dispositivo em questão. Aliás, todo o embate doutrinário e jurisprudencial em torno da eficácia dos direitos fundamentais no âmbito das relações privadas, por si só, demonstra a complexidade do tema.

Nada obstante, não se deve deixar de reconhecer a relevância da norma em questão, no que concerne à liberdade dos privados para buscar o atendimento de seus próprios interesses e para o livre desenvolvimento de seus propósitos. Trata-se, dessa forma, de igualmente relevante fonte normativa para a compreensão do espaço normativo da autonomia privada.

É de se reconhecer que a autonomia privada é constituída por diferentes normas garantidoras de direitos fundamentais, de modo que não é possível estabelecer objetiva e definitivamente uma única fonte normativa – muito embora seja possível, como já explicitado, construir o seu desenvolvimento a partir do fundamento primevo no princípio da dignidade da pessoa humana. Os direitos fundamentais que articulam a autonomia privada, como se verá adiante, exercem funções distintas e compõem, em seu conjunto, o conteúdo normativo e o seu âmbito de proteção.

À guisa de conclusão, verifica-se, portanto, que a Constituição Federal foi especialmente dedicada à previsão exaustiva de direitos e garantias da liberdade humana. Para tanto, o constituinte debruçou-se pelos diversos capítulos do nosso texto constitucional, para estabelecer posições em diversos aspectos de nossa vida social, política e econômica.

Assim, a Constituição Federal estabeleceu, como visto, a liberdade como um dos fundamentos de nossa República e teve o cuidado de instrumentalizar essa liberdade com direitos e mecanismos institucionais de defesa e de meio de obtenção de prestações materiais que lhe dão suporte efetivo. A proteção da liberdade, reitere-se, se dá em todas as dimensões da vida humana: em âmbito patrimonial, existencial, político ou social. E não como uma previsão isolada entre outros direitos e garantias; mas uma previsão com instrumentos, prerrogativas, posições jurídicas e, inclusive, objetivos constitucionais.

Nesse sentido, a Constituição Federal protege a liberdade, mas não somente em seu aspecto formal e idealizado, a exemplo da tutela constante dos textos constitucionais próprios do período de proeminência do ideário do liberalismo clássico. O momento histórico em que foi produzida não lhe permitiria ignorar as mazelas decorrentes de um liberalismo desconectado da realidade material das pessoas e de seus grilhões concretos; assim como não lhe facultaria não observar os riscos autoritários das experiências históricas totalitárias, as Grandes Guerras do século XX, e os receios relativos à emancipação humana advindos com tais movimentos. Igualmente, também não seria possível não observar, no contexto brasileiro, além da ruptura com a ditadura militar, as ameaças efetivas à liberdade dos cidadãos brasileiros decorrentes da miséria socioeconômica e das desigualdades endêmicas do país.

A Constituição brasileira, assim, é, ao mesmo tempo, um construto racional e abstrato, mas devidamente situado no seu tempo histórico e no seu espaço. Sem perfil ideológico claramente identificável, seu conteúdo procurou, com certo equilíbrio, colocar-se à altura dos relevantes desafios correspondentes às altivas pretensões relacionadas à emancipação humana. A medida de sua concretização, seja pelo Estado e por suas respectivas instituições, seja pelo cidadão comum, é que sinalizará a avaliação de seu êxito.

4.5.2. O âmbito de proteção diante do Administrador Público

Atualmente, pode-se afirmar ser acima de qualquer discussão o consenso em torno da vinculação dos órgãos da Administração Pública (incluindo, evidentemente, o Poder Executivo) à observância dos direitos fundamentais[549], em especial os direitos decorrentes das garantias de liberdade indi-

549 MENDES, Gilmar Ferreira. Direitos fundamentais: eficácia das garantias constitucionais nas relações privadas. Análise da jurisprudência da corte constitucional alemã. *In*: **Introdução ao direito Previdenciário**. São Paulo: LTr, 1998. pp. 237–253.

vidual. Essa vinculação se estende tanto às pessoas jurídicas de Direito Público quanto às de Direito Privado em exercício de atividades públicas.

A titularidade[550], por essência, pertence ao indivíduo e às suas diversas manifestações, ainda que abstratas. Nesse conceito amplo, portanto, incluem-se, além da pessoa natural, individualmente considerada, como também as pessoas jurídicas de Direito Privado (e público)[551], e, ainda, as entidades despersonalizadas (condomínios e consórcios, por exemplo).

No âmbito de proteção da autonomia privada em face da Administração Pública é evidenciada, de forma mais intensiva, a função negativa (*status negativus*) – aqui considerando a teoria dos *status* dos direitos fundamentais de Georg Jellinek[552]. Na classificação de Ingo Sarlet, é possível estabelecer correlação com a sua concepção em torno dos direitos fundamentais como direitos de defesa.[553]

O *status* negativo dos direitos fundamentais explicita, especialmente, a liberdade do indivíduo em face do Estado; trata-se do âmbito de liberdade que permite que o particular desenvolva suas relações sociais e econômicas, estabeleça e se conduza em conformidade com os seus propósitos pessoais sem a interferência indevida do Estado. Conforme definem Pieroth e Schlink, esse *status* se refere ao estado conformado e assegurado pelos direitos fundamentais, "*quando e na medida em que eles, como direitos de defesa, protegem determinadas liberdades ou bens jurídicos contra as ingerências, restrições, limitações ou violações do Estado*".[554]

Neste âmbito de proteção, o indivíduo é titular do pleno direito de autodeterminar-se juridicamente sem a interferência indevida, por parte do

550 Nesse particular, cabe a precisa conceituação de Ingo Sarlet: "Titular do direito, notadamente na perspectiva da dimensão subjetiva dos direitos e garantias fundamentais, é quem figura com sujeito ativo da relação jurídico-subjetiva, ao passo que destinatário é a pessoa (física, jurídica ou mesmo ente despersonalizado) em face da qual o titular pode exigir o respeito, proteção ou promoção de seu direito.". (Sarlet, **A eficácia dos direitos fundamentais:** uma teoria geral dos direitos fundamentais na perspectiva constitucional, p. 215)

551 *Ibid.*, pp. 231-232.

552 Jellinek, Georg. **Diritti pubblici subbiettivi**. Milão: Società Editrice Libraria, 1912. p. 105.

553 Sarlet, **A eficácia dos direitos fundamentais:** uma teoria geral dos direitos fundamentais na perspectiva constitucional, p. 168.

554 Pieroth, Bodo; Schlink, Bernhard. **Direitos fundamentais**. São Paulo: Saraiva, 2011. p. 60.

Estado. É garantida a liberdade para que se possam ser alcançados os propósitos de vida e de livre desenvolvimento pelos seus respectivos titulares.

A esse respeito, assevera Gilmar Mendes que os direitos fundamentais exercem a função de direitos de defesa, por meio dos quais é garantida a esfera de liberdade individual contra interferências ilegítimas do Poder Público; não só por parte do Executivo, mas também do Legislativo e/ou do Judiciário.[555]

Os referidos direitos de defesa, para o exercício da garantia das liberdades, são instrumentalizados pela ordem normativa com as seguintes pretensões: (i) de abstenção (*Unterlassungsanspruch*); (ii) de revogação (*Aufhebungsanspruch*); (iii) de anulação (*Beseitigungsanspruch*); (iv) de consideração (*Berücksitigungsanspruch*); e (v) de defesa ou de proteção (*Schutzanspruch*).[556]

A proteção, diante do Estado, é incondicionada, posto que diretamente decorrente das previsões constitucionais, anteriormente mencionadas, que articulam, normativamente, o arcabouço da garantia fundamental da liberdade. Sob a perspectiva jusfilosófica, a proteção, como visto, é lastreada na condição humana e em seu valor intrínseco; em *ultima ratio*, na própria dignidade humana, conforme a fundamentação kantiana da autonomia da vontade, especificada no item3.2.

Por consequência, a proteção à autonomia privada, seja ela relacionada aos propósitos de natureza patrimonial, seja direcionada a determinações humanas existenciais, é absolutamente dissociada de qualquer juízo de merecimento, análise valorativa ou apreciação de adequação a qualquer interesse finalístico.

Nesse sentido, o âmbito de proteção da autonomia privada, perante o Estado, tem como seu suporte fático, em linhas gerais, o mero exercício individual da liberdade de autodeterminação jurídica, em suas diversas manifestações. Assim, sob essa perspectiva normativa, a sua tutela não pressupõe o preenchimento de qualquer critério de natureza moral. A proteção da liberdade individual é, portanto, rigorosamente insensível à virtude e ao vício; aos bons e aos maus propósitos; à utilidade e à inutilidade. O ser humano é – e deve ser – livre, em toda a sua plenitude, e em toda a sua essência, constituída por seus méritos e suas falhas.

555 MENDES, Gilmar Ferreira. Os direitos fundamentais e seus múltiplos significados na ordem constitucional. **Revista Diálogo Jurídico**, v. 10, pp. 1–12, 2002.

556 *Ibid.*, p. 3.

Ao Estado, portanto, preenchido o suporte fático que sustenta o exercício do direito, caberia, tão-somente, garantir a proteção jurídico-institucional, seja em abstenção da intervenção indevida, seja na disponibilização de todos os instrumentos institucionais necessários, pertinentes e disponíveis para o alcance do interesse individual tutelado.

Em relação à proibição de intervenção, trata-se, na terminologia de Canotilho, da função de defesa dos direitos fundamentais, e, em especial, do direito à liberdade. Tal função é assim definida pelo referido autor:

> Os direitos fundamentais cumprem a função de direitos de defesa dos cidadãos sob uma dupla perspectiva: (i) constituem, num plano jurídico-objectivo, normas de competência negativa para os poderes públicos, proibindo fundamentalmente as ingerências destes na esfera jurídica individual; (ii) implicam, num plano jurídico-subjectivo, o poder de exercer positivamente direitos fundamentais (liberdade positiva) e de exigir omissões dos poderes públicos, de forma a evitar agressões lesivas por parte dos mesmos (liberdade negativa).[557]

É necessário destacar, ainda, que a tutela dos direitos fundamentais, em especial da liberdade, não pressupõe, meramente, a proibição de intervenção, mas igualmente o dever, também atribuível ao Estado, de protegê-los. Trata-se, portanto, além da proibição de excesso, que articula as vedações às intervenções estatais, da proibição de insuficiência, inerente ao dever de proteção dos direitos e das liberdades fundamentais.

Nesse sentido, pode-se afirmar que se insere no âmbito de proteção o dever estatal de garantir, inclusive mediante prestações específicas, as condições materiais de exercício das liberdades individuais, dentre as quais a autonomia privada.

Evidentemente, a atuação do Estado, nesse particular, deverá obedecer a critérios metodológico-normativos, em especial quando se está a tratar do exercício da autonomia privada entre particulares. A esse respeito, reporta-se à discussão sobre os modelos de eficácia no âmbito das relações privadas (item 4.4.).

[557] CANOTILHO, **Direito constitucional e teoria da Constituição**, p. 408.

4.5.2.1. O paternalismo, o paternalismo libertário (nudges) e a autonomia privada

Muito embora não seja objeto de relevantes discussões, entre os teóricos da disciplina dos direitos fundamentais, a questão da existência ou não de deveres estatais inerentes à proibição da proteção insuficiente em relação à garantia da liberdade, as consequências desse reconhecimento, no entanto, podem levar, efetivamente, a debates relevantes relacionados ao alcance de tal norma.

Nesse contexto, se insere a relevante controvérsia relacionada ao *paternalismo* do Estado. O tema refere-se, especificamente, ao tabu consistente na pressuposição de que o perfil paternalista do Estado configuraria, *a priori*, uma violação à autonomia privada.

De fato, sob a perspectiva dos defensores do libertarianismo, qualquer intervenção do Estado, de natureza paternalista, nas decisões privadas, a rigor, poderia consistir em interferências indevidas, e, dessa forma, ilegítimas.[558]

A respeito do tema, Jörg Neuner apresenta relevantes apontamentos. Defende que atuações do Estado pretensamente sob orientações paternalistas, poderiam, a rigor, ser legitimadas com fundamento na própria tutela da liberdade e da autonomia privada, diante de circunstâncias em que possam ser evidenciados déficits de autodeterminação[559] – *v.g.* situações de evidente desequilíbrio das partes contratantes. De fato, tal como ressalta o autor, fatores endógenos ou exógenos podem afetar, especificamente, o poder de tomada de decisão pelo particular. Em tais casos, a atuação estatal poderá ser legitimada para garantir o próprio exercício do direito.

Sob a perspectiva do modelo de eficácia indireta dos direitos fundamentais, em relações entre particulares, é possível verificar, a título de ilustração, que, em nossa legislação, há diversos mecanismos de concretização

[558] A propósito do tema, defende Robert Nozick: "Nossas principais conclusões sobre o Estado são que um Estado mínimo, que se restrinja às estritas funções de proteção contra a violência, o roubo, a fraude, a coerção de contratos, e assim por diante, é justificado; que qualquer Estado mais abrangente violará os direitos de as pessoas não serem obrigadas a fazer determinadas coisas, o que não se justifica; e que o Estado mínimo é ao mesmo tempo inspirador e justo. Duas implicações dignas de nota são que o Estado não pode usar seu aparelho para obrigar alguns cidadãos a ajudar outros ou para proibir a prática de atividades que as pessoas desejarem realizar para seu próprio bem ou proteção". (NOZICK, Robert. **Anarquia, Estado e utopia**. São Paulo: WMF Martins Fontes, 2011. p. IX.)

[559] NEUNER, Jörg. Paternalismus im privaterecht. **JuristenZeitung**, v. 75, n. 6, p. 273, 2020.

da proteção da autonomia privada em ambientes de desequilíbrio no qual se faz necessária a atuação estatal para o efetivo exercício da garantia da liberdade. O próprio Código de Defesa do Consumidor, *v.g.*, prevê uma série de mecanismos protetivos em relação ao consumidor hipossuficiente. Mencione-se, por exemplo, a regra que prevê a prevalência da interpretação contratual que for mais favorável ao consumidor, conforme art. 47 do referido diploma.

Ainda nessa temática se inserem as discussões relativas à legitimidade do chamado *paternalismo libertário* (*libertarian paternalism*), termo cunhado por Cass Sunstein e Richard Thaler, na conhecida obra "*Nudge: improving decisions about health, wealth, and happiness*".[560]

Segundo os referidos autores, o paternalismo libertário seria exercido pelo Estado por meio do emprego de *nudges*, que, em tradução livre, poderiam ser expressos como *pequenos empurrões*, *cutucadas* ou *estímulos*, e representariam algum aspecto da arquitetura de escolha que altera, de uma forma previsível, o comportamento humano, sem, com isso, resultar em alguma proibição ou em uma mudança significativa dos incentivos econômicos.[561] Em outra formulação, *nudges*, assim, seriam modificações sutis no contexto de escolha que teriam como objetivo incentivar ou desincentivar determinada opção, com fundamento em algum valor social a se fazer deliberadamente prevalecente em determinadas circunstâncias.

Ao empregar tais instrumentos comportamentais, o paternalismo libertário consistiria em uma forma relativamente fraca, leve e não intrusiva de paternalismo, exatamente pelo fato de não bloquear, impedir ou onerar, de forma relevante, determinadas escolhas.[562]

Os argumentos pela legitimidade de políticas públicas fundamentadas em *nudges* se articulam, em apertadíssima síntese, em torno dos seguintes fundamentos: (i) *nudges* representam alterações sutis e de baixo impacto, e, dessa forma, não inviabilizam as alternativas desincentivadas; (ii) *nudges* são frequentemente adotados em contextos nos quais a liberdade de escolha já é, efetivamente, afetada pelo seu contexto; ou seja, seria ingenuidade pressupor ambientes absolutamente livres de interferências externas;

[560] SUNSTEIN, Cass R.; THALER, Richard H. **Nudge:** improving decisions about health, wealth, and happiness. Nova Iorque: Penguin Books, 2009 [*edição Kindle*]. p. 5.

[561] *Ibid.*, p. 5.

[562] *Ibid.*, p. 5.

(iii) o valor intrínseco (de natureza utilitarista, acresça-se) das escolhas incentivadas constituem um mérito, em si, da adoção de políticas públicas, e, portanto, um fator de legitimação *per se*, se tais valores forem compartilhados pelos cidadãos; e (iv) políticas públicas legítimasque empregam *nudges* devem observar o princípio da transparência formulado por John Rawls.[563] Este último fundamento poderia ser sintetizado como a vedação da adoção, pelos governantes, de políticas públicas que não pudessem (ou não conviessem) ser defendidas publicamente diante dos cidadãos.[564]

Não é possível, aprioristicamente, condenar as políticas públicas baseadas em *nudges* sob o fundamento de que violariam a liberdade humana, e, em especial, a autonomia privada, como pretendem os libertários mais radicais[565].

Nada obstante, os argumentos empregados por Sunstein e Thaler para a legitimação de *nudges* não estão indenes de críticas. Em primeiro lugar, os critérios utilitaristas empregados para valorar e legitimar as políticas de *nudges* são, por essência, especialmente problemáticos[566]. Em segundo lugar, tal como já apontado por Pelle Guldborg Hansen e Andreas M. Jespersen, o fundamento do princípio da transparência de Rawls, para essa finalidade, é insuficiente.[567]

Os dois aspectos mais críticos da teoria de Sunstein e Thaler permitem, a rigor, destacar, também sob essa perspectiva, a relevância do perfil positivo da autonomia privada.

Em primeiro lugar, há a necessidade de especial atenção quanto aos objetivos definidos que servirão de norte para a orientação das políticas públicas. Não raro, em nome de interesses pretensamente coletivos, são incluídos anseios de determinados grupos que possuem pautas específicas, sejam elas ideológicas, econômicas ou político-partidárias. Assim, por

563 Rawls, John. **Justice as fairness:** a restatement. Cambridge: Harvard University Press, 2001. p. 120.

564 Sunstein; Thaler, **Nudge:** improving decisions about health, wealth, and happiness, p. 247.

565 O'Neill, Brendan. **A message to the nudge industry:** push off. Disponível em: https://brendanoneill.co.uk/post/1452861672/a-message-to-the-nudge-industry-push-off. Acesso em: 28 mar. 2021.

566 Faz-se referências, aqui, às críticas ao utilitarismo e às concepções econômicas do Direito formuladas em: Marcelino, **O direito da propriedade democrática**, p. 130 e ss.

567 Hansen, Pelle G.; Jespersen, Andreas M., Nudge and the manipulation of choice: a framework for the responsible use of the nudge approach to behaviour change in public policy. **European Journal of Risk Regulation**, v. 1, p. 27, 2013.

mais valorosos que possam ser os objetivos – de natureza consequencialista – perquiridos, há a necessidade de legitimação democrática em relação aos pretensos consensos da coletividade.

Afora isso, o critério da transparência não é, efetivamente, uma garantia de que os espaços da autonomia privada estariam propriamente respeitados. A rigor, conforme anteriormente explicitado, a autonomia privada, em seu sentido positivo, pressupõe, além de um espaço protegido pelo ordenamento (sentido negativo), a viabilização da discussão a respeito dos limites relativos à interferência desse espaço, no âmbito do qual a decisão particular prevalece.

Sob a perspectiva do Direito Administrativo brasileiro, o princípio da reserva legal, a ser observado pela Administração Pública, a rigor, impediria que determinadas políticas públicas fossem adotadas em contrariedade à legislação vigente, em especial com o regime de competências atribuíveis aos órgãos da Administração Pública, além da própria legislação de Direito Privado.

A atuação autônoma da Administração Pública, ou seja, sem o respectivo fundamento legal, poderia ensejar não apenas o controle de legalidade, mas, inclusive, o controle em face do próprio texto constitucional, a desafiar ações de controle concentrado.

Tratam-se, portanto, de relevantes mecanismos de legitimação da atuação estatal em face do privado, que permitem a preservação dos espaços para o pleno exercício da autodeterminação, ainda que se possam caracterizar como *paternalistas* os instrumentos adotados pelo Estado na adoção de políticas públicas.

4.5.2.2. Os limites do âmbito de proteção da autonomia privada diante da Administração Pública

Evidentemente, não está a se tratar de um direito absoluto. A liberdade, como direito fundamental, não é ilimitada; assim como não o é a autonomia privada, como consequência. Há limites; e a sua adequada configuração haverá de ser, igualmente, extraída das normas jurídicas correspondentes.

A fixação do âmbito de proteção não correspondente, necessariamente, com a definição da proteção efetiva e definitiva[568], ou, ainda, na termino-

[568] MENDES, Gilmar Ferreira. **Direitos fundamentais e controle de constitucionalidade.** 4. ed. São Paulo: Saraiva, 2012. p. 35.

logia de José Joaquim Gomes Canotilho, o âmbito de garantia efetiva. No âmbito de proteção, podem incidir intervenções de entes públicos e privados; se lícitas, as intervenções precisarão ser devidamente justificadas à luz do caso concreto. Diferentemente, o âmbito de garantia efetiva fixa os limites cuja violação, por si só, é considerada ilícita.[569][570]

Como limites, ou ingerências, adota-se, pela objetividade e pela assertividade, a conceituação de Pieroth e Schlink, para quem tais fenômenos são caracterizados como "*uma redução ou uma delimitação por parte do Estado, sempre que o particular é por este impedido de ter uma conduta abrangida pelo âmbito de proteção de um direito fundamental*". Nesse sentido, o limite poderá resultar de ato administrativo ou sentença judicial, em âmbito individual, ou, ainda, de lei, regulamento normativo ou regulamento autônomo, em caráter geral.[571]

Para a caracterização da ingerência, Pieroth e Schlink propõem a verificação de quatro pressupostos: (i) o ato seja a consequência final e não o resultado involuntário de uma ação estatal direcionada a fins diversos; (ii) o ato seja uma consequência imediata da atuação estatal; (iii) o ato seja jurídico com efeito jurídico, e não apenas um ato material; e (iv) o ato seja ordenado pela ordem e pela coação.[572]

Muitas vezes, no entanto, o conceito composto pelos quatro pressupostos é alargado, ao ponto de se reconhecer como ingerência qualquer atuação do Estado que impeça total ou parcialmente que o particular adote alguma conduta que esteja submetida ao âmbito de proteção do direito fundamental em questão.

Interessante notar que Pieroth e Schlink entendem que não se deve considerar, propriamente, como uma afetação dos direitos fundamentais as intervenções estatais de pequena monta ou insignificantes (bagatelas).[573]

569 Canotilho, José Joaquim Gomes. Dogmática de direitos fundamentais e direito privado. *In*: Sarlet, Ingo Wolfgang (org.). **Constituição, direitos fundamentais e direito privado.** 3. ed. Porto Alegre: Livraria do Advogado, 2010. p. 299.

570 Ainda que não se trate de problematização que caiba nos limites do tema especificado, para fins de fixação dogmática, adota-se, como premissa para o desenvolvimento da fundamentação, a teoria externa de restrições aos direitos fundamentais. Nesse sentido: Canotilho, Dogmática de direitos fundamentais e direito privado. Em sentido diverso: Silva, Virgílio Afonso da. **Direitos fundamentais:** conteúdo essencial, restrições e eficácia. 2. ed. São Paulo: Malheiros, 2011. pp. 127-181.

571 Pieroth; Schlink, **Direitos fundamentais.**, p. 117.

572 *Ibid.*, pp. 125-126.

573 *Ibid.*, p. 128.

Nesse sentido, pequenos incentivos ou desincentivos que direcionem determinadas conduta dos cidadãos para escolhas que atendam a algum fim almejado pela Administração Pública não podem ser considerados como afetações a direitos individuais de liberdade, na hipótese em que se mostrem de pequena monta – o que, a rigor, constitui a ideia central dos *nudges*, acima referidos.

Notoriamente, conforme acima apontado, as intervenções feitas pelo Estado, ou ainda, por particulares, podem ser juridicamente legitimadas, o que resulta na licitude da eventual restrição ao direito fundamental. Ou seja, o âmbito de proteção é legitimamente limitado pela intervenção, de modo a comprimir, de forma permitida pelo ordenamento jurídico, o âmbito de garantia efetiva.

A rigor, os direitos fundamentais possuem hierarquia constitucional, e, como tal, apenas podem ser restringidos por normas de mesma estatura normativa. Assim, conforme aponta Robert Alexy[574], as restrições podem decorrer direta ou indiretamente do texto constitucional. As restrições diretas são aquelas que se extraem explicitamente da própria Constituição; enquanto as indiretas são de natureza infraconstitucional e decorrem, por sua vez, da autorização constitucional que lhes garantem legitimidade normativa.

Dessa forma, portanto, as restrições podem decorrer tanto da incidência de regras restritivas, quanto da incidência de princípios constitucionais. Evidentemente, para a verificação, no caso concreto, do âmbito de garantia efetiva, após a incidência da restrição legítima, será necessária a adoção de metodologia específica, a depender da origem da intervenção.[575]

Sobre o tema, Gilmar Mendes explicita que as restrições normativas realizadas pela legislação infraconstitucional podem decorrer de reserva legal simples ou reserva legal qualificada.[576/577]

[574] Alexy, **Teoria dos direitos fundamentais**, p. 286.

[575] Robert Alexy explicita quanto às restrições por regras: "Uma regra (compatível com a Constituição) é uma restrição a um direito fundamental se, com sua vigência, no lugar de uma liberdade fundamental *prima facie* ou de um direito fundamental *prima facie*, surge uma não-liberdade definitiva ou um não-direito definitivo de igual conteúdo.". Em relação às restrições por princípios: "Um princípio é uma restrição a um direito fundamental se há casos em que ele é uma razão para que, no lugar de uma liberdade fundamental *prima facie* ou de um direito fundamental *prima facie*, surja uma não-liberdade definitiva ou um não-direito definitivo de igual conteúdo.". (Alexy, **Teoria dos direitos fundamentais**, pp. 282-285.)

[576] Mendes; Branco, **Curso de direito constitucional**, pp. 201-207.

[577] No mesmo sentido: Sarlet, **A eficácia dos direitos fundamentais:** uma teoria geral dos direitos fundamentais na perspectiva constitucional, p. 411.

A reserva legal simples ocorre quando o texto constitucional indica, tão-somente, a autorização legal para que, na forma de legislação ordinária, sejam realizadas as devidas restrições à norma geral que estabelece a proteção jurídica do direito fundamental. A título de ilustração, mencione-se o inciso VI do *caput* do art. 5º da Constituição Federal, que assim dispõe: "*é inviolável a liberdade de consciência e de crença, sendo assegurado o livre exercício dos cultos religiosos e garantida, na forma da lei, a proteção aos locais de culto e a suas liturgias*".

A reserva legal simples, portanto, delega à legislação infraconstitucional a possibilidade de estabelecer as restrições a direitos fundamentais. Para tanto, a única condição – textual – é a obediência aos parâmetros formais do procedimento legislativo.

A reserva legal qualificada ocorre quando o texto constitucional vai além da mera autorização e especifica outros parâmetros ou condições a serem observadas pelo legislador ordinário. Como exemplo, pode ser mencionado o inciso XII do *caput* do referido artigo:

> (...) é inviolável o sigilo da correspondência e das comunicações telegráficas, de dados e das comunicações telefônicas, salvo, no último caso, por ordem judicial, nas hipóteses e na forma que a lei estabelecer para fins de investigação criminal ou instrução processual penal.

A norma prevê, portanto, não só a autorização para que a lei promova as restrições cabíveis, mas determinados parâmetros que deverão nortear o legislador ordinário. Na hipótese mencionada, por exemplo, nota-se que a delegação do texto especifica que as restrições deverão obedecer aos fins nela previstos. Ou seja, caso a norma infraconstitucional contenha previsões de restrições que sejam dissociadas dos fins previstos no texto, poderá ser objeto de controle de constitucionalidade.

Gilmar Mendes menciona, ainda, a possibilidade de o legislador ordinário realizar restrições de direitos fundamentais sem a autorização expressa por reserva legal, seja simples ou qualificada.[578] Em tais hipóteses, há a necessidade de se analisar a constitucionalidade da norma com a devida cautela. Isso porque, conforme acima explicitado, qualquer restrição a direito fundamental, necessariamente, deve ser prove-

[578] MENDES; BRANCO, **Curso de direito constitucional**, p. 208.

niente, direta ou indiretamente, do texto constitucional – norma de mesma estatura.[579]

Não raro, há conflitos entre direitos fundamentais, haja vista a tessitura aberta de seus dispositivos. Nesses casos, é possível que o legislador infraconstitucional promova a devida ponderação entre princípios em conflito. Assim, eventuais restrições decorrentes da ponderação legislativa de direitos fundamentais colidentes poderão ser conformadas por meio de legislação infraconstitucional.

Nesse sentido, posiciona-se Reinhard Singer, ao asseverar que *"os direitos fundamentais geram também mandamentos de proteção para o legislador e, quando esse se queda inerte, também para o juiz"*. E, assim, conclui que tais deveres de proteção voltam-se contra a intervenção de terceiros, desde que a autoproteção, por parte de sua concepção de autonomia privada, seja impossível.[580]

Evidentemente, tais restrições também estão sujeitas a limites específicos, conforme se abordará na sequência.

Diante de tais considerações, Gilmar Mendes propõe um interessante teste de constitucionalidade para os fins de análise de eventuais restrições impostas pelo Poder Executivo (ou pelo Poder Judiciário). As questões formuladas revelam, de forma bastante didática, os parâmetros a serem observados, para tal finalidade.

Assim, para a avaliação da constitucionalidade das restrições, deverão ser formuladas as seguintes questões: (i) a conduta afetada pela medida enquadra-se no âmbito de proteção de algum direito fundamental?; (ii) a

[579] A respeito do tema, Ingo Sarlet esclarece: "Da mesma forma, há quem inclua uma terceira alternativa, vinculada à possibilidade de se estabelecer restrições por força de colisões entre direitos fundamentais, mesmo inexistindo limitação expressa ou autorização expressa assegurando a possibilidade de restrição pelo legislador. Embora tal hipótese possa ser subsumida na segunda alternativa, considera-se que a distinção entre os três tipos de limites referidos torna mais visível e acessível o procedimento de controle da atividade restritiva em cada caso. Além disso, verifica-se que, como já demonstram as três espécies de limitações referidas, que, em qualquer caso, uma restrição de direito fundamental exige, seja direta, seja indiretamente, um fundamento constitucional". (SARLET, **A eficácia dos direitos fundamentais:** uma teoria geral dos direitos fundamentais na perspectiva constitucional, p. 411.)

[580] SINGER, Reinhard, Direitos fundamentais no direito privado como proibição de intervenção e mandado de proteção: do significado do princípio da proporcionalidade como critério avaliativo das violações aos direitos fundamentais, **Revista de Direito Civil Contemporâneo**, v. 21, p. 271–289, 2019. p. RR-9.12.

medida configura uma intervenção no âmbito de proteção do direito fundamental?; (iii) a medida pode ser justificada com base na Constituição? (iii.i) existe um fundamento legal para a medida compatível com a Constituição? ; (iii.ii) a medida, ela própria, é constitucional? ; (a) ela aplica a lei em conformidade com a Constituição?; (b) ela é proporcional?; (c) ela se revela clara e determinada para o atingido?[581]

Trata-se, portanto, de roteiro esclarecedor quanto aos parâmetros a serem observados para a análise da constitucionalidade das restrições impostas pelo Poder Público, ainda, que, na prática, a obtenção de respostas precisas e seguras em relação às questões formuladas não constitua tarefa trivial.

4.5.3. O âmbito de proteção diante do legislador

O Direito Privado, essencialmente, encontra-se na legislação ordinária – à exceção do conteúdo normativo que foi constitucionalizado, conforme apontado anteriormente. Como tal, portanto, o Direito Privado encontra-se em plano inferior ao da Constituição, de modo que a sua legitimidade normativa decorre do próprio texto constitucional.

Dessa forma, deduz-se que o legislador ordinário de Direito Privado também está imediatamente vinculado ao texto constitucional e, consequentemente, aos direitos fundamentais. Raciocínio diverso, ou seja, a percepção de que a eficácia dos direitos fundamentais em relação ao legislador de Direito Privado se daria apenas de forma mediata, não seria logicamente possível, conforme bem aponta Claus-Wilhelm Canaris, pois:

> (...) apenas uma espécie de teorema de *Münchhausen* poderia criar ao jurista de Direito Privado a possibilidade de se soerguer a si mesmo, pelas suas próprias forças, do atoleiro do direito constitucional.[582]

De fato, tal como acima explicitado, o Poder Legislativo atua em observância direta dos preceitos normativos decorrentes do texto constitucional e, em especial, dos direitos fundamentais.

O legislador exerce a relevante função concretizadora dos direitos fundamentais, seja instituindo o arcabouço normativo-institucional necessá-

[581] MENDES, **Direitos fundamentais e controle de constitucionalidade**, p. 115.

[582] CANARIS, Claus-Wilhelm. **Direitos fundamentais e direito privado.** Coimbra: Almedina, 2016. p. 32.

rio para o exercício de tais direitos – assim viabilizando a concretização desses direitos, seja na realização das necessárias restrições, de modo a conformar eventuais princípios constitucionais colidentes, por meio do exercício de ponderações dos valores em discussão.

Em primeiro lugar, portanto, ao legislador incumbe a preservação da liberdade individual em face das intervenções indevidas do Estado. Trata-se da função mais evidente da autonomia privada; representa, a rigor, o seu perfil negativo (*status negativus*).[583] Para tanto, deve atuar na especificação do conteúdo e dos instrumentos necessários para a preservação dos espaços de liberdade dos indivíduos em face do Estado. Ou seja, compete-lhe especificar os limites no âmbito dos quais o particular está livre para exercer plenamente a sua autonomia privada, sem qualquer interferência indevida – assim considerada aquela não permitida pelo texto constitucional, seja por não decorrer propriamente de um direito fundamental equivalente, seja por violar o núcleo essencial da autonomia privada.

Mais ainda, compete-lhe, igualmente, especificar os instrumentos e mecanismos normativos e institucionais que viabilizem o pleno exercício da autodeterminação jurídica, de modo a tornar, portanto, as manifestações e condutas particulares em atos e/ou negócios jurídicos, dotados de todos os predicados que lhes são inerentes, em especial os efeitos jurídicos almejados pelo particular, aos quais ao Estado cabe proteger e garantir a plena eficácia.

Compete ao Poder Legislativo, igualmente, observar, em sua atuação, o dever de abstenção, ou de não interferência, e, dessa forma, não promover restrições que sejam incompatíveis com o direito fundamental em questão. A ilegitimidade nas restrições, tal como acima especificado, pode se manifestar, em linhas gerais, de duas formas: (i) por não se legitimar, adequadamente, em direito fundamental de igual estatura normativa; ou (ii) por violar os limites dos limites.

O primeiro aspecto foi devidamente abordado anteriormente quando se tratou das restrições realizadas pela legislação infraconstitucional.

O segundo aspecto refere-se aos denominados limites dos limites, representado pela expressão germânica *Schranken-Schranken* entre nós popularizada por Gilmar Mendes, que consistem na necessidade de proteção ao núcleo essencial do direito fundamental e de observância das

[583] PIEROTH; SCHLINK, **Direitos fundamentais**, p. 60.

condições essenciais: clareza, determinação, generalidade e proporcionalidade das restrições impostas.[584]

Na Constituição da República Federativa do Brasil, não há, especificamente, uma previsão expressa quanto à necessidade de se respeitarem os limites dos limites. No entanto, é possível reconhecer que a ideia de núcleo essencial é reforçada, sob o aspecto normativo, pelo art. 60, § 4º, inciso IV, que prevê que não será objeto de deliberação a proposta de emenda tendente a abolir os direitos e garantias individuais. Nada obstante, a própria construção teórica da proteção dos direitos fundamentais, tanto pela doutrina[585] quanto pela jurisprudência do Supremo Tribunal Federal[586], permitem o reconhecimento do dever de respeito aos referidos limites, e, em especial, ao núcleo essencial dos direitos fundamentais.

A ideia de proteção do núcleo essencial pressupõe a compreensão de que há uma parcela do conteúdo do direito fundamental cuja violação resulta na perda de sua eficácia mínima, deixando, dessa forma, de ser reconhecível como um direito fundamental.[587]

A concepção da hipótese de um núcleo essencial que seja indevassável por restrições de qualquer natureza indica a existência de um espaço absoluto, imutável e intangível, sem o qual a proteção do direito fundamental perderia o sentido. Ocorre que, como oportunamente aponta Virgílio Afonso da Silva, o conteúdo desse núcleo essencial não é, propriamente, absoluto, porém relativo. A respeito do tema, o referido autor defende que o conteúdo essencial dos direitos fundamentais é definido a partir da relação entre diversas variáveis – e de todos os problemas que o cercam –, como o suporte fático dos direitos fundamentais (amplo ou restrito) e a relação entre os direitos e as suas restrições (teoria externa ou interna).[588]

[584] Mendes; Branco, **Curso de direito constitucional**, pp. 209-210.

[585] Nesse sentido, *v.g.*: Sarlet, **A eficácia dos direitos fundamentais:** uma teoria geral dos direitos fundamentais na perspectiva constitucional, p. 414.; Mendes; Branco, **Curso de direito constitucional**, p. 213.; e Silva, **Direitos fundamentais:** conteúdo essencial, restrições e eficácia.

[586] HC nº 82.424/RS. Relator: Min. Moreira Alves. Relator para o Acórdão: Min. Maurício Corrêa. Tribunal Pleno, julgado em 17 de setembro de 2003. Diário da Justiça, publicado em 19 de março de 2004; e HC nº 82.959/SP. Relator: Min. Marco Aurélio. Tribunal Pleno, julgado em 23 de fevereiro de 2006. Diário da Justiça, publicado em 1º de setembro de 2006.

[587] Sarlet, **A eficácia dos direitos fundamentais:** uma teoria geral dos direitos fundamentais na perspectiva constitucional, p. 421.

[588] Silva, **Direitos fundamentais:** conteúdo essencial, restrições e eficácia.

Da conclusão de Virgílio Afonso da Silva resulta a impossibilidade de conformação *a priori* do núcleo essencial de um direito fundamental com limites pré-determinados, imutáveis e claramente definidos. Há, pois, que se confrontarem as variáveis envolvidas para que possa ser extraído o conteúdo *relativo* do núcleo essencial.

A propósito, é interessante notar que a concepção relativista do núcleo essencial longe está de ser um instrumento para a maximização de restrições. Ao contrário, e, como oportunamente assentado por Virgílio Afonso,

> (...) o relativismo, portanto, está, aqui, claramente em conexão com as exigências de um Estado Democrático de Direito, que não aceita restrição aos seus direitos mais fundamentais de forma acobertada, por meio de recursos a intuições, muitas vezes moralistas, e a pré-compreensões mal-esclarecidas.[589]

Raciocínio análogo deve ser realizado – e com a sensibilidade inerente à essencialidade do direito individual de liberdade – ao se analisar a conformação da autonomia privada e de suas possíveis restrições.

Da mesma forma, não é possível o estabelecimento de um núcleo essencial da autonomia privada que possa ser, aprioristicamente, definido e estabelecido contra violações de qualquer natureza. O seu conteúdo, portanto, é conformável de modo dinâmico e sujeito à ponderação com outros princípios igualmente relevantes e de mesma estatura normativa. Essa ponderação tem o seu *locus* privilegiado no Poder Legislativo, em que a legitimidade democrática confere a prerrogativa de sopesamento entre valores igualmente relevantes.

Isso porque, no exercício da ponderação de valores ou mesmo princípios constitucionais, é possível que sejam encontradas mais de uma alternativa para que seja possível a concretização do direito fundamental. Além disso, o sacrifício parcial de um direito fundamental, em benefício de algum outro, exige uma ponderação valorativa que, não raro, não encontra respostas prontas e acabadas no ordenamento normativo, notadamente diante da tessitura aberta dos princípios. Nesse contexto, a decisão haverá de privilegiar um valor em detrimento de outro, ao menos em parte, e naquelas circunstâncias. Para tanto, ao final, o que será determinante para a solução do tema é a carga axiológica envolvida. Nesse ambiente de valoração

[589] *Ibid.*, p. 254.

puramente axiológica, apenas o princípio democrático garantirá a legitimidade necessária para a decisão tomada.

A propósito do tema, é necessário reiterar que, para Virgílio Afonso da Silva, e conforme explicitado no item4.4.2.1, a autonomia privada consiste em um princípio formal, e, portanto, não possui, dessa forma, conteúdo material.

A teoria de Virgílio Afonso da Silva é inspirada (se não por completo, ao menos, em considerável parte) na concepção de liberdade articulada por Robert Alexy. Ocorre que, para Alexy, a liberdade em questão – sobre a qual é erigida a tese da liberdade-competência – trata-se da liberdade negativa, assim entendida como aquela liberdade "*de se fazer ou deixar de fazer tudo o que se quer, ou seja, a liberdade de escolher entre alternativas de ação*".[590]

Por essas razões, não é possível afirmar pela concordância de Virgílio Afonso da Silva em relação à relatividade na conformação do núcleo essencial, quanto à sua aplicação, ora defendida (sem necessariamente a adoção de todas as suas premissas teóricas), no que concerne à autonomia privada.

Nada obstante, e conforme já apontado anteriormente, defende-se, neste trabalho, que o perfil negativo da autonomia privada é indissociável de seu perfil positivo. Não é possível cogitar-se da proteção da liberdade individual, meramente em seu aspecto negativo, sem considerar os pressupostos e as condições positivas de conformação de seu conteúdo, seus limites e seu âmbito de proteção. Assim, a autonomia privada não é, e nem pode ser considerada, como mero espaço protegido, no âmbito do qual o particular está livre das interferências do Estado.

Assim como a compressão excessiva do âmbito de proteção de direitos fundamentais poderá resultar na violação de seu núcleo essencial, de modo a tornar inefetiva a própria garantia do direito, a diminuição arbitrária do espaço protegido no âmbito do qual o particular exerce a sua autodeterminação jurídica poderá resultar na violação ao próprio limite de restrição da autonomia privada, por malferimento de seu núcleo essencial.

Além da proteção ao núcleo essencial dos direitos fundamentais, também são considerados instrumentos de conformações dos limites dos limites os princípios da proporcionalidade e da razoabilidade.

Conforme aponta Ingo Sarlet, o fundamento normativo do princípio da proporcionalidade é o próprio art. 1º da Constituição Federal, exatamente

[590] Alexy, **Teoria dos direitos fundamentais**, p. 351.

por constituir um dos pilares do Estado Democrático de Direito brasileiro e despontar "*como um instrumento metódico de controle dos atos – tanto comissivos quanto omissivos – dos poderes públicos*".[591]

O princípio da proporcionalidade, sob essa perspectiva, exerce a relevante função de proteção dos direitos fundamentais ao impor ao Estado uma atuação positiva para intervir preventiva e repressivamente para coibir agressões aos direitos.[592] Nesse sentido, o princípio poderá revelar o seu conteúdo protetivo, conforme mencionado anteriormente, tanto na proibição de excesso, quanto na proteção insuficiente.

No que concerne, portanto, à atuação do Poder Legislativo, o princípio da proporcionalidade funciona como relevante mecanismo de controle de constitucionalidade das decisões tomadas pelo legislador, na hipótese em que a restrição a direito fundamental ou, a ainda, a sua concretização, for contrária ao conteúdo normativo do texto constitucional.[593]

Como é de comum conhecimento, a verificação, em concreto, da observância do princípio da proporcionalidade envolve a análise de três subprincípios: (i) a adequação, que examina a relação de pertinência entre o fim almejado e a medida empregada; (ii) a necessidade, que avalia se não há outra medida menos gravosa para se alcançar o fim pretendido; e (iii) a proporcionalidade em sentido estrito, que preconiza a manutenção de uma relação de equilíbrio entre a restrição imposta e os fins pretendidos.

No que concerne ao princípio da razoabilidade, Sarlet aponta que é possível estabelecer correlações entre o seu conteúdo e aquele preconizado no subprincípio da proporcionalidade em sentido estrito, na medida em que a razoabilidade prevê, exatamente, a ponderação equilibrada dos valores envolvidos. Não há, no entanto, similitude na aplicação de ambos os prin-

591 Sarlet, **A eficácia dos direitos fundamentais:** uma teoria geral dos direitos fundamentais na perspectiva constitucional.

592 *Ibid.*, p. 416.

593 Sobre o tema, esclarece Ingo Sarlet: "É por tal razão que também a doutrina brasileira (e, em alguns casos, a própria jurisprudência), em que pese não ser pequena a discussão a respeito, em geral já aceitam a ideia de que o princípio da proporcionalidade possui como que uma *dupla face*, atuando simultaneamente como critério para o controle da legitimidade constitucional de medidas restritivas do âmbito de proteção de direitos fundamentais, bem como para o controle da omissão ou atuação insuficiente do Estado no cumprimento dos seus deveres de proteção. Em suma, desproporções – para mais ou para menos – caracterizam violações ao princípio em apreço e, portanto, *antijuricidade*.". (Sarlet, **A eficácia dos direitos fundamentais:** uma teoria geral dos direitos fundamentais na perspectiva constitucional, p. 416.)

cípios em casos concretos, haja vista que o princípio da razoabilidade não exige, necessariamente, a adoção do procedimento trifásico próprio do princípio da proporcionalidade, acima sintetizado.[594]

Além do *status negativus*, os direitos fundamentais exercem a relevante função concernente ao *status positivus*, que consubstancia as circunstâncias em que o cidadão efetivamente necessita de atuações do Estado para que possa exercer a sua liberdade[595]. Ou seja, para que seja preservada a existência livre, o particular exigirá do Estado prestações positivas para que, materialmente, aquela liberdade possa ser plenamente exercida.

Nesse particular, o critério da proteção insuficiente também se releva importante para que a sociedade possa controlar a atuação do Estado na efetividade da garantia dos direitos fundamentais de liberdade.

No que concerne especificamente à autonomia privada, tal aspecto já havia sido apontado por Daniel Sarmento, ao reconhecer que, na expressão do autor, a Constituição brasileira não padecera da cegueira que "*vitimava as cartas pré-weimarianas*", no sentido de não reconhecer a existência de obstáculos materiais para o exercício das liberdades individuais.[596] Há, portanto, o dever estatal de empregarmedidas, inclusive prestacionais, para o fim de superar as condições materiais de particulares que são obstados de exercerem, na plenitude, as liberdades individuais.

A reforçar a relação entre condições materiais de exercício e os direitos de liberdade, assevera Konrad Hesse:

> *Aquí radica la diferencia esencial entre el significado actual de la autonomía privada y el del siglo XIX: aquél ofrecía una libertad sólo formal, porque partía de una igualdad sólo formal, que sólo parcialmente se correspondía con la realidad social; en consecuencia, podía conducir a la falta de libertad efectiva. Una libertad real general nunca puede ser producida por la autonomía privada. Dado el presupuesto de una situación jurídica y fáctica aproximadamente igual de los interesados, ésta es, sin embargo, elemento esencial de la libertad real, y como tal no puede ser sustituida por planificación o regulación estatal alguna por cuidada que sea.*[597][598]

[594] SARLET, **A eficácia dos direitos fundamentais: uma teoria geral dos direitos fundamentais na perspectiva constitucional**., p. 420.

[595] PIEROTH; SCHLINK, **Direitos fundamentais**, p. 61.

[596] SARMENTO, **Direitos fundamentais e relações privadas**, p. 212.

[597] HESSE, **Derecho constitucional y derecho privado**, p. 79.

[598] Em livre tradução: "Aqui reside a diferença essencial entre o significado atual de autonomia privada e o do século XIX: o primeiro oferecia apenas liberdade formal, porque se baseava

São vários os dispositivos constitucionais que reconhecem a necessidade de superação dos desafios relacionados às condições materiais da sociedade brasileira, em especial, a brutal desigualdade socioeconômica, a miséria e a insuficiente universalização de oportunidades iguais. Nesse sentido, podem ser mencionados o art. 1º, *caput*, inciso IV, o art. 5º, *caput*, inciso XXIII, e o art. 170.

É de se notar, aliás, que Daniel Sarmento, diante dos referidos dispositivos, chega a concluir que a própria proteção do direito de propriedade é condicionada ao exercício de sua função social[599] – conclusão essa, a propósito, objeto de críticas formuladas em outra oportunidade.[600]

A concretização das garantias positivas de liberdade, como bem aponta Gilmar Mendes, podem depender de uma atuação do Poder Legislativo no sentido de discussão e edição de atos legislativos necessários para o exercício das liberdades. Eventual omissão, nesse sentido, poderá, inclusive, caracterizar afronta a esse dever.[601]

O aspecto destacado por Gilmar Mendes traz à tona a necessidade de se examinar o denominado *status activus* e as suas consequências para a conformação do âmbito de proteção da autonomia privada. Pieroth e Schlink o expressam como sendo o "*estado em que o particular exerce a sua liberdade no e para o Estado, o ajuda a construir e nele participa*", e concluem: "*é conformado e assegurado pelos direitos cívicos*".[602]

A esse respeito, é de se notar que, muito embora reconheça, evidentemente, a existência dessa função, Ingo Sarlet pondera que os direitos fundamentais relacionados aos direitos de participação, incluindo os direitos políticos, configuram uma categoria mista, exatamente por conterem elementos relacionados aos direitos de defesa e, igualmente, elementos relativos aos direitos a prestações. Diante disso, defende não ser apropriada

apenas na igualdade formal, que correspondia apenas parcialmente à realidade social; Consequentemente, poderia levar à falta de liberdade efetiva. Uma liberdade real geral nunca pode ser produzida pela autonomia privada. Dado o pressuposto de uma situação jurídica e factual aproximadamente igual das pessoas em causa, trata-se, no entanto, de um elemento essencial da liberdade real e, como tal, não pode ser substituído por qualquer planeamento ou regulamentação do Estado, por mais cuidadoso que seja.

599 SARMENTO, **Direitos fundamentais e relações privadas**, p. 213.

600 MARCELINO, **O direito da propriedade democrática**.

601 MENDES, **Os direitos fundamentais e seus múltiplos significados na ordem constitucional**, p. 5.

602 PIEROTH; SCHLINK, **Direitos fundamentais**, p. 63.

a criação de uma nova categoria nesse sentido, e, sim, o enquadramento naquela categoria que melhor identificar a sua função preponderante.[603]

Por conseguinte, é possível concluir que o perfil positivo da autonomia privada agrega as funções não apenas relativas ao denominado *status positivus*, mas também ao *status activus*, a se considerar a terminologia empregada por Jellinek e por Schlink e Pieroth.

Assim, é preciso ponderar que a observância dos direitos fundamentais de defesa (*status negativus*) não são suficientes para a plena conformação do conteúdo da autonomia privada. Há, igualmente, a necessidade de reconhecer, como condições necessárias para o pleno exercício das liberdades individuais relativas à autodeterminação jurídica, a observância de *status* material específico que viabilize, concretamente, o exercício das referidas liberdades, e, ainda, de *status* relativo aos direitos de participação efetiva na construção do âmbito de proteção e dos respectivos limites da autonomia privada.

4.5.4. O âmbito de proteção diante do Judiciário: o perfil positivo da autonomia privada

Sabe-se que o princípio da maioria está a serviço de uma minoria, em especial, uma minoria qualificada, para impedir, no dizer de Hans Kelsen, o domínio de classe.[604] A rigor, essa é a função essencial dos direitos fundamentais, qual seja, a proibição de intervenção do Poder Público no âmbito da esfera de liberdade privada, sob o pretexto de garantia de algum interesse coletivo qualquer. Em conjunto, associados ao princípio da legalidade, com fundamento no qual o Executivo só pode agir mediante previsão legislativa específica, formam o arcabouço de proteção individual do particular frente ao Estado.

Por outro lado, a hipótese ora adotada defende que a jurisdição ordinária, por princípio, não está vinculada, ao menos imediatamente, à disciplina dos direitos fundamentais. Incumbe-lhe, a rigor, aplicar o Direito ao caso sob análise, em juízo de subsunção do fato à norma incidente. Afirma-se, portanto, que a jurisdição ordinária concretiza, no plano fático, o conteúdo de suas decisões. Na hipótese de prolação de decisões inconstitucionais,

[603] SARLET, **A eficácia dos direitos fundamentais:** uma teoria geral dos direitos fundamentais na perspectiva constitucional, p. 170.

[604] KELSEN, Hans. **A democracia**. 3. ed. São Paulo: WMF Martins Fontes, 2019. p. 67.

ou, mais especificamente, incompatíveis, com a ordem dos direitos fundamentais, materializada no âmbito da legislação ordinária, tais decisões deverão ser objeto do competente controle de constitucionalidade – seja por força de declaração expressa de inconstitucionalidade da norma ordinária aplicável, na forma prevista no art. 97 da Constituição Federal; seja via controle concentrado de competência do Supremo Tribunal Federal.

Manoel Gonçalves Ferreira Filho entende que o processo de criação do Direito decorreria, mediatamente, de representação do valor de Justiça[605]. Ocorre que, o cerne da discussão reside no fato de ser plenamente possível ao Judiciário aplicar não somente a lei que contraria interesses determinados, mas, efetivamente, a lei errada (sob a perspectiva de políticas públicas) ou injusta. Reconhece-se, inclusive, a plena viabilidade de ser aplicada a norma que contraria algum direito fundamental específico, dentro de certos limites. Como visto acima, os direitos fundamentais podem, ao contrário do que se sucede com as normas ordinárias, ingressar em conflito entre si. Nesses casos, a atividade judicante deve fazer escolhas entre um direito fundamental e outro do mesmo quilate. Desde que sejam respeitados os respectivos núcleos essenciais de proteção, portanto, a escolha de uma determinada norma ordinária poderá, efetivamente, restringir ou até mesmo ir de encontro a algum direito fundamental.

O legislador, por outro lado, está imediatamente vinculado ao que determinam os direitos fundamentais. Assim, as decisões políticas, deliberadas no Congresso Nacional, deverão passar pelo escrutínio de constitucionalidade, seja pela norma em si, seja por omissão inconstitucional.

A propósito do interessante tema do controle de constitucionalidade por omissão, é de se cogitar que, na ausência de norma específica, poderia o Judiciário se imiscuir nas funções do Legislativo, como se pudesse legislar supletivamente, e tomar decisões em sede de controle abstrato com efeitos *erga omnes* seria ofensivo ao *princípio da separação de Poderes*. Em tais casos, parece mais adequada a solução aventada por Carlos Blanco de Morais, para quem o Supremo Tribunal Federal deveria fixar um prazo para o legislador suprir a omissão. Esse prazo deveria ser mais ou menos alar-

605 *In verbis*: "Esta [a lição da Sociologia sobre a criação do Direito] revela que, mediatamente, toda norma jurídica resulta de uma representação do valor de Justiça. O sentimento de Justiça e, principalmente, como sublinha Recaséns Siches, o ressentimento contra a injustiça é que no fundo gera a norma.". (FERREIRA FILHO, Manoel Gonçalves. **Do processo legislativo**. 7. ed. São Paulo: Saraiva, 2012. p. 281.)

gado, a se considerar se a norma é de caráter programático, quando então o período especificado deveria ser maior, ou preceptivo não exequível por si própria, hipótese em que o período deveria ser menor. Na ocorrência de nova omissão – tratando-se de norma preceptiva – travar-se-ia a pauta do Legislativo; enquanto, diante de norma programática, o tema resolver-se-ia em sede de responsabilidade civil extracontratual por danos especiais e anormais causados nos cidadãos pela omissão inconstitucional.[606]

O perfil positivo, portanto, da autonomia privada representa, em *ultima ratio*, uma deferência ao Legislativo, *locus* privilegiado de deliberação de natureza política.

Nesse contexto, surge a questão relativa ao âmbito de proteção desse perfil positivo da autonomia privada diante do Judiciário.

Immanuel Kant responderia a essa questão explicitando que a vontade unilateral não poderia ser invocada como lei coercitiva que a todos obriga e sanciona, pois tal circunstância prejudicaria a liberdade individual/autonomia privada (segundo leis universais). Somente uma vontade universal (comum) coletiva e detentora do poder poderia alcançar essa característica sem colocar em risco as liberdades individuais. O estado sob uma legislação universal externa (pública) qualificado pelo poder é o Estado Civil.[607]

Hans Kelsen, por sua vez, tende a afastar qualquer tipo de validação da ordem jurídica por critérios de natureza moral.[608] Por mais bem intencionadas que sejam, as intervenções de natureza moral, no Direito, assumem, invariavelmente, uma posição de arbitrariedade. Nesse sentido, entende Kelsen que há uma separação absoluta entre Moral e Justiça, de um lado, e Direito, de outro.[609] Muito embora defenda a possibilidade de haver coincidências entre determinado sistema de normas morais com o ordenamento jurídico, Kelsen entende que a valoração moral é essencialmente relativa. Assim, é possível haver a concordância do ordenamento jurídico

[606] MORAIS, Carlos Blanco. Direitos sociais e controlo de inconstitucionalidade por omissão no ordenamento jurídico brasileiro: activismo judicial momentâneo ou um novo paradigma. *In*: CORREIA, Fernando Alves; MACHADO, Jonatas E. M.; LOUREIRO, João Carlos (orgs.). **Estudos em homenagem ao prof doutor José Joaquim Gomes Canotilho**. Coimbra: Coimbra, 2013. pp. 545–578.

[607] Nessa passagem, Kant entende que Estado Civil e Poder Legislativo são expressões intercambiáveis entre si: KANT, Immanuel. **Princípios metafísicos da doutrina do direito**. São Paulo: WMF Martins Fontes, 2014. p. 63.

[608] KELSEN, **Teoria pura do direito**, p. 76.

[609] *Ibid.*, p. 75.

com um sistema moral específico, enquanto a divergência persistirá diante de outro sistema moral, para o qual aquela norma jurídica – muito embora legítima – é má ou injusta.

De fato, o estabelecimento de um sistema moral único, ou, na expressão empregada por Kelsen, uma Moral absoluta, é incompatível com um sistema de Direito.[610]

Como Poder imbuído do *munus* de validar a aplicação do Direito no caso concreto, o Judiciário deve se abster de legitimar o Direito a partir de critérios puramente morais.

A esse respeito, Dimitri Dimoulis observa, desde que sejam respeitados os limites estabelecidos pela teoria juspositivista, que:

> (...) da mesma forma como o anarquista pode ser um estudioso e intérprete, autorizado do direito, um fervoroso católico com inabalável fé nos ensinamentos morais de sua religião pode estudar objetivamente um sistema jurídico que os contraria sem modificar sua postura perante a moral.

Jeremy Waldron, por sua vez, demonstra, a rigor, a efetiva existência de diversas concepções de Justiça no âmbito das sociedades. Em sua perspectiva, considera a existência de posicionamentos morais por parte dos cidadãos perfeitamente válidos, legítimos e que devem ser considerados quando da definição do posicionamento a ser prevalecente.[611]

Waldron, assim, defende que o essencial está na discussão relativamente às divergências existentes no que concerne à valoração moral, em face da necessidade de estipulação de regulação jurídica que seja obrigatória para todas as pessoas que compõem essa sociedade. Nesse ponto, é possível encontrar o que o autor defende como "*a dignidade da legislação*", que é definida como a representação de um procedimento de resolução de divergências, o que evidenciaria a legitimidade da norma como cogente, de modo dissociado das posições morais isoladas dos membros de determinada sociedade.[612]

Nesse particular, reside a crítica que o autor propõe em relação à jurisdição constitucional. Waldron defende que os tribunais constitucionais não

[610] *Ibid.*, p. 75.

[611] WALDRON, Jeremy. **The dignity of legislation**. Cambridge: Cambridge University Press, 1999. p. 155.

[612] *Ibid.*, p. 156.

seriam locais adequados para a obtenção de consensos políticos em relação aos dissensos de natureza moral, eventualmente debatidos. Segundo o autor, o Judiciário faria com que o foco da sociedade se dissipasse das verdadeiras questões relacionadas às divergências sobre direitos. Ao contrário, haveria distrações em razão de alusões a precedentes, textos jurídicos e interpretações de normas. Afora isso, seria inadequado do ponto de vista político – desde que devidamente considerados os valores democráticos – haja vista que a votação se daria entre uma quantidade pequena de juízes não eleitos e não sujeitos à prestação de contas à sociedade.[613]

O legislador pode, evidentemente, não tomar posições em relação a questões políticas ou morais relevantes – aliás, é impossível que seja capaz de prever absolutamente todas as questões que eventualmente possam surgir diante da complexidade e da dinamicidade das relações humanas. Nessa hipótese, invariavelmente, o legislador produzirá lacunas, intencionais ou não. No âmbito dessas denominadas penumbras – para se adotar uma expressão de H. L. A. Hart[614] –, há que se impor, eventualmente, um posicionamento que seja apto a regulamentar, de modo universal, a conduta humana de forma cogente, ainda que persistam posições morais ou políticas divergentes.

No curso de procedimentos deliberativos realizados no Legislativo, é natural que surjam dissensos – de boa-fé – concernentes à matéria em pauta. Tais dissensos não impedirão a promulgação do diploma legislativo, ainda que persistam – e deverão mesmo persistir – após a edição do ato em questão.

A alternativa seria uma decisão do Judiciário, especialmente de uma corte constitucional, cujo poder, no dizer de Alexis de Tocqueville, "*de pronunciar-se sobre a inconstitucionalidade das leis representa também uma das mais poderosas barreiras erguidas contra a tirania das assembleias políticas*".[615]

[613] *In verbis*: "*It [judicial review] does not, as is often claimed, provide a way for society to focus clearly on the real issues at stake when citizens disagree about rights; on the contrary, it distracts them with side issues about precedent, texts, and interpretation. And it is politically illegitimate, so far as democratic values are concerned: by providing majority voting among a small number of unelected and unaccountable judges, it disenfranchises ordinary citizens and brushes aside cherished principles of representation and political equality in the final resolution of issues about rights.*". (WALDRON, **Political political theory**, p.199.)

[614] HART, Herbert Lionel Adolphus. Positivism and separation of law and morals. **Harvard Law Review**, v. 71, n. 4, p. 609, 1958.

[615] TOCQUEVILLE, **A democracia na América:** leis e costumes, p. 117.

Na hipótese de ocorrência dessa deliberação em tribunais constitucionais, para a solução de alguma divergência ainda persistente, seriam empregadas razões decorrentes de fundamentos de hermenêutica aplicáveis. O empreendimento realizado por juízes, certamente, seria por razões fundadas em critérios lógico-dedutivos, e, no caso de insucesso, poderiam se valer de fundamentos distintos, incluindo aqueles alheios ao Direito, com o específico desiderato de se encontrar soluções não viabilizadas por procedimentos de deliberação democráticos. Em tais casos, o Judiciário estaria a estabelecer normas – de observância obrigatória – e de forma ilegítima, sob a perspectiva democrática.

Os princípios, por sua tipologia aberta, são empregados na argumentação jurídica para estabelecer o posicionamento (moral ou político) que a sociedade deveria aceitar como prevalecente. Como técnica decisória, utiliza-se o método da ponderação (no lugar da subsunção do fato à norma) para se contraporem valores, muitas vezes contraditórios, com vistas a justificar a prevalência de um sobre outro naquele âmbito decisório. Parafraseando o excerto transcrito no item4.2.1.1, de Luis Prieto Sanchís[616], os princípios fazem-se onipresentes para o específico fim de se mitigar ou suprimir a autonomia do legislador resultando na prevalência da razão sem voto na tomada de decisão política.

Diante da provocação, é necessário, efetivamente, discutir a função da jurisdição constitucional para resolver o dissenso existente. Para tanto, deve-se reconhecer que a atividade do *judicial review* envolve, efetivamente, o exercício do poder político. É perfeitamente possível que, nessas circunstâncias, a jurisdição constitucional esteja, a rigor, estabelecendo exatamente um posicionamento de natureza política ou moral, por parte de uma maioria de juízes integrantes de determinado órgão jurisdicional.

Para sustentar seu posicionamento em relação a essa discussão, Waldron busca seus fundamentos de legitimidade democrática em elementos extraídos de sua concepção político-filosófica, como "*igualdade política*, *autonomia* e *liberdade de expressão/direito de ser ouvido*".[617]Para Waldron – é possível afirmar –, decisão politicamente correta (ou democraticamente boa,

[616] Sanchís, **Justicia constitucional y derechos fundamentales**, p. 117.

[617] "*In politics, the most familiar process-related reasons are those based on political equality and the democratic right to vote, the right to have one's voice counted even when others disagree with what one says.*" (Waldron, **Political political theory**, p. 214.)

a depender da perspectiva de análise) é aquela tomada com fundamento na liberdade democrática.

Assim, conclui Waldron, o *judicial review* não é o método adequado para a solução de discordâncias sobre direitos. O legislador ordinário seria mais adequado politicamente para fazê-lo, pois encontrar-se-ia em maior alinhamento em relação aos referidos valores que confeririam a necessária legitimidade democrática.

Por outro lado, não se deve olvidar de que há relevantes elementos para se sustentar a atuação da jurisdição constitucional para a defesa de direitos constitucionalmente resguardados titularizados por minorias. Em outras palavras, há fundado receio de que a atribuição indistinta, ao poder da maioria, da prerrogativa de decidir sempre sobre todo e qualquer dissenso existente possa, efetivamente, resultar em sistemática violação de direitos fundamentais das minorias.

Nessas circunstâncias, a jurisdição constitucional serviria como importante baliza para o poder decisório da maioria, para o fim de se evitar as perniciosas consequências de uma ditadura da maioria. Muito embora se reconheça a relevância do argumento em relação à defesa das minorias, Jeremy Waldron, uma vez mais, pontua objeções importantes em relação a essa premissa.[618]

Em primeiro lugar, há que se questionar se é possível afirmar que o Judiciário, de fato, atuaria contramajoritariamente em defesa das minorias. À problematização formulada, Robert Dahl responde, com fundamentos empíricos colhidos na experiência constitucional estadunidense, que o tribunal, em boa parte de suas decisões, exerce poderes em consonância com as lideranças que exercem o poder político. Mais enfaticamente, defende que a Suprema Corte exerce um papel essencial no âmbito da aliança política então dominante.[619]

Em outras palavras, Robert Dahl procura desconstruir o lugar comum consubstanciado na compreensão de que as cortes constitucionais atuam em defesa dos direitos de minorias supostamente oprimidas por maiorias tirânicas. Diferentemente, a análise realizada pelo referido autor indica que a Suprema Corte, bem estabelecidas as forças políticas dominantes,

[618] *Ibid.*, p. 233 e ss.

[619] DAHL, **Decision-making in a democracy:** the Supreme Court as a national policy-maker, p. 295.

atua em alinhamento com o posicionamento majoritário. Assevera, aliás, o autor em questão que, sozinha, a Corte é praticamente desprovida de poder para afetar o curso das políticas nacionais. Assim, na ausência de concordância substancial com essa aliança, uma tentativa por parte da Corte de realizar política pública por si só resulta em desastres, como aquele verificado no conhecido caso *Dred Scott vs. Sandford.*

Jeremy Waldron parece concordar com o posicionamento de Robert Dahl, ao afirmar que o exercício da jurisdição constitucional nada poderá fazer em defesa dos direitos de uma determinada minoria se não há qualquer suporte por parte da sociedade em relação aos direitos da referida minoria.[620]

Assim, por mais que se reconheça a necessidade de se considerar os direitos das minorias, o *judicial review* não pode ser utilizado, nas palavras do referido autor, como um *cavalo de Troia*, para atribuir à jurisdição constitucional uma legitimidade de atuação de vanguarda ideológica.[621]

De fato, por mais que se considere a existência de disfuncionalidades no âmbito da atividade legislativa – incluindo corrupção política, racismo e demais preconceitos contra minorias –, o referido autor não reconhece, no âmbito do *judicial review*, a legitimidade democrática suficiente para justificar a sobreposição das decisões políticas e morais de juízes àquelas tomadas em processos democráticos de participação política de cidadãos ou de seus representantes.

O âmbito de proteção da autonomia privada em seu perfil positivo, portanto, pressupõe prestigiar o posicionamento do Legislativo em relação às decisões políticas realizadas em procedimentos deliberativos democráticos, ainda que as decisões tomadas contrariem algum sistema moral ou determinados critérios de justiça.

4.5.5. Autonomia privada e direitos fundamentais na era do constitucionalismo digital

A sociedade contemporânea está vivenciando uma verdadeira revolução capitaneada pelos avanços relacionados à tecnologia digital. Certamente, o Direito haverá de prover respostas à altura desses desafios que se apresentam.

620 WALDRON, **Political political theory**, p. 242.
621 *Ibid.*, p. 244.

É de se indagar como o Direito Constitucional e a jurisdição constitucional se comportarão diante desses novos desafios. Mais especificamente, seria relevante considerar como serão os direitos fundamentais abrangidos nesse ambiente. Os instrumentos clássicos da teoria constitucional são ainda aplicáveis? Em que medida se tornaram obsoletos? Se é que se tornaram em alguma medida? Podemos falar em uma ruptura constitucional?

É cediço que as inovações tecnológicas, bem como o incremento das relações econômicas transfronteiriças, viabilizadas por ambientes virtuais que ignoram as barreiras político-geográficas, suscitam a necessidade de se discutir a respeito das premissas em que se assentam as percepções atualmente existentes em torno do tema.

Esses avanços viabilizaram, com ineditismo, a livre comunicação entre as pessoas de forma absolutamente ampliada. A liberdade de expressão, a liberdade religiosa, a liberdade de associação e a livre iniciativa encontram-se em patamar, em termos de possibilidades de exercício, em que nunca estiveram.

Há, portanto, um amplíssimo espaço para o exercício dos direitos fundamentais, notadamente os de perfil comunicacional.

Na mesma medida em que se viabiliza o mais abrangente exercício de direitos fundamentais, verifica-se a existência de riscos aos direitos fundamentais em proporção equivalente. Os usuários se expõem, e, expostos, sujeitam-se às críticas de toda natureza, incluindo, mas não se limitando, a manifestações agressivas e ameaças de todo tipo.

Muito além da mera crítica, os usuários encontram-se sujeitos a inúmeras violações a direitos fundamentais. Discursos de ódio, difamação, *cyberbullying*, pornografia infantil, podem ilustrar o que representa o abuso, por meios digitais, da liberdade de expressão.

A internet não apenas viabilizou a transmissão exacerbada de informações; por outro lado, permitiu o bloqueio ou a limitação dessas transmissões; o monitoramento do conteúdo transmitido; e o registro dos dados pessoais dos indivíduos envolvidos nessas transmissões. Tais medidas representam, em tese, significativas ameaças a direitos fundamentais.

No primeiro caso, os bloqueios ou as limitações poderiam afetar direitos oriundos de liberdade de expressão, liberdade religiosa, liberdade de associação, dentre outros. Em segundo lugar, o monitoramento das transmissões pode, em tese, permitir que informações confidenciais sejam indevidamente acessadas por terceiros. Por último, os registros dos dados pessoais poderiam dar ensejo a exposições indevidas por parte dos usuários, em violação à privacidade, ao sigilo de correspondências e aos direitos relacionados à proteção de dados pessoais.[622]

Há um caso famoso ocorrido no Brasil em 2012. Trata-se do conhecido episódio de vazamento não consentido de fotos pessoais da atriz Carolina Dieckmann. A partir de uma mensagem eletrônica fraudulenta enviada à atriz, os *hackers* plantaram um enlace na mensagem – (técnica hoje conhecida como *phishing* – para viabilizar a invasão ao endereço eletrônico.

À época do vazamento, houve até uma extorsão, pelos invasores, consistente na exigência de quantia equivalente a R$ 10.000,00 (dez mil reais) em contrapartida a não divulgação das fotos. Diante da recusa em relação à proposta, as fotos foram, finalmente, divulgadas em um *site* pornográfico sediado em Londres.

No total, quatro suspeitos foram descobertos, dentre os quais um era menor de idade.

Apesar de a atriz não ter prosseguido com as medidas cabíveis na esfera cível, o episódio foi responsável pela atualização legislativa do Código Penal, por força da Lei nº 12.737, de 30 de novembro de 2012, mais conhecida como Lei Carolina Dieckmann.

Quase seis anos depois, entrou em vigor a conhecida Lei Geral de Proteção de Dados, Lei nº 13.709, de 14 de agosto de 2018, que especificou direitos e definiu as responsabilidades pertinentes à segurança dos dados pessoais.

Nesse contexto de relevância da tecnologia digital, atribui-se, cada vez mais, uma enorme quantidade de poder a agentes não estatais, como corporações multinacionais e organizações internacionais, que são titulares, comercializam ou administram esse tipo de tecnologia, em detrimento de atores constitucionais como os Estados-nações.[623] Os Estados-nações, por sua vez, perdem relevância, na medida em que deixam de ser os principais responsáveis por aplicar ou violar direitos fundamentais.

Todos esses aspectos evidenciam, a rigor, alterações significativas no equilíbrio constitucional.

Seria possível se valer das análises clássicas de violações aos direitos fundamentais, como, por exemplo, o conhecido caso do arremesso de pessoas com nanismo?

622 CELESTE, Edoardo. Digital constitutionalism: a new systematic theorisation. **International Review of Law Computers & Technology**, p. 79, 2019.

623 *Ibid.*, p. 79.

O caso, já relatado no item 3.4, evidencia uma relação entre o Estado e indivíduos. Nesse caso, o Estado atua diretamente sobre o exercício dos direitos fundamentais, seja liberando a atividade, seja impondo óbices à sua prática. O Estado, portanto, exerce o papel central no que concerne à potencial violação aos direitos fundamentais. Mais recentemente, com a revolução provocada pelas tecnologias digitais, essa função passa a ser exercida por entidades privadas, no caso, as denominadas *big techs*. Partem de empresas privadas, atualmente, as condutas que possivelmente resultam em restrições ao exercício dos direitos fundamentais.

Ingo Sarlet e Ivar Hartmann, nessa linha, acrescentam, com propriedade, que, apesar de atuarem em espaços estatais típicos, há um déficit de transparência no âmbito da governança, que rege a tomada de decisões por parte dessas empresas, e que, possivelmente, resultariam em violações aos direitos fundamentais, e isso sem qualquer tipo de *accountability* (prestação de contas).[624]

Outro clássico em que se discutiu a aplicabilidade dos direitos fundamentais nas relações privadas foi o caso Lüth, cujos fatos foram pormenorizados no item 4.2.2.

Muito embora tenha reconhecido que o principal propósito dos direitos fundamentais seria a proteção do indivíduo contra o poder do Estado, o Tribunal Constitucional alemão entendeu que "*a lei fundamental erige um sistema objetivo de valores na sua seção de direitos fundamentais, e, justamente por meio dele, expressa e reafirma a validade dos direitos fundamentais*" e conclui que:

> (...) esse sistema de valores, centrado na personalidade e na dignidade humanas em livre desenvolvimento na sociedade, deve ser aplicado como axioma constitucional por todo o sistema legal: deve direcionar e informar a legislação, a administração e a jurisdição.

Com fundamento nessas conclusões, o Tribunal Constitucional reconheceu a aplicabilidade dos direitos fundamentais nas relações privadas, e, dessa forma, tornou prevalecente, no caso concreto, a compreensão de que as normas de Direito Civil deveriam ser interpretadas à luz do direito

624 Sarlet, Ingo Wolfgang; Hartmann, Ivar Alberto Martins. Direitos fundamentais e direito privado: a proteção da liberdade de expressão nas mídias sociais. **RDU**, v. 16, n. 90, p. 97, 2019.

fundamental à liberdade de expressão, no caso, expressa na liberdade de manifestação da opinião por parte de Erich Lüth.

Proponha-se a hipótese em que Erich Lüth estivesse em 2021 e que o boicote por ele proposto fosse veiculado em um sítio localizado nos Estados Unidos da América (EUA), e que ele reforçasse as críticas pelas redes sociais como *Twitter*, *Instagram* e *Facebook*. Por certo, poderia fazer chegar a sua mensagem de forma muito mais eficiente – com maior velocidade e com maior abrangência – a seus destinatários.

É de se indagar, nesse novo contexto, quais seriam as diferenças de abordagem do tema, por parte do tribunal constitucional alemão?

À primeira vista, poder-se-ia cogitar que nenhuma diferença de tratamento seria cabível.

Afinal, estamos diante de um sistema objetivo de valores e, que, por meio dele, a incidência dos direitos fundamentais é reafirmada. Essa ordem objetiva de valores informa e direciona a legislação ordinária, a administração e a jurisdição. A teoria da eficácia horizontal dos direitos humanos, portanto, seria plenamente aplicável.

Suponha-se, então, por absurdo, que uma das redes sociais possua um viés nazifascista e resolva bloquear a mensagem com fundamento em uma política qualquer de seus termos de uso. Afora isso, a atividade de Eric Lüth passa a ser monitorada e, não fosse suficiente, seus dados privados são expostos no ciberespaço. O sítio onde está hospedada a mensagem de boicote, por sua vez, encontra-se desindexado por força de algum algoritmo presente no sistema de busca. O tema, portanto, longe está de ser trivial. E exige, talvez, uma reflexão mais acurada sobre a atualidade da teoria da eficácia horizontal dos direitos fundamentais.

A experiência advinda com o Direito comparado pode trazer alguma luz para a solução desses desafios.

No âmbito da Suprema Corte norte-americana, tem-se realizado uma interpretação, no que concerne ao ciberespaço, da Primeira Emenda – que trata, entre outros direitos, da liberdade de expressão – que emprega, de um lado, a noção libertária, consubstanciada na expressão a "*free marketplace of ideas*" (livre mercado de ideias) e, de outro, a noção republicana de "*self-government*" (autogoverno).[625]

[625] Pollicino, Oreste. Judicial protection of fundamental rights in the transition from the world of atoms to the word of bits: the case of freedom of speech. **European Law Journal**, v. 2, p. 8, 2019.

No julgamento *Reno vs. ACLU*[626], a Suprema Corte norte-americana considerou inconstitucionais expressões constantes do *Communication Decency Act (CDA*). O estatuto tinha por objetivo proteger crianças em relação a conteúdos impróprios para a idade. Estabelecia que os provedores tinham de obstar a veiculação de conteúdo definido como indecente ou patentemente ofensivo.

A Suprema Corte, então, concluiu que o estatuto seria inconstitucional exatamente em razão da vagueza excessiva e da indeterminação nas restrições à liberdade de expressão. Na oportunidade, a Corte promoveu *distinguishing* relativo aos casos em que a proteção dos menores se realizava contra conteúdos de rádio e da televisão. Para acessar conteúdos impróprios na internet – argumentou-se – era necessário o emprego de várias ações afirmativas, razão pela qual seriam remotos os riscos de audiência inesperada.[627]

Mais recentemente, a *United States District Court for the Southern District of New York* julgou o interessantíssimo caso *Knight First Amendment Institute vs. Trump*[628]. O caso diz respeito a um grupo de usuários do *Twitter* que havia sido bloqueado pela conta pessoal do então Presidente Donald Trump. Alegavam que o bloqueio havia violado a Primeira Emenda. A Corte entendeu que, de fato, o bloqueio seria inconstitucional, pois estaria a privar os usuários do direito de seguir uma conta de uma autoridade oficial e de participar em um fórum público.

No Direito alemão, os tribunais têm se debruçado a respeito da matéria especialmente a partir de 2018, após a entrada em vigor da *Netzwerkdurchsetzungsgesetz (NetzDG)*, lei que estipulou regime de obrigações que provedores devem cumprir para garantir eficácia e transparência do tratamento de reclamações dos usuários a respeito de conteúdo potencialmente lesivo.[629]

Muito embora reconheçam a precocidade na oportunidade para formulação de prognósticos, na avaliação de Gilmar Mendes e Victor Fernandes há uma tendência de posicionamento crítico, por parte de autores alemães, no que concerne à jurisprudência dos tribunais, no sentido de se promover

[626] *Reno vs. American Civil Liberties Union*, 521 U.S. 844.

[627] POLLICINO, **Judicial protection of fundamental rights in the transition from the world of atoms to the word of bits:** the case of freedom of speech, p. 9.

[628] *Knight First Amendment Institute v. Trump*, 1:17-cv-05205 (S.D.N.Y.).

[629] MENDES, Gilmar Ferreira; FERNANDES, Victor Oliveira, Eficácia dos direitos fundamentais nas relações privadas da internet: o dilema da moderação de conteúdo em redes sociais na perspectiva comparada Brasil-Alemanha., **Revista de Direito Civil Contemporâneo**, v. 31, p. 33–68, 2022. p. RR-1.4.

uma substituição da tradição da aplicação dos efeitos indiretos em relação a terceiros por uma incidência direta e quase ilimitada do texto constitucional alemão ao regime privado das redes sociais.[630]

No âmbito da União Europeia, foi editada a Directiva sobre Comércio Eletrônico (Directiva nº 2000/31/CE), que estabeleceu as responsabilidades dos provedores de serviços de internet. Em conformidade com o art. 12 e os artigos seguintes, da referida Directiva, foram especificadas exceções à responsabilidade dos provedores, na medida em que eles operassem os referidos serviços de forma passiva, técnica e automática, e não exercitassem qualquer atividade de editoração em relação ao conteúdo de terceiros. Na hipótese de o provedor, por outro lado, tomar conhecimento, ou ser notificado, da ilegalidade da informação, surgiria imediatamente o dever de remover o conteúdo, sob pena de atrair para si a responsabilidade pela publicação.

Por outro lado, a Directiva sobre Comércio Eletrônico: (i) não estabelece o que seria um critério seguro para considerar o veículo como ciente da ilegalidade do conteúdo; e (ii) pressupõe que a avaliação do ator privado sobre a legalidade ou ilegalidade do conteúdo seria, por si só, legítima, em um cenário de ausência de avaliação de alguma autoridade pública.[631]

Nada obstante, a posição prevalecente na doutrina e jurisprudência da União Europeia firmou-se no sentido de que o mero condutor da informação não pode ser responsabilizado pela participação da atividade ilegal incorrida pelo usuário. [632]

No Brasil, a responsabilidade dos intermediários foi regulamentada pelo Marco Civil da Internet, Lei nº 12.965, de 23 de abril de 2014, especialmente no art. 19, que dispõe que:

> (...) o provedor de aplicações de internet somente poderá ser responsabilizado civilmente por danos decorrentes de conteúdo gerado por terceiros se, após ordem judicial específica, não tomar as providências para, no âmbito e nos limites técnicos do seu serviço e dentro do prazo assinalado, tornar indisponível o conteúdo apontado como infringente, ressalvadas as disposições legais em contrário.

[630] *Ibid.* p. RR-1.4.

[631] BASSINI, Marco. Fundamental rights and private enforcement in the digital age. **European Law Journal**, v. 25, p. 183, 2019.

[632] MENDES, Gilmar Ferreira; FERNANDES, Victor Oliveira. Constitucionalismo digital e jurisdição constitucional: uma agenda de pesquisa para o caso brasileiro. **Revista Brasileira de Direito**, v. 16, p. 17, 2020.

As exceções à regra de responsabilização do intermediário se referem a direitos relacionados a propriedade intelectual (art. 19, § 2º) e divulgação não consensual de imagens íntimas (art. 21).

A constitucionalidade do referido dispositivo será debatida pelo Supremo Tribunal Federal, quando do julgamento do Recurso Extraordinário nº 1.037.396/SP, tema 987, da sistemática da repercussão geral.

Os fatos que deram ensejo ao Recurso Extraordinário originam-se da identificação, por uma usuária do *Facebook*, de um perfil falso com seu nome e seus dados. Essa usuária resolveu notificar o *Facebook* da violação aos seus direitos fundamentais. Não obstante ter sido notificado, o *Facebook* quedou-se inerte quanto às acusações realizadas pela usuária. A usuária, diante da inércia, ingressou, contra o *Facebook Serviços Online do Brasil Ltda.*, com uma ação de obrigação de fazer cumulada com indenização por danos morais. Em primeiro grau, a empresa foi condenada à obrigação de fazer, consistente na exclusão do perfil falso e do fornecimento do *IP* de quem havia feito a veiculação indevida. Em sede de recurso inominado, a Segunda Turma Recursal Cível de Piracicaba, do Estado de São Paulo, concluiu não só que o *Facebook* deveria excluir o conteúdo, mas também deveria ser condenado ao pagamento de indenização por danos morais, haja vista que, mesmo após a notificação da usuária, a referida rede social não suprimiu o conteúdo alegadamente falso.

Verifica-se, portanto, que os intermediários, a depender do nível de exigência dos regulamentos nacionais, estão sujeitos a diferentes formas de responsabilização. E essas formas de responsabilização, em última instância, moldarão a conduta dos intermediários.

Enquanto nos EUA, os intermediários estarão mais livres para veicular todo tipo de informação de terceiros, sem se preocupar com eventual responsabilização, na União Europeia, os intermediários estarão um pouco mais restritos. Sentir-se-ão pressionados a atuarem positivamente, no sentido de controlar a divulgação de conteúdo.

Se nos EUA o pecado é pelo excesso de liberdade, na União Europeia é o contrário. Os intermediários serão incentivados a promover o que Jack Balkin denomina de censura colateral.[633]

[633] BALKIN, Jack M. The future of free expression in a digital age. **Pepperdine Law Review**, v. 36, n. 2, p. 435, 2009.

No Brasil, estamos a depender de um posicionamento do Supremo Tribunal Federal para definir, de uma vez por todas, como o art. 19 do Marco Civil da *Internet* deverá ser interpretado.

Sempre que possível, deve o Supremo Tribunal Federal ser deferente às decisões do Congresso Nacional.

A propósito do tema, é importante mencionar o Projeto de Lei nº 2630, que Institui a Lei Brasileira de Liberdade, Responsabilidade e Transparência na Internet. (popularmente conhecido como PL das *fake News*), de autoria do Senador Alessandro Vieira e de relatoria do Deputado Federal Orlando Silva, propõe regulamentar o uso das redes sociais, mecanismos de busca e serviços de mensageria privada, de modo a estabelecer parâmetros para a liberdade de expressão, responsabilidade e transparência no uso da *Internet*.

O referido projeto de lei é parcialmente inspirado na *Digital Services Act* ("DSA"), aprovado no final de 2022, no âmbito do Parlamento Europeu e do Conselho da União Europeia, conforme expressamente mencionado, em diversas oportunidades, no parecer proferido em plenário, pelo Deputado Federal Orlando Silva, em 27.4.2023.

O PL 2630 foi submetido, em 25.4.2023, a uma votação para deliberar a respeito de um requerimento de urgência, em conformidade com os artigos 153 e seguintes do Regimento Interno da Câmara dos Deputados.[634] Nessa oportunidade, recebeu expressiva votação a favor do requerimento de urgência, com 238 votos a favor (e 192 contra).

Aprovada a urgência, havia a previsão de votação do mérito do projeto no dia 2 de maio de 2023. Ocorre que as grandes plataformas (Google, Twitter, Telegram e Meta) entraram em campo e pressionaram explicitamente a Câmara dos Deputados.

O Google Brasil publicou um editorial, em seu sítio, para criticar o projeto de lei. O texto, intitulado "*o PL das fake News pode aumentar a confusão sobre o que é verdade e o que é mentira no Brasil*".[635] O Telegram, por sua

[634] *In verbis*: Art. 152. Urgência é a dispensa de exigências, interstícios ou formalidades regimentais, salvo as referidas no § 1º deste artigo, para que determinada proposição, nas condições previstas no inciso I do artigo antecedente, seja de logo considerada, até sua decisão final.

[635] Disponível em: https://g1.globo.com/politica/noticia/2023/05/02/governo-manda-google-sinalizar-como-publicidade-material-feito-pela-empresa-contra-pl-das-fake-news.ghtml Acessado em 24.5.2023.

vez, enviou mensagem, na mesma oportunidade, (ainda persiste dúvidas a respeito de quais e quantos foram os destinatários) atacando o projeto de lei. Em tom alarmista, asseverava que "*a democracia está sob ataque*".[636]

O Presidente da Câmara dos Deputados, deputado federal Arthur Lira, chegou a declarar, em 3.5.2023, a respeito das condutas das *big techs*, em relação à deliberação do projeto de lei em questão, que "*se a gente puder comparar, é como se tivessem impedido o funcionamento de um Poder*" Na oportunidade, também asseverou que "a*s big techs ultrapassaram todos os limites da prudência*". Ouviu relatos de pressões e ameaças sofridas por parlamentares, o que motivou o acionamento da advocacia da Câmara dos Deputados, para que avaliassem a possibilidade de tomarem medidas a respeito.[637]

Referida pressão resultou, igualmente, na atuação do Conselho Administrativo de Defesa Econômica ("CADE"), que determinou a abertura de procedimentos para investigar suposta conduta anticompetitiva das referidas plataformas em 02.05.2023.[638]

As condutas das grandes plataformas digitais foram abusivas de modo tão relevante que o Presidente da Câmara dos Deputados, enviou à Procuradoria Geral da República uma notícia-crime, solicitando a atuação do Ministério Público Federal, no sentido de apurar o cometimento de crimes eventualmente praticados pelos executivos do Google Brasil e do Telegram Brasil. Prontamente, a Procuradoria Geral da República promoveu o respectivo pedido de abertura de inquérito em desfavor dos executivos, integrantes das referidas empresas, envolvidos nas respectivas campanhas contra o PL 2630.

Por decisão proferida em 12.5.2023, o ministro Alexandre de Moraes, atendeu o pedido da Procuradoria Geral da República, determinou a abertura do Inquérito nº 4.933 e encaminhou ainda, os autos do inquérito, para a autoridade policial, para que, no prazo de sessenta dias, identificasse e promovesse as oitivas dos executivos envolvidos nas condutas potencialmente delituosas.

[636] Disponível em: https://g1.globo.com/jornal-nacional/noticia/2023/05/09/telegram-ataca-pl-das-fake-news-e-autoridades-brasileiras-reagem.ghtml Acessado em 24.5.2023.

[637] Disponível em: https://economia.uol.com.br/noticias/reuters/2023/05/03/lira-compara-pressao-de-big-techs-contra-pl-das-fake-news-a-cerceamento-do-legislativo.htm Acessado em 24.5.2023.

[638] Disponível em: https://valor.globo.com/politica/noticia/2023/05/02/cade-abre-procedimento-para-averiguar-atuao-de-plataformas.ghtml Acessado em 22.05.2023.

Nesse contexto, caracterizado, nas palavras do Presidente da Câmara dos Deputados, como um impedimento de funcionamento de um Poder, é possível o estabelecimento de uma analogia em relação ao quanto foi decidido na Ação Direta de Inconstitucionalidade nº 4.227/DF, especialmente no que concerne ao voto do ministro Gilmar Mendes. Em ambos os casos, havia um óbice a impedir a deliberação democrática por parte do parlamento. No caso relatado anteriormente, houve uma demora significativa (mais de 15 anos) na regulamentação de liberdades sensíveis; neste novo caso, muito mais grave, houve atuação direta por parte das plataformas digitais, inclusive com o suposto cometimento de crimes graves contra a Democracia representativa brasileira.

Como visto anteriormente, para legitimar a atuação do Supremo Tribunal Federal o ministro precisou fundamentar a sua decisão – jurídica e politicamente – em uma inação do Poder Legislativo, representada, naquela oportunidade, por uma omissão que, então, contava mais de 15 anos.

O ministro Gilmar Mendes considerou, além da omissão legislativa sobre o tema, a constatação da proteção insuficiente das liberdades, dentre as quais a liberdade sexual. Diante disso, estabeleceu uma solução provisória, até que sobreviesse regulamentação que fosse consentânea com os direitos fundamentais e ostentasse, finalmente, a legitimidade política, fatores necessários para resolver em definitivo a questão.

Nesta nova oportunidade, diante do impedimento de atuação de um Poder da República, por atuação deliberada por parte de empresas privadas, é premente a atuação da jurisdição constitucional, desde que provocada, para o fim de resguardar direitos fundamentais de relevo, dentre os quais a própria autonomia privada, e, consequentemente, a própria Democracia, que, atualmente, se encontra em risco.

A atuação do Supremo Tribunal Federal está legitimada, tanto sob a perspectiva jurídica – haja vista a proteção insuficiente de direitos fundamentais sensíveis – como, também, sob a perspectiva política – haja vista a inação do parlamento nacional, motivada dolosamente pela atuação de entidades privadas.

É possível que a resposta, por parte da jurisdição constitucional, venha, entre outras possíveis e futuras oportunidades, quando da realização das discussões sobre o Marco Civil da *Internet*, especialmente quanto à constitucionalidade do artigo 19.

Em conclusão: em primeiro lugar, é necessário enfatizar que os instrumentos da jurisdição constitucional clássicos não se tornaram obsoletos, muito embora uma atualização, à luz dos novos tempos, seja recomendável. Não há, portanto, qualquer ruptura no plano da jurisdição constitucional. No entanto, devido à sua natureza dinâmica, exigirá a realização de adaptações, sem descuidar da necessária legitimidade democrática.

Nesse contexto, talvez seja oportuno refletir acerca da tendência de expansão global do constitucionalismo, conforme propõe José Levi Mello do Amaral Junior[639]. Diante dessa expansão global, a democracia tenderia a se internacionalizar a partir de arcabouços institucionais supranacionais que possam viabilizar a fruição de direitos fundamentais em dimensão distinta, ou seja, para além dos limites territoriais de determinado país. Assim, os particulares, titulares dos direitos fundamentais, estariam aptos a exercê-los, não somente diante do próprio Estado, mas, também, em face de outras entidades privadas capazes de violar, com intensidade semelhante, os referidos direitos fundamentais.

[639] AMARAL JUNIOR, José Levi Mello do. O constitucionalismo. *In*: FRANCISCO, José Carlos (org.). **Neoconstitucionalismo e atividade jurisdicional:** do passivismo ao ativismo judicial. Belo Horizonte: Del Rey, 2012. p. 15.

CONCLUSÕES

A liberdade é tutelada por intermédio de princípios distintos, presentes, de forma explícita ou implícita, no texto constitucional: a liberdade de crença e consciência, a liberdade de manifestação do pensamento, a liberdade de expressão relativa à atividade intelectual, artística, científica e de comunicação, o direito à inviolabilidade da intimidade, da vida privada, a honra e a imagem, a liberdade de associação, dentre outros.

O Direito Civil hodierno inclui, entre seus fundamentos, a liberdade dos particulares nas deliberações, qualificadas pelo poder normativo, referentes a aspectos econômicos, existenciais e demais atos típicos da vida privada.

Evidenciou-se que, sobre a referida liberdade, foram erigidos construtos jurídico-institucionais que se situam entre as fronteiras existentes entre o Direito Público e o Direito Privado e estabelecem o âmbito de ação do particular frente ao Estado e diante de outros particulares que, potencialmente, se colocam como violadores dos princípios que compõem a tutela da autonomia privada.

No entanto, alertou-se que o conceito de liberdade (positiva ou negativa) não deve ser confundido com autodeterminação ou com autonomia privada.

Por sua vez, a liberdade positiva indica a possibilidade de determinado sujeito agir e viver de acordo com as suas próprias decisões. Decorre do anseio do indivíduo de ser o seu próprio senhor; ou seja, o sujeito (e não o objeto) a conduzir-se conforme seus próprios preceitos racionalmente elaborados.[640] Em seu sentido negativo, a liberdade política consistiria no

[640] BERLIN, **Two concepts of liberty**, p. 43.

âmbito de ação no qual determinado sujeito pode agir sem qualquer interferência de terceiros. Ou seja, se o indivíduo é obstado em sua faculdade de fazer algo de que seja capaz, ele não será livre na medida do óbice que lhe for imposto.[641]

A autodeterminação, por seu turno, é um fato da vida, que pode ser percebido empiricamente ou por elaborações metafísicas. Trata-se da possibilidade inata dos seres humanos de agirem em conformidade com a própria razão.

Como fenômeno pré-jurídico, inclui em seu âmbito a conduta humana em todas as suas dimensões, sejam elas protegidas pelo Direito ou não. Desse modo, a autodeterminação refere-se a atividades próprias dos seres humanos, como andar, trabalhar, se alimentar, se relacionar, dentre outras. Ao exercer tais faculdades, é possível – sob a perspectiva abstrata – que os agentes exercitem livremente suas escolhas.

Essa atuação ocorre no plano dos fatos; ou seja, independentemente de qualquer proteção jurídica da atividade. Nesse momento, o Direito ainda não estabeleceu a licitude (ou a ilicitude) da conduta – o que ocorrerá apenas após a subsunção do fato à norma, para que, então, a norma possa produzir, em concreto, os seus efeitos. É dizer: o comando legal (ainda que abstratamente considerado) não atinge o plano dos fatos, e, portanto, não afeta, em nenhum aspecto, a autodeterminação humana.

O fenômeno também não se confunde com a perspectiva de J. J. Gomes Canotilho de autodeterminação. Para o referido autor, a autodeterminação e o autogoverno compõem os pressupostos da sua concepção de soberania.[642]

Já a autonomia privada não se confunde com autonomia, autodeterminação ou autonomia da vontade. A diferença reside propriamente no fato de que referidos conceitos estão inseridos em planos alheios ao Direito; ou seja, são fenômenos fático-sociais (ou metafísicos, sob a perspectiva kantiana) que, por si sós – e sem uma norma a lhes conferirem legitimidade jurídica, não resultam em reflexos no ordenamento jurídico.

Demonstrou-se que o conceito da autonomia da vontade foi gestado no âmbito do liberalismo clássico, especialmente a partir da teoria Ética kantiana. Como visto, Kant estabelece o princípio da autonomia da vontade como lei (moral) universal. Nesse sentido, esclarece que *"o princípio*

[641] *Ibid.*, p. 34.

[642] Canotilho, **Direito constitucional e teoria da Constituição**, p. 224.

da autonomia é portanto: não escolher senão de modo a que as máximas da escolha sejam incluídas simultaneamente, no querer mesmo, como lei universal"[643]. Nessa linha de raciocínio, acrescenta que "*pela simples análise dos conceitos de moralidade pode-se, porém, mostrar muito bem que o citado princípio da autonomia é o único princípio da moral*".[644]

A autonomia da vontade, portanto, para Kant é absolutamente abstrata (metafísica) e, dessa forma, não recebe qualquer interferência externa. É, assim, alheia a qualquer fator de natureza heterônoma.

Essas teses, próprias do liberalismo clássico, restaram codificadas, em especial, no epicentro dos movimentos que culminaram com a Revolução Francesa (1789-1799). Assim, surgiu o Código Napoleônico, permeável aos influxos revolucionários, como um produto de seu tempo.

Como não poderia ser diferente, o Código Civil francês reverberou as teses do jusracionalismo e do voluntarismo, como partes integrantes do liberalismo clássico. E, dessa forma, fez constar, *v.g.*, do art. 1.134 que o contrato faz lei entre as partes que o produziram, assim como do art. 544, o qual estabelece que a propriedade é o direito de usufruir e dispor das coisas de sua maneira mais absoluta, contanto que não infrinja a lei e o regulamento.

Na Espanha, o cenário não foi muito distinto daquele evidenciado na França. O Código Civil espanhol, editado em 1889, reproduz quase textualmente o art. 1.134 do correspondente francês. Nesse sentido, estabelece a liberdade contratual como um princípio fundamental e prevê que as obrigações nascidas de contratos têm força de lei entre as partes (art. 1.091).[645]

O Código Civil italiano, de 1865, por sua vez, seguiu a mesma linha, ao receber influências do pensamento jusfilosófico predominante. Nesse sentido, chama a atenção, por exemplo, pela similitude na regulamentação do direito de propriedade, especificamente em seu art. 436, já referido anteriormente.

Na Alemanha, a influência do liberalismo clássico foi relativamente amenizada na elaboração do BGB, publicado em agosto de 1896 e com vigência a partir de 1º de janeiro de 1900. Muito contribuiu, para a definição desse perfil, a conhecida polêmica havida entre Thibaut e Savigny.

[643] KANT, **Fundamentação da metafísica dos costumes**, p. 90.

[644] *Ibid.*, p. 91.

[645] DÍEZ-PICAZO; GULLÓN, **Sistema de derecho civil**, p. 57.

Thibaut, defensor do jusracionalismo, então predominante na Europa continental, posicionou-se em favor da imediata elaboração do Código Civil. Savigny, por sua vez, representante da Escola Histórica, era contra a elaboração do Código Civil, que intentava fazer terra arrasada da tradição jurídica europeia.[646]

Nessa polêmica, ambos saíram vitoriosos. Thibaut, com a pretendida codificação, garantiu a unidade e a liberdade nacionais; Savigny, por sua vez, foi exitoso na medida em que, em vez de ser suprimida pelo projeto jusracionalista, a evolução da cultura jurídica alemã teve seu curso. Assim, a codificação tardia na Alemanha, muito embora não tenha abandonado as suas fontes inspiradoras jusfilosóficas, conseguiu amenizar, a seu modo, as influências do liberalismo clássico.

No Brasil, a Constituição de perfil liberal de 1824, do governo Imperial, propôs, em seu art. 179, a elaboração de um novo Código Civil, com o fim de suceder a vigência das Ordenações Filipinas. Teixeira de Freitas foi, então, incumbindo de realizar uma consolidação da legislação civil vigente, especificamente para o fim de "*mostrar o último estado da Legislação*", por meio de sistematização por títulos e artigos, nos quais as disposições em vigor seriam reduzidas a "*proposições claras e sucintas*".[647]

Credita-se à qualidade do trabalho de Teixeira de Freitas o feito de viabilizar a transição segura até o Código Civil de 1916, gestado sob as percucientes mãos de Clóvis Beviláqua.

Ainda foram produzidas três tentativas de elaboração de uma nova codificação para o Brasil: Teixeira de Freitas, em 1859, Nabuco Araújo, em 1872, e Felício dos Santos, em 1881. Com o fim do Império, os esforços, nesse sentido, foram finalmente encerrados.

No que concerne ao perfil do Código Civil de 1916, nota-se que o decurso do prazo entre o período revolucionário francês até o advento da codificação produziu influências relativizadas em seu texto. Isso porque, no início do século, o denominado dogma da vontade tinha sido objeto de significativas críticas. Àquela altura, Karl Marx e Friedrich Engels já tinham lançado as teses originais do materialismo histórico e o Papa Leão XIII publicado a *Rerum Novarum*, em 1891, na qual se reconhecia a função social da propriedade.

[646] WIEACKER, **História do direito privado moderno**, p. 451.
[647] FREITAS, **Consolidação das leis civis**, p. XXXI.

Nesse contexto, o Código Civil de 1916 – muitíssimo influenciado pelo Esboço de Teixeira de Freitas – foi apenas parcialmente inspirado no liberalismo clássico.

O liberalismo clássico, como visto, foi alvo de contundentes críticas. O excesso de abstração, o individualismo exacerbado e o dogma da vontade, assim como o projeto jusracionalista, não passaram incólumes à segunda metade do século XIX e ao início do século XX.

Assim, surgiram as teorias funcionalizantes – a partir, principalmente, da noção de função social da propriedade. Segundo um dos seus principais expoentes, León Duguit, e em conformidade com essa, então, nova teoria, a propriedade passaria a ser uma função social em vez de direito subjetivo do proprietário.[648] Desse modo, a proteção do sistema jurídico em relação à propriedade se limitaria a reconhecer a medida de cumprimento dessa função social. A liberdade, então, no que concerne ao direito de domínio, seria exercida nos limites (e em razão) da função social.

De uma liberdade quase absoluta, tal como prevista no art. 544 do Código Civil francês, o direito de propriedade passa a ser limitado à exata medida de seu cumprimento da função social.

Assim como o direito de propriedade, as relações contratuais também foram funcionalizadas. Enzo Roppo, a propósito, aponta que o contrato também pode ser empregado a partir de sua função ideológica. Ou seja, além de um instrumento técnico-jurídico idealizado para a circulação de bens e serviços, o contrato pode representar uma forma de organização das relações socioeconômicas, assim evidenciando o seu perfil ideológico.[649]

É certo que não se restringe às relações contratuais do liberalismo clássico a pecha de se tratar da função ideológica. A cada momento histórico, autores disputam entre si a hegemonia de perspectivas filosóficas. Não foi diferente quando do advento do princípio da função social, quando, então, influenciadas pelo materialismo histórico, algumas dessas propostas acabaram se tornando prevalecentes.[650]

É fato que o princípio veio tipificado no art. 421 do atual Código Civil, que explicita que "*a liberdade contratual será exercida nos limites da função social do contrato*". O dispositivo em questão, no entanto, está a merecer maior reflexão.

648 DUGUIT, **Les transformations générales du droit privé depuis le Code Napoléon**, p. 158.

649 ROPPO, O contrato, pp. 28-29.

650 BOBBIO, **A análise funcional do direito:** tendências e problemas, p. 84.

Há, naturalmente, dificuldades inerentes ao próprio preenchimento do conteúdo normativo da função social do contrato, exatamente por se tratar de conceito aberto e polissêmico. De fato, a doutrina comumente relaciona o princípio da função social do contrato aos princípios constitucionais do solidarismo e da dignidade humana, como se estes estivessem a preencher o conteúdo normativo daquele, de modo a impor limites à autonomia privada.[651]

O princípio do solidarismo seria constituído segundo critérios de uma espécie de justiça contratual que deveria ser alcançada pela busca de uma igualdade substancial efetiva. Nesse sentido, a utilidade social serviria como baliza à autonomia privada, como princípio a ser perquirido, de modo a nortear as relações contratuais.

Para Pietro Perlingieri, o solidarismo, como princípio constitucional, consistiria na instrumentalização e no resultado da atuação de uma almejada *igual dignidade social.*[652] Não obstante, aponta Pietro Perlingieri que os meios para se obter os fins relacionados ao solidarismo realmente importam. Assim, especifica que o solidarismo pode ser norteado a partir de perspectivas que sejam estabelecidas pelo Estado, por processos democráticos, ou impostas, de modo autoritário.[653] Dessa forma, o solidarismo poderia estar a serviço de arbitrariedades, tanto por parte do Estado quanto por parte de particulares, tudo a depender de como será estabelecido o seu conteúdo normativo. Ou seja, a legitimidade democrática do solidarismo vai depender de como as instituições se conduzirão na estipulação de seus limites e seu alcance eficacial.

Nesse sentido, é de se aventar, a propósito, o não menos problemático emprego de critérios utilitaristas/consequencialistas para a conformação do conteúdo do princípio da solidariedade, em especial no que concerne a determinada coletividade. A rigor, essa forma de estipulação de abrangência de normatividade do princípio padece de semelhante déficit de legitimidade. Incorre-se, portanto, na mesma questão relativa à fonte normativa: Estado, cidadão ou corporações.

A dignidade humana, por sua vez, é comumente relacionada à autonomia privada; esta como fonte axiológica – não exclusiva – daquela. Em especial, assim como Pico Della Mirandola, Kant e inúmeros outros autores contemporâneos, já referidos anteriormente no item 3.4, defendem,

[651] GODOY, **Função social do contrato:** os novos princípios contratuais, p. 139.

[652] PERLINGIERI, **Perfis do direito civil**, p. 37.

[653] *Ibid*, p. 36.

entre outros aspectos, que o ser humano não pode ser considerado como meio, mas como um fim em si mesmo.[654]

Nada obstante, verifica-se que o princípio da dignidade humana é aberto e polissêmico. Urge, nesse sentido, o estabelecimento de parâmetros seguros para a aferição de seu sentido, sob pena de se incorrer em puro e simples autoritarismo, haja vista a relevância normativa do princípio (veja-se, por exemplo, o art. 1º, *caput*, inciso III, da Constituição Federal, que estabelece a dignidade humana como um dos fundamentos da República Federativa do Brasil).

Trata-se, a rigor, de uma forma de se inserir critérios axiológicos e valorativos no ordenamento jurídico, sem que seja o princípio em questão submetido ao crivo, às regras e aos limites próprios de um regime democrático.

Não por outro motivo, demonstrou-se que há certa banalização do emprego da dignidade humana, ao que, Antonio Junqueira de Azevedo acresceu ao denominado *bando dos quatro*, o conceito de *dignidade da pessoa humana.* [655] O uso indiscriminado da expressão é referido, por Otávio Luiz Rodrigues Junior, como um *trunfo argumentativo*.[656]

No Direito Civil, as consequências são relevantes, sobretudo nos seguintes aspectos: (i) na delimitação dos espaços democráticos; (ii) na previsibilidade do Direito; e (iii) na transferência das decisões próprias da autonomia privada para o Judiciário.[657]

Aludiu-se que a fórmula kantiana, apesar de, à primeira vista, parecer correta, sob a perspectiva lógico-formal, sucumbe nos excessos de seu perfil individualista, voluntarista e abstrativista. Não há, no entanto, autor relevante que desconsidere a sua influência até os dias atuais, no que concerne aos conceitos de autonomia da vontade e dignidade humana.

De fato, a definição do espaço normativo do princípio da dignidade humana não se refere a mero ônus argumentativo trivial. Requer compromisso metodológico que seja capaz de determinar o conteúdo normativo, de modo a especificar as aberturas axiológicas e os motivos pelos quais essas inserções morais não se submeteram aos processos democráticos ordinários.

[654] Kant, **Fundamentação da metafísica dos costumes**, pp. 72-73.

[655] Junqueira de Azevedo, Caracterização jurídica da dignidade da pessoa humana.

[656] Rodrigues Junior, **Direito civil contemporâneo:** estatuto epistemológico, constituição e direitos fundamentais, p. 329.

[657] *Ibid.*, pp. 325-326.

Caso contrário, a utilização indiscriminada do princípio poderá ser considerada pura arbitrariedade, destinada a impor valores morais particulares por parte da autoridade de ocasião.

Demonstrou-se, portanto, que o princípio da função social da propriedade bem como o princípio da dignidade humana são inadequados para determinar o conteúdo do princípio da autonomia privada.

Isso porque, ao se pretender realizar uma análise da autonomia privada com fundamento no princípio da dignidade humana, incorre-se, na verdade, em análise equivocada, pois o princípio da dignidade humana tem como parte considerável do seu conteúdo normativo exatamente a autonomia privada, razão pela qual seria impróprio pressupor a dignidade humana como critério de legitimação da autonomia privada.

Por outro lado, os critérios funcionalizantes – depreendidos como teleológicos, para os fins deste trabalho – são inaptos para se alcançar a compreensão do conteúdo da autonomia privada. Ao contrário, a autonomia privada se assenta exatamente no livre arbítrio, que é conferido a cada indivíduo para agir em conformidade com os seus propósitos de vida. Nesse sentido, o princípio da função social não se presta a fundamentar o conteúdo da autonomia privada.

A autonomia privada, por sua vez, trata-se de conceito jurídico-dogmático estabelecido pela ordem normativa e de caráter constitucional, por força de princípios materiais implícitos. O conteúdo, os limites, os fundamentos e as características são estabelecidos por normas jurídicas.

Da mesma forma, a autonomia privada não se confunde com a perspectiva filosófico-política de liberdade, seja em seu aspecto positivo, ou, principalmente, em seu aspecto negativo. A autonomia privada não é e nem pode ser considerada, exclusivamente, como um espaço de liberdade juridicamente protegido. Enfatize-se que essa concepção não exclui, obviamente, o reconhecimento da existência da tutela jurídica de liberdades civis, ou, ainda, do reconhecimento da possibilidade conferida aos particulares para autotutelarem os seus interesses.

Muito embora com ela não se confunda, a perspectiva de autonomia privada ora defendida tem seu conteúdo preenchido e conformado pelos valores político-sociais de liberdade republicana, em seu perfil democrático, na medida em que são constitucionalmente reconhecidos e qualificados como normas jurídicas.

A autonomia privada representa a possibilidade e o poder jurídico atribuído aos particulares para estabelecerem posições jurídicas de natureza privada, às quais o ordenamento jurídico atribui efeitos, viabiliza institucionalmente os meios e disponibiliza os instrumentos necessários e suficientes para que as referidas posições jurídicas alcancem os efeitos pretendidos.

Igualmente, a autonomia privada se trata de princípio constitucionalmente protegido, muito embora não explícito, mas cuja proteção se perfaz pela intersecção do conteúdo normativo de diversos princípios que tutelam as esferas da liberdade humana, como, *v.g.*, a liberdade de crença e consciência, a liberdade de manifestação do pensamento, a liberdade de expressão relativa à atividade intelectual, artística, científica e de comunicação, o direito à inviolabilidade da intimidade, da vida privada, a honra e a imagem, a liberdade de associação, dentre outros.

A autonomia privada também deve ser considerada como fator de conformação do conteúdo de direitos fundamentais de liberdade, não apenas a contratual, mas, igualmente, as ditas de conteúdo existencial, como livre desenvolvimento da personalidade e livre disposição do corpo.

Procurou-se demonstrar, assim, que a autonomia privada é consectário do princípio geral de liberdade, especialmente em seu perfil positivo. Assim, distancia-se do individualismo próprio do liberalismo clássico, bem como da perspectiva de liberdade, de natureza moral, abstrata e se lastreia na ideia de liberdade democrática, própria do Estado Democrático de Direito. Trata-se de princípio jurídico que se situa nos limites entre o Direito Privado e o Direito Público por se referir à capacidade da qual os cidadãos são titulares de produzir normas jurídicas.

Nesse particular, torna-se cabível um comentário conclusivo em relação à análise do problema da constitucionalização do Direito Civil. No que concerne ao tema em apreço, propôs-se inédita classificação em duas correntes distintas, quais sejam: (i) a perspectiva axiológico-hermenêutica; e (ii) a normativo-institucional. Nessa classificação, procurou-se ressaltar as principais características distintivas entre as teorias. Muito embora reducionista quanto à variedade de teorias, a classificação tem o mérito de facilitar a compreensão e a sistematização das correntes.

Reconheceu-se a existência de processos de constitucionalização do Direito Civil, especificamente quanto às hipóteses de constitucionalização por (i) elevação das normas ordinárias ao texto constitucional; (ii) reforma legislativa; (iii) juridicização das normas constitucionais[658];

[658] Cabe aqui fazer a ressalva quanto ao resultado do alcance dessa hipótese, notadamente a partir das colocações do Otávio Luiz Rodrigues Junior. Para o referido autor, *in verbis*:

e (iv) irradiação (ou transformação), especialmente a partir do julgamento do caso Lüth, já referido anteriormente.

Por outro lado, reforçou-se o arcabouço dogmático de Direito Civil e buscou-se, dessa forma, alcançar os seus limites eficaciais, sob a perspectiva democrática, quanto ao Estado e à sociedade civil, e, quanto às relações privadas, adotou-se o modelo de eficácia indireta dos direitos fundamentais.

A autonomia privada, portanto, não se encontra presente textualmente na Constituição Federal. Não obstante, o seu conteúdo normativo encontra-se positivado, como visto, em outros princípios expressamente previstos, tal como a liberdade de manifestação do pensamento, a liberdade de expressão relativa à atividade intelectual, artística, científica e de comunicação, o direito à inviolabilidade da intimidade, da vida privada, a honra e a imagem, a liberdade de associação, dentre outros.

Trata-se, na verdade do que J. J. Canotilho conceituou como fundamentalidade material do conteúdo normativo constitucional; mais especificamente, como *fattispecie* aberta que, associada à compreensão aberta do âmbito normativo das normas constitucionais, especialmente, de direitos fundamentais, possibilitam a concretização do sistema constitucional.[659]

Por fim, torna-se necessário tecer algumas considerações a respeito do alcance normativo da autonomia privada diante do (i) Executivo (Administração Pública), (ii) Legislativo, e (iii) Judiciário.

No que concerne ao âmbito de proteção dos direitos fundamentais, especialmente os de liberdade, que consubstanciam o conteúdo normativo da autonomia privada, diante do Executivo, fica evidente, primordialmente, a função negativa. Para o exercício da garantia das liberdades, os referidos direitos são instrumentalizados por meio das seguintes pretensões: (i) de abstenção (*Unterlassungsanspruch*); de revogação (*Aufhebungsanspruch*); de anulação (*Beseitigungsanspruch*); de consideração (*Berücksitigungsanspruch*); de defesa ou de proteção (*Schutzanspruch*).[660]

"constitucionalizar o Direito Civil é reconhecer a juridicização da Constituição, com as ressalvas presentes na jurisprudência do STF e na teoria constitucional. A constitucionalização do Direito Civil, nesta terceira acepção, implica que as normas constitucionais não podem deixar de ser cumpridas, sob o argumento de que elas seriam meros programas políticos, envolvidos em uma forma jurídica". E nada mais! (Rodrigues Junior, **Direito civil contemporâneo:** estatuto epistemológico, constituição e direitos fundamentais, pp. 220-224.)

[659] Canotilho, **Direito Constitucional e Teoria da Constituição**. pp. 379-380.

[660] Mendes, **Os direitos fundamentais e seus múltiplos significados na ordem constitucional,** p. 3.

Demonstrou-se que a autonomia privada não pressupõe o preenchimento de critérios de perfil axiológico; ou seja, afasta-se, assim, qualquer juízo de merecimento. A autonomia privada é protegida por si só; por seu valor intrínseco, relacionado à liberdade humana. A proteção da liberdade, portanto, independe se servirá à virtude ou ao vício; aos bons ou aos maus propósitos; à utilidade ou à inutilidade.

Inclui-se no âmbito de proteção, diante do Executivo, não somente a proibição de intervenção, mas igualmente o dever, atribuível ao Estado, de protegê-los e instrumentalizá-los. Assim, não apenas deve ser observada a proibição de excesso, como também a proibição de insuficiência, consubstanciada no dever de proteção e instrumentalização dos direitos e das liberdades individuais.

Devido à abertura semântica e normativa dos princípios, podem ser verificados, diante de um caso concreto, conflitos entre princípios aparentemente antagônicos entre si. Em tais hipóteses, a ponderação incumbirá, em primeiro lugar, ao legislador infraconstitucional.

Essas restrições, decorrentes das ponderações legislativas, não obstante, também estão sujeitas a determinados limites.

Em tais hipóteses, Gilmar Mendes propõe um teste de constitucionalidade para fins de análise de legitimidade, diante da Constituição, de eventuais restrições impostas pelo Poder Executivo, a saber: (i) a conduta afetada pela medida enquadra-se no âmbito de proteção de algum direito fundamental?; (ii) a medida configura uma intervenção no âmbito de proteção do direito fundamental?; (iii) a medida pode ser justificada com base na Constituição? (iii.i) existe um fundamento legal para a medida compatível com a Constituição? ; (iii.ii) a medida, ela própria, é constitucional? ; (a) ela aplica a lei em conformidade com a Constituição?; (b) ela é proporcional?; (c) ela se revela clara e determinada para o atingido?[661]

No que concerne ao âmbito de proteção relativamente ao Poder Legislativo, há que se considerar, primordialmente, a incumbência do legislador de especificar, no desenvolvimento da legislação ordinária, o espaço protegido das interferências indevidas por parte do Estado. Ou seja, está-se diante do seu perfil negativo (*status negativus*)[662]. Competiria ao legislador especificar, em um juízo de ponderação normativo-axiológica, os limites

[661] MENDES, **Direitos fundamentais e controle de constitucionalidade**, p. 115.

[662] PIEROTH; SCHLINK, **Direitos fundamentais**, p. 60.

no âmbito dos quais o particular está livre para exercer plenamente a sua autonomia privada.

Afora isso, insere-se, como um *poder-dever* do Poder Legislativo, especificar os instrumentos e mecanismos normativos e institucionais que tornem concretos os atos jurídicos decorrentes do exercício da autonomia privada, de modo que as manifestações e condutas particulares estabelecidas em atos ou negócios jurídicos passem a se tornar juridicamente eficazes.

Por outro lado, as restrições à autonomia privada que decorrem do exercício da atividade do legislador precisam se compatibilizar com o direito fundamental em questão. Especificamente, as restrições serão ilegítimas nas seguintes hipóteses: (i) por ausência de conformidade com o direito fundamental (ou os direitos fundamentais) do qual a restrição é decorrente; ou (ii) por violação dos limites dos limites.

O *locus* privilegiado de ponderação axiológica é o Poder Legislativo. É especificamente o local onde a autonomia privada se torna concreta em seu perfil positivo. No âmbito do Poder Legislativo, serão sopesados os valores e princípios constitucionais. No desenvolvimento dessa função, é possível que surjam mais de uma alternativa para a concretização do direito fundamental em questão. Da mesma forma, a restrição parcial de incidência de determinado direito fundamental, em benefício de outro, exige uma ponderação valorativa que, eventualmente, não encontrará respostas prontas. Nesse ambiente, o que determinará a solução é a valoração moral, que deverá ser realizada pelo legislador, sob a proteção do princípio democrático, que conferirá a necessária legitimidade para tanto.

Ao Judiciário, por sua vez, recai a incumbência de aplicar o Direito ao caso, em juízo de subsunção do fato à norma incidente. A jurisdição ordinária torna efetiva, no plano dos fatos, o conteúdo normativo de suas decisões.

O ponto fulcral da questão reside na possibilidade – e na legitimidade, enfatize-se – de o Judiciário aplicar a lei injusta – sob o ponto de vista de determinado sistema axiológico – ou equivocada, na perspectiva de políticas públicas ou sociais.

Os direitos fundamentais, mediados que estão pela legislação ordinária, podem ser restringidos, dentro de certos limites. Assim como poderão entrar em conflitos entre si. Nessas hipóteses, o Judiciário deverá optar, levando em consideração o que diz a lei ordinária, por algum desses direitos fundamentais.

O legislador, por outro lado, está imediatamente vinculado ao que determinam os direitos fundamentais. Assim, as decisões políticas, deliberadas no Congresso Nacional, deverão passar pelo escrutínio de constitucionalidade, seja pela norma em si, seja por omissão inconstitucional.

O perfil positivo, portanto, da autonomia privada representa, em *ultima ratio*, uma deferência ao Legislativo, em que devem ocorrer as deliberações políticas e morais que consubstanciaram os textos normativos a serem efetivados pelo Poder Judiciário.

Nessa linha, Jeremy Waldron demonstra a possibilidade de coexistirem nas sociedades concepções distintas a respeito do que é justo ou injusto. Assim, tais posicionamentos – válidos e legítimos – haveriam de ser considerados quando da deliberação política no que se refere à posição predominante.[663]

Por outro lado, a jurisdição constitucional não se mostra como local apropriado para o estabelecimento de consensos de natureza política, notadamente se o dissenso se referir a questões morais. O foco da sociedade se dissiparia em distrações decorrentes da leitura de precedentes, textos jurídicos e métodos hermenêuticos. Muito embora a jurisdição constitucional seja passível de constante escrutínio público, pela mídia, pela doutrina e por outros atores, é fato que não está submetida à prestação de contas realizada, propriamente, pelo sufrágio.[664]

Nesse sentido, é possível afirmar que decisão politicamente correta (ou democraticamente boa, a depender da perspectiva de análise) é aquela tomada com fundamento na liberdade democrática.

Há ainda o fantasma da denominada ditadura da maioria para combater. Para tal problema, a jurisdição constitucional serviria como importante limitador em relação ao poder decisório da maioria. No entanto, a jurisdição constitucional, sem suporte da sociedade em relação a direitos de minorias, ficaria de mãos atadas em relação à defesa de tais direitos.[665]

Dessa forma, por mais que se reconheça a necessidade de se levar em consideração os direitos das minorias, o *judicial review* não pode ser utilizado, nas palavras de Jeremy Waldron, como um *cavalo de Troia*, para atribuir à jurisdição constitucional uma legitimidade de atuação de vanguarda ideológica.[666]

663 WALDRON, **The dignity of legislation**, p. 155.
664 WALDRON, **Political political theory**, p. 199.
665 *Ibid.*, p. 242.
666 *Ibid.*, p. 244.

O âmbito de proteção da autonomia privada em seu perfil positivo, portanto, pressupõe prestigiar o posicionamento do Legislativo em relação às decisões políticas realizadas em procedimentos deliberativos democráticos, ainda que as decisões tomadas contrariem algum sistema moral ou determinados critérios de Justiça.

Em suma, a tese que se pretendeu defender é: a autonomia privada, como direito fundamental, deve ser compreendida sob a perspectiva específica da liberdade democrática, assim compreendida aquela que conforma o conteúdo, os limites e os efeitos do referido direito fundamental por critérios de legitimação e reconhecimento pautados por fatores oriundos exclusivamente de concepção de democracia.

REFERÊNCIAS

ACCIOLY, Hildebrando; SILVA, G. E. do Nascimento e; CASELLA, Paulo Borba. **Manual de direito internacional público**. 19ª edição. São Paulo: Saraiva, 2011.

ALEXY, Robert. **Teoria dos direitos fundamentais**. Tradução de Virgílio Afonso da Silva. 2ª ed. São Paulo: Malheiros, 2017.

ALMEIDA, Fernando Dias Menezes de. **Liberdade de Reunião**. São Paulo: Max Limonad, 2001.

ALPA, Guido. **Diritto civile italiano: due secoli di storia**. Bologna: Società editrice il Mulino, 2018.

ALVES, José Carlos Moreira. **Direito Romano**. 16. ed. Rio de Janeiro: Forense, 2014.

ALVIM NETTO, José Manoel de Arruda. A função social da propriedade e os diversos tipo de direito de propriedade, e a função social da posse. *In*: **Estatuto da Cidade**. São Paulo: Revista dos Tribunais, 2014.

AMARAL JUNIOR, José Levi Mello do. O Constitucionalismo. *In*: FRANCISCO, José Carlos (Org.). **Neoconstitucionalismo e atividade jurisdicional: do passivismo ao ativismo judicial**. Belo Horizonte: Del Rey, 2012, p. 3–16.

AMARAL JUNIOR, José Levi Mello do. O Poder Legislativo na democracia contemporânea: A função de controle político dos Parlamentos na democracia contemporânea. **Revista de Informação Legislativa**, v. 42, n. 168, p. 7–17, 2005.

AMARAL JÚNIOR, José Levi Mello do. **Inviolabilidade Parlamentar**. São Paulo: Quartier Latin, 2020.

AMARAL NETO, Francisco dos Santos. A autonomia privada como poder jurídico. *In*: **Estudos em homenagem ao Professor Caio Mário da Silva Pereira**. Rio de Janeiro: Forense, 1984, p. 286–312.

ANDRADE, José Carlos Vieira de. Os direitos, liberdades e garantias no âmbito das relações entre particulares. *In*: SARLET, Ingo Wolfgang (Org.). **Constituição, Direitos Fundamentais e Direito Privado**. 2. ed. Porto Alegre: Livraria do Advogado, 2006, p. 273–300.

ARISTÓTELES. **Política**. Tradução de Mário da Gama Kury. 2ª edição. Brasília: Editora Universidade de Brasília, 1988.

ASCENSÃO, José de Oliveira. Pessoa, direitos fundamentais e direitos de personalidade. **Revista Trimestral de Direito Civil - RTDC**, v. 26, n. 7, p. 43–66, 2006.

ATIENZA, Manuel. Dos versiones del constitucionalismo. **Cuadernos de Filosofia del Derecho**, v. n. 34, 2011.

ÁVILA, Humberto. "Neoconstitucionalismo": entre a "Ciência do Direito" e o "Direito da Ciência". *In*: SOUZA NETO, Claudio Pereira de; SARMENTO, Daniel; BINENBOJM, Gustavo (Orgs.). **Vinte anos da Constituição Federal de 1988**. Rio de Janeiro: Editora Lumen Juris, 2009, p. 187–202.

ÁVILA, Humberto. **Teoria dos princípios: da definição à aplicação dos princípios jurídicos**. 18ª edição. São Paulo: Malheiros, 2018.

AZEVEDO, Antonio Junqueira de. Crítica ao personalismo ético da Constituição da República e do Código Civil. Em favor de uma ética biocêntrica. **Revista da Faculdade de Direito da Universidade de São Paulo**, v. 103, p. 115–126, 2008.

AZEVEDO, Antonio Junqueira de. **Negócio jurídico: existência, validade e eficácia**. 4ª edição. São Paulo: Saraiva, 2002.

AZEVEDO, Antonio Junqueira de. O direito pós-moderno e a codificação. **Revista USP**, v. 42, p. 96–101, 1999.

BALKIN, Jack M. The Future of Free Expression in a Digital Age. **Pepperdine Law Review**, v. 36, n. 2, p. 427–444, 2009.

BARROSO, Luis Roberto. Fundamentos teóricos e filosóficos do novo direito constitucional brasileiro. **R. Dir. Adm.**, v. 225.

BARROSO, Luís Roberto. Neoconstitucionalismo e constitucionalização do Direito (O triunfo tardio do direito constitucional no Brasil). **Revista de Direito Administrativo**, v. 240, p. 1–42, .

BARROSO, Luis Roberto; BARCELLOS, Ana Paula. O começo da história. A nova interpretação constitucional e o papel dos princípios no Direito brasileiro. **Revista da EMERJ**, v. v. 6 n. 23, 2003.

BASSINI, Marco. Fundamental rights and private enforcement in the digital age. **European Law Journal**, v. 25, p. 182–197, 2019.

BENTHAM, Jeremy. **An Introduction to the Principles of Morals and Legislation**. Ontário: Batoche Books, 2000.

BERLIN, Isaiah. **Liberty**. New York: Oxford University Press, 2016.

BERLIN, Isaiah. Two concepts of liberty. *In*: MILLER, David (Org.). **The liberty reader**. New York: Routledge, 2016, p. 33–57.

BETTI, Emilio. **Teoria generale del negozio giuridico**. 2ª Edição. Napoli: Edizioni Scientifiche Italiane, 2002.

BETTI, Emilio. **Teoria Geral das Obrigações**. Tradução de Francisco José Galvão Bruno. Campinas: Bookseller, 2006.

BETTI, Emílio. **Teoria Geral do Negócio Jurídico**. Campinas: Servanda Editora, 2008.

BETZ, Hans Dieter. Antiquity and Christianity. **Journal of Biblical Literature**, v. 117, p. 3–22, 1998.

BILBAO UBILLOS, Juan María. En qué medida vinculan a los particulares los derechos fundamentales? *In*: SARLET, Ingo Wolfgang (Org.). **Constituição, Direitos Fundamentais e Direito Privado**. 2. ed. Porto Alegre: Livraria do Advogado, 2006.

BINENBOJM, Gustavo. **Liberdade igual: o que é e por que importa**. Rio de Janeiro: História Real, 2020.

BOBBIO, Norberto. A análise funcional do direito: tendências e problemas. *In*: **Da estrutura à função: novos estudos de teoria do direito**. Tradução de Daniela Beccaccia Versiani. Barueri: Manole, 2007.

BOBBIO, Norberto. **Igualdade e Liberdade**. Tradução de Carlos Nelson Coutinho. 3ª edição. Rio de Janeiro: Ediouro, 1997.

BODIN, Jean. **Les six livres de la République**. Paris: Edição Kindle, 1993.

BONAVIDES, Paulo; ANDRADE, Paes de. **História Constitucional do Brasil**. Rio de Janeiro: Paz e Terra, 1991.

BORGES, Roxana Cardoso Brasileiro; VASCONCELLOS, Emanuel Lins Freire. Igualdade substancial e autonomia privada no Código Civil brasileiro de 2002. **III Encontro de Internacionalização do CONPEDI - MADRID**, v. 8, p. 18–41, .

CANARIS, Claus-Wilhelm. **Direitos fundamentais e direito privado**. Tradução de Ingo Wolfgang Sarlet e Paulo Mota Pinho. Coimbra: Almedina, 2016.

CANOTILHO, José Joaquim Gomes. **Direito Constitucional e Teoria da Constituição**. 7ª edição. Coimbra: Almedina, 2003.

CANOTILHO, José Joaquim Gomes. Dogmática de direitos fundamentais e direito privado. *In*: SARLET, Ingo Wolfgang (Org.). **Constituição, Direitos Fundamentais e Direito Privado**. 3ª ed. Porto Alegre: Livraria do Advogado, 2010.

CARBONELL, Miguel. Neoconstitucionalismo y derechos fundamentales en America Latina. **Pensamiento Constitucional**, v. 14, 2010.

CARLYLE, Alexander James. **Political Liberty: A History of the Conception in the Middle Ages and Modern Times**. Edição Dig. Londres: Routledge, 1988.

CARVALHO, Jorge Morais. A moral como limite à autonomia privada. **Revista de Direito Civil Contemporâneo**, v. 8, p. 303–326, 2016.

CASTRO Y BARRO, Federico. **El negocio juridico**. Madrid: Civitas Ediciones, 1971.

CELESTE, Edoardo. Digital constitutionalism: a new systematic theorisation. **International Review of Law Computers & Technology**, p. 76–99, 2019.

CÍCERO. **Da República**. kindle edi. [s.l.]: Montecristo Editora, 2020.

COMTE, Auguste. **Curso de Filosofia Positiva**. São Paulo: Abril Cultural, 1978.

CONSTANT, Benjamin. **A liberdade dos antigos comparada à dos modernos**. São Paulo: Atlas, 2015.

CONTARINI, Gasparo. **The Republic of Venice: De magistratibus et republica Venetorum**. Toronto: University of Toronto Press, 2020.

CROCE, Benedetto. **History as the History of Liberty**. 1ª edição. Carmel: Liberty Fund, 2000.

CRUZ, Guilherme Braga. A formação histórica do moderno direito privado português e brasileiro. **Revista da Faculdade de Direito, Universidade de São Paulo**, v. L., 1955.

DAHL, Robert. Decision-making in a democracy: the Supreme Court as a national policy-maker. **Journal of Public Law. Role of the Supreme Court Symposium**, n. 1, p. 279–295, 1957.

DAHL, Robert. **On democracy**. 2. ed. London: Yale University Press, 2015.

DAHL, Robert. **Polyarchy: participation and opposition**. London: Yale University Press, [s.d.].

DESCARTES, René. **Discurso sobre o método**. Tradução de Alan Niel Ditchfield. 2ª edição. Petrópolis: Vozes, 2011.

DI PIETRO, Maria Sylvia Zanello. Função social da propriedade pública. *In*: **Direito Público: Estudos em homenagem ao Professor Adilson Abreu Dallari.** Belo Horizonte: Del Rey, 2004.

DIDIER JÚNIOR, Fredie. A fução social da propriedade e a tutela processual da posse. **Revista de Processo**, v. 161, p. 9–20, 2008.

DÍEZ-PICAZO, Luís; GULLÓN, Antonio. **Sistema de Derecho Civil**. 9ª edição. Madrid: Editorial Tecnos, 1998.

DUQUE, Marcelo Schenk. **Eficácia horizontal dos direitos fundamentais e jurisdição constitucional**. 2ª ed. São Paulo: Editora dos Editores, 2019.

DÜRIG, Günter. Direitos fundamentais e jurisdição civil. *In*: **Direitos fundamentais e direito privado: textos clássicos**. Tradução de Luís Afonso Heck. Porto Alegre: Sergio Antonio Fabris, 2011, p. 13–50.

DURKHEIM, Émile. **Da divisão do trabalho social**. São Paulo: Abril Cultural, 1978.

FACCHINI NETO, Eugênio. Relfexões histórico-evolutivas sobre a constitucionalização do direito privado. *In*: **Constituição, Direitos Fundamentais e Direito Privado**. Porto Alegre: Livraria do Advogado, 2003, p. 11–60.

FACHIN, LUIZ EDSON; RUZYK, Carlos Eduardo Pianovski. Direitos fundamentais, dignidade da pessoa humana e o novo Código Civil: uma análise crítica. *In*: SARLET, Ingo Wolfgang (Org.). **Constituição, Direitos Fundamentais e Direito Privado**. 2ª ed. Petrópolis: Livraria do Advogado, 2006.

FACHIN, Edson. **Direito civil: sentidos, transformações e fim**. Rio de Janeiro: Renovar, 2015.

FACHIN, Luiz Edson. **A função social da posse e da propriedade contemporânea: uma perspectiva da usucapião imobiliária rural**. Porto Alegre: Sergio Antonio Fabris, 1988.

FACHIN, Luiz Edson. Homens e mulheres do chão levantados. *In*: **Questões do Direito Civil brasileiro contemporâneo**. Rio de Janeiro: Renovar, 2008, p. 49–65.

FACHIN, Luiz Edson. **Teoria Crítica do Direito Civil**. 3ª ed. Rio de Janeiro: Renovar, 2012.

FAVOREU, Louis Joseph. La constitucionalizacion del derecho. **Revista de Derecho**, v. XII, p. 31–43, 2001.

FERREIRA FILHO, Manoel Gonçalves. **Direitos humanos fundamentais**. 15. ed. São Paulo: Saraiva, 2016.

FERREIRA FILHO, Manoel Gonçalves. **Do processo legislativo**. 7. ed. São Paulo: Saraiva, 2012.

FOUILLÉE, Alfred. **L'Idée moderne du Droit**. 3ª edição. Paris: Librairie Hachette et cie, 1890.

FRANCO, Afonso Arinos de Melo. Discurso proferido na sessão de 5 de outubro de 1988. *In*: Brasília: Câmara dos Deputados, 1988. Disponível em: <https://www2.camara.leg.br/atividade-legislativa/plenario/discursos/escrevendohistoria/25-anos-da-constituicao-de-1988/constituinte-1987-1988/pdf/Affonso Arinos - DISCURSO REVISADO.pdf>.

FRAZÃO, Ana. **Empresa e Sociedade: Função social e abuso do poder econômico**. São Paulo: Quartier Latin, 2006.

FREITAS, Augusto Teixeira de. **Consolidação das leis civis**. Brasília: Senado Federal, Conselho Editorial, 2003.

FRIEDRICH A. HAYEK. Freedom and Coercion. *In*: MILLER, David (Org.). **The liberty reader**. London: Routledge, 2006.

GODOY, Claudio Luiz Bueno de. **Função social do contrato: os novos princípios contratuais**. 4. ed. São Paulo: Saraiva, 2012.

GOMES, Orlando. **Raízes históricas e sociológicas do Código Civil brasileiro**. 2ª edição. São Paulo: Martins Fontes, 2006.

HAMILTON, Alexander. Federalist n. 78: The Judiciary Department. *In*: **The Federalist Papers**. Versão Dig. New York: Amazon Classics, 2019.

HANSEN, Pelle G.; JESPERSEN, Andreas M. Nudge and the Manipulation of Choice: A Framework for the Responsible Use of the Nudge Approach to Behaviour Change in Public Policy. **European journal of risk regulation**, v. 1, 2013.

HART, Herbert Lionel Adolphus. Positivism and separation of law and morals. **Harvard Law Review**, v. 71, n. 4, p. 593–629, 1958.

HART, Herbert Lionel Adolphus. **The concept of law**. 3. ed. Oxford: Oxford University Press, 2012.

HEGEL, Georg Wilhelm Friederich. **Fenomenologia do espírito**. Tradução de Paulo Meneses. Rio de Janeiro: Vozes, 2011.

HESPANHA, António Manuel. **Cultura jurídica europeira: síntese de um milênio**. Coimbra: Almedina, 2018.

HESSE, Konrad. **A força normativa da Constituição**. Tradução de Gilmar Ferreira Mendes. Porto Alegre: Sergio Antonio Fabris, 1991.

HESSE, Konrad. **Derecho Constitucional y Derecho Privado**. Madrid: Civitas Ediciones, 2001.

HIRONAKA, Giselda Maria Fernandes Novaes. Função social do contrato. **Revista de Direito Civil, Imobiliário, Agrário e Empresarial**, v. n. 45, p. 141–152, 1989.

HOBBES, Thomas. **Leviatã**. 1ª edição. Tradução de Daniel Moreira Miranda. São Paulo: edipro, 2015.

JELLINEK, Georg. **Diritti Pubblici Subbiettivi**. Milano: Società Editrice Libraria, 1912.

JOSSERAND, Louis. A evolução moderna do conceito de contrato. **Revista de Direito Civil Contemporâneo**, v. 17, Tradução de Thalles Ricardo Alciati Valim. p. 337–351, 2018.

JUNQUEIRA DE AZEVEDO, Antonio. Caracterização jurídica da dignidade da pessoa humana. **Revista da Faculdade de Direito, Universidade de São Paulo**, v. 97, p. 107, 2002.

KANT, Immanuel. **Crítica da razão prática**. Tradução de Valério Rohden. 4ª edição. São Paulo: Editora WMF Martins Fontes, 2016.

KANT, Immanuel. **Fundamentação da Metafísica dos Costumes**. Tradução de Paulo Quintela. Lisboa: Edições 70, 2019.

KANT, Immanuel. **Princípios Metafísicos da Doutrina do Direito**. Tradução de Joãosinho Beckenkamp. São Paulo: WMF Martins Fontes, 2014.

KARL, Marx; ENGELS, Friedrich. **Manifesto do partido comunista**. Porto Alegre: L&PM, 2006.

KELSEN, Hans. **A democracia**. Tradução de Ivone Castilho Benedetti, Jefferson Luiz Camargo, Marcelo Brandão Cipolla, Vera Barkow. 3ª ed. São Paulo: WMF Martins Fontes, 2019.

KELSEN, Hans. **Teoria Pura do Direito**. São Paulo: Editora WMF Martins Fontes, 2009.

KUHN, Thomas Samuel. **A estrutura das revoluções científicas**. São Paulo: Perspectiva, 1995.

LARENZ, Karl. **Derecho Civil: Parte General**. Madrid: Revista de Derecho Privado, 1978.

LEÃO XIII, Papa. **Carta Encíclica Rerum Novarum (Sobre a condição dos operários)**. Disponível em: <http://www.vatican.va/content/leo-xiii/pt/encyclicals/documents/hf_l-xiii_enc_15051891_rerum-novarum.html>. Acesso em: 17 set. 2020.

LÉON DUGUIT. **Les Transformations Générales du Droit Privé Depuis le Code Napoléon**. Paris: Librarie Félix Alcan, 1912.

LÔBO, Paulo Luiz Netto. Constitucionalização do direito civil. **Revista de Infor-**

mação Legislativa, v. n. 141, p. 99–109, 1999.

LOCKE, John. **An Essay Concerning Human Understanding**. Adelaide: University of Adelaide, 2015.

LOCKE, John. **Segundo tratado sobre o governo civil**. Petrópolis: Vozes, 2019.

MAC CRORIE, Benedita Ferreira da Silva. **A vinculação dos particulares aos direitos fundamentais**. Coimbra: Almedina, 2017.

MAIA, Antonio Cavalcanti. As transformações dos sistemas jurídicos contemporâneos: apontamentos acerca do neoconstitucionalismo. *In*: **A invasão da Constituição**. São Paulo: Método, 2008, p. 207–239.

MAINE, Henry Sumner. **Ancient Law**. London: John Murray, 1861.

MARCELINO, Raphael. **O direito da propriedade democrática**. Rio de Janeiro: Editora Lumen Juris, 2017.

MARTINS-COSTA, Judith. **A boa-fé no direito privado: critérios para sua aplicação**. 2. ed. São Paulo: Saraiva Educação, 2018.

MARX, Karl; ENGELS, Friedrich. **A ideologia alemã**. 9ª edição. São Paulo: Editora Hucitec, 1993.

MEIRELES, Rose Melo Vencelau. **Autonomia privada e dignidade humana**. Rio de Janeiro: Renovar, 2009.

MELLO, Marcos Bernardes de. **Teoria do fato jurídico: plano da existência**. São Paulo: Saraiva Educação, 2019.

MENDES, Gilmar Ferreira. Direitos Fundamentais : eficácia das garantias constitucionais nas relações privadas : análise da jurisprudência da Corte Constitucional alemã. *In*: **Introdução ao direito Previdenciário**. São Paulo: LTr, 1998, p. 237–253.

MENDES, Gilmar Ferreira. **Direitos Fundamentais e Controle de Constitucionalidade**. 4ª ed. São Paulo: Saraiva, 2012.

MENDES, Gilmar Ferreira. Os direitos fundamentais e seus múltiplos significados na ordem constitucional. **Revista Diálogo Jurídico**, v. 10, p. 1–12, 2002.

MENDES, Gilmar Ferreira; BRANCO, Paulo Gustavo Gonet. **Curso de direito constitucional**. 12ª ed. São Paulo: Saraiva, 2017.

MENDES, Gilmar Ferreira; FERNANDES, Victor Oliveira. Constitucionalismo digital e jurisdição constitucional: uma agenda de pesquisa para o caso brasileiro. **Revista Brasileira de Direito**, v. 16, p. 1–33, 2020.

MENDES, Gilmar Ferreira; FERNANDES, Victor Oliveira. Eficácia dos direitos fundamentais nas relações privadas da internet: o dilema da moderação de conteúdo em redes sociais na perspectiva comparada Brasil-Alemanha. **Revista de Direito Civil Contemporâneo**, v. 31, p. 33–68, 2022.

MILL, John Stuart. On Liberty. *In*: **John Stuart Mill: the collection**. [s.l.]: Edição Kindle, 1901.

MILL, John Stuart. Utilitarianism. *In*: **John Stuart Mill: the collection**. [s.l.]: Edição Kindle, 1901.

MILL, John Stuart. Utilitarianism. *In*: **John Stuart Mill: the collection**. Londres: Eletric Book Company, 2001.

MIRANDA, Pontes de. **Fontes e Evolução do Direito Civil Brasileiro**. 2ª Edição. Rio de Janeiro: Forense, 1981.

MIRANDA, Pontes de. **Tratado de direito privado: Tomo 3**. Campinas: Bookseller, 2000.

MONTESQUIEU. **Do espírito das leis**. Tradução de Jean Melville. São Paulo: Martin Claret, 2006.

MORAES, Maria Celina Bodin de. O conceito de dignidade humana: substrato axiológico e conteúdo normativo. *In*: SARLET, Ingo Wolfgang (Org.). **Cons-**

tituição, Direitos Fundamentais e Direito Privado. Porto Alegre: Livraria do Advogado, 2003, p. 105–147.

MORAES, Maria Celina Bodin de; KONDER, Carlos Nelson. **Dilemas de direito civil-constitucional**. Rio de Janeiro: Renovar, 2012.

MORAIS, Carlos Blanco. Direitos sociais e controlo de inconstitucionalidade por omissão no ordenamento jurídico brasileiro: activismo judicial momentâneo ou um novo paradigma. *In*: CORREIA, Fernando Alves; MACHADO, Jonatas E. M.; LOUREIRO, João Carlos (Orgs.). **Estudos em homenagem ao Prof. Doutor José Joaquim Gomes Canotilho**. Coimbra: Coimbra Editora, 2013, p. 545–578.

MOREIRA, Eduardo Ribeiro. **Neoconstitucionalismo: a invasão da Constituição**. São Paulo: Método, 2008.

MOREIRA, Eduardo Ribeiro. Neoconstitucionalismo e Teoria da Interpretação. **Revista da EMERJ2**, v. v. 11 n. 4, p. 247–268, 2008.

NEUNER, Jörg. A influência dos direitos fundamentais sobre o direito privado alemão. *In*: SARLET, Ingo Wolfgang; MONTEIRO, Pinto Antonio; NEUNER, Jörg (Orgs.). **Direitos fundamentais e direito privado**.Tradução de Pedro Scherer de Mello Aleixo. Coimbra: Almedina, 2007.

NEUNER, Jörg. Paternalismus im Privaterecht. **JuristenZeitung**, v. 75, n. 6, 2020.

NIPPERDEY, Hans Carl. Direitos fundamentais e direito privado. *In*: HECK, Luís Afonso (Org.). **Direitos fundamentais e direito privado: textos clássicos**. Tradução de Waldir Alves. Porto Alegre: Sergio Antonio Fabris, 2011, p. 51–70.

NIPPERDEY, Hans Carl. Livre desenvolvimento da personalidade. *In*: HECK, Luís Afonso (Org.). **Direitos fundamentais e direito privado**. Tradução de Luís Afonso Heck. Porto Alegre: Sergio Antonio Fabris, 2012.

NOVAIS, Jorge Reis. Os Direitos Fundamentais nas Relações Jurídicas entre Particulares. *In*: SARMENTO, Daniel; SOUZA NETO, Cláudio Pereira de (Orgs.). **A Constituicionalização do Direito: Fundamentos Teóricos e Aplicações Específicas**. Rio de Janeiro: Editora Lumen Juris, 2007.

NOZICK, Robert. **Anarquia, Estado e Utopia**. Tradução de Fernando Santos. São Paulo: Editora WMF Martins Fontes, 2011.

O'NEILL, Brendan. **A message to the Nudge Industry: push off**. Disponível em: <https://brendanoneill.co.uk/post/1452861672/a-message-to-the-nudge-industry-push-off>. Acesso em: 28 mar. 2021.

OLIVEIRA, Carlos Eduardo Elias de. **Constitucionalização e Recivilização Constitucional do Direito Civil: um mapeamento atual**. Disponível em: <https://flaviotartuce.jusbrasil.com.br/artigos/1144920893/constitucionalizacao-e-recivilizacao-constitucional-do-direito-civil-um-mapeamento-atual>.

PEREIRA, Caio Mário da Silva. **Instituições de direito civil: contratos (Vol. III)**. Rio de Janeiro: Forense, 2007.

PERLINGIERI, Pietro. **Perfis do Direito Civil**. 3ª edição. Tradução de Maria Cristina De Cicco. Rio de Janeiro: Renovar, 2007.

PICO DELLA MIRANDOLA, Giovanni. **Discurso sobre a dignidade do homem**. 6ª edição. Tradução de Mara de Lourdes Sirgado Ganho. Lisboa: Edições 70, 2011.

PIEROTH, Bodo; SCHLINK, Bernhard. **Direitos Fundamentais**. Tradução de António Francisco de Sousa e António Franco. São Paulo: Saraiva, 2011.

PINTO, Paulo Mota. Autonomia privada e discriminação: algumas notas. *In*: SARLET,

Ingo Wolfgang (Org.). **Constituição, Direitos Fundamentais e Direito Privado**. 2. ed. Porto Alegre: Livraria do Advogado, 2006, p. 361–404.

POLLICINO, Oreste. Judicial Protection of Fundamental Rights in the Transition from the World of Atoms to the Word of Bits: The Case of Freedom of Speech. **European Law Journal**, v. 2, 2019.

POSNER, Richard Allen. Utilitarianism, Economics and Legal Theory. **Journal of Legal Studies**, v. 8, p. 103–140, 1979.

POZZOLO, Susanna. Neoconstitucionalismo y especificidad de la interpretación constitucional. **U. d. Alicante. Doxa**, v. n. 21, 1998.

PRATA, Ana. **A tutela constitucional da autonomia privada**. Coimbra: Almedina, 2017.

RAWLS, John. **Justice as fairness: a restatement**. Cambridge: Harvard University Press, 2001.

RAWLS, John. **Lectures on the history of moral philosophy**. Cambridge: Harvard University Press, 2003.

RAZ, Joseph. **The morality of freedom**. Oxfor: Oxford University Press, 2009.

RENNER, Karl. **The Institutions of Private Law and Their Social Functions**. Oxon: Routledge, 2001.

RIPERT, Georges. **A regra moral nas obrigações civis**. 2ª edição. Tradução de Osório de Oliveira. Campinas: Bookseller, 2009.

ROCHA, Carmen Lúcia Antunes. O princípio constitucional da função social da propriedade. *In*: BACELLAR FILHO, R. F.; CASTRO, R. A. (Orgs.). **Direito Administrativo Contemporâneo**. [s.l.: s.n.], 2004.

RODRIGUES JUNIOR, Otavio Luiz. A influência do BGB e da doutrina alemã no direito civil brasileiro do século XX. **Revista dos Tribunais**, v. 938, p. 79–155, .

RODRIGUES JUNIOR, Otavio Luiz. Dignidade humana e Direito Privado contemporâneo: a contribuição metodológica do recurso extraordinário nº 363.889. *In*: MORAES, ALEXANDRE DE; MENDONÇA, André Luiz de Almeida (Org.). **Democracia e sistema de Justiça: obra em homenagem aos 10 anos do Ministro Dias Toffoli no Supremo Tribunal Federal**. Belo Horizonte: Fórum, 2020, p. 485–498.

RODRIGUES JUNIOR, Otávio Luiz. Autonomia da vontade, autonomia privada e autodeterminação: notas sobre a evolução de um conceito na Modernidade e Pós-modernidade. **Revista de Informação Legislativa**, v. 41 n. 163, 2004.

RODRIGUES JUNIOR, Otávio Luiz. **Direito civil contemporâneo: estatuto epistemológico, constituição e direitos fundamentais**. Rio de Janeiro: Forense Universitária, 2019.

RODRIGUES JUNIOR, Otávio Luiz. **Revisão judicial dos contratos: autonomia da vontade e teoria da imprevisão**. São Paulo: Atlas, 2006.

ROPPO, Vincenzo. **Il contratto**. 2ª edição. Milão: Giuffré Editore, 2011.

ROPPO, Vincenzo. **O contrato**. Tradução de Ana Coimbra e M. Januário C. Gomes. Coimbra: Almedina, 2009.

ROUSSEAU, Jean Jacques. **O Contrato Social**. 3ª edição. Tradução de Antonio de Pádua Dahesi. São Paulo: Martins Fontes, 1996.

RUZYK, Carlos Eduardo Pianovski. **Institutos Fundamentais do Direito Civil e Liberdade(s)**. Rio de Janeiro: GZ Editora, 2011.

SANCHÍS, Luis Prieto. **Justicia Constitucional y Derechos Fundamentales**. Madrid: Trotta Editorial, 2014.

SARLET, Ingo Wolfgang. **A eficácia dos direitos fundamentais: uma teoria geral dos direitos fundamentais na perspectiva constitucional**. 13ª ed. Porto Alegre: Livraria do Advogado, 2018.

SARLET, Ingo Wolfgang. A influência dos direitos fundamentais no direito privado: o caso brasileiro. *In*: SARLET, INGO WOLFGANG; NUENER, JÖRG; MONTEIRO, António Pinto (Org.). **Direitos fundamentais e direito privado**. Coimbra: Almedina, 2007.

SARLET, Ingo Wolfgang. **Dignidade (da pessoa) humana e direitos fundamentais na Constituição de 1988**. Porto Alegre: Livraria do Advogado, 2015.

SARLET, Ingo Wolfgang. Direitos fundamentais e direito privado: algumas considerações em torno da vinculação dos particulares aos direitos fundamentais. **Revista de Direito do Consumidor**, v. 36, p. 54–104, 2000.

SARLET, Ingo Wolfgang; HARTMANN, Ivar Alberto Martins. Direitos fundamentais e direito privado: a proteção da liberdade de expressão nas mídias sociais. **RDU**, v. 16, n. 90, p. 85–108, 2019.

SARMENTO, Daniel. **Dignidade da pessoa humana – conteúdo, trajetórias e metodologia**. 2. ed. São Paulo: Fórum, 2016.

SARMENTO, Daniel. **Direitos fundamentais e relações privadas**. Rio de Janeiro: Editora Lumen Juris, 2004.

SARMENTO, Daniel. **Neoconstitucionalismo no Brasil: riscos e possibilidades**. Disponível em: <http://www.dsarmento.adv.br/content/3-publicacoes/16-o-neoconstitucionalismo-no-brasil-riscos-e-possibilidades/o-neoconstitucionalismo-no-brasil.riscos-e-possibilidades-daniel-sarmento.pdf>. Acesso em: 3 jun. 2018.

SAVIGNY, Friedrich Karl von. **Sistema del derecho romano actual**. Tradução de M. CH. Guenoux. Granada: Editorial Comares, S.L., 2005.

SCHMITT, Carl. **Teoría de la Constitución**. Madrid: Alianza Editorial, 2001.

SCHUPPERT, Gunnar Folke; BUMKE, Christian. **Die Konstitutionalisierung der Rechtsordnung: Überlegungen zum Verhältnis von verfassungsrechtlicher Ausstrahlungswirkung und Eigenständigkeit des "einfachen" Rechts**. Baden-Baden: Nomos, 2000.

SCHWABE, Jürgen. O chamado efeito perante terceiros dos direitos fundamentais para a influência dos direitos fundamentais no tráfego do dieito privado. *In*: **Direitos fundamentais e direito privado**. Tradução de José Roberto Ludwig. Porto Alegre: Sergio Antonio Fabris, 2012.

SILVA, Virgílio Afonso da. **Direitos Fundamentais: conteúdo essencial, restrições e eficácia**. 2ª ed. São Paulo: Malheiros, 2011.

SILVA, Virgílio Afonso. **A constitucionalização do direito: os direitos fundamentais nas relações entre particulares**. São Paulo: Malheiros, 2005.

SINGER, Reinhard. Direitos fundamentais no direito privado como proibição de intervenção e mandado de proteção: do significado do princípio da proporcionalidade como critério avaliativo das violações aos direitos fundamentais. **Revista de Direito Civil Contemporâneo**, v. 21, p. 271–289, 2019.

SKINNER, Quentin. **Hobbes e a liberdade republicana**. Tradução de Modesto Florenzano. São Paulo: Editora Unesp, 2010.

SOMBRA, Thiago Luís Santos. **A eficácia dos direitos fundamentais nas relações privadas**. 2. ed. São Paulo: Editora Atlas, 2011.

STEINMETZ, Wilson. **Direitos fundamentais e autonomia privada**. São Paulo: Malheiros, 2004.

SUNSTEIN, Cass R.; THALER, Richard H. **Nudge: improving decisions about health, wealth, and happiness**. Kindle Edi. New York: Penguin Books, 2009.

TEPEDINO, Gustavo. A incorporação dos direitos fundamentais pelo ordenamento brasileiro: sua eficácia nas relações jurídicas privadas. *In*: **Temas de Direito Civil – Tomo III**. Rio de Janeiro: Renovar, 2009.

TEPEDINO, Gustavo. Os 15 anos da Constituição e o Direito Civil. *In*: **Temas de Direito Civil – Tomo II**. Rio de Janeiro: Renovar, 2006, p. 379–382.

TEPEDINO, Gustavo; BODIN DE MORAES, Maria Celina. A caminho de um direito civil constitucional. **Revista de Direito Civil, Imobiliário, Agrário e Empresarialj**, v. v. 17, n., .

TEUBNER, Gunther. **Fragmentos constitucionais: constitucionalismo social na globalização**. 2. ed. São Paulo: Saraiva, 2020.

THUCYDIDES. **The war of the Peloponnesians and the Athenians**. Cambridge: Cambridge University Press, 2013.

TOCQUEVILLE, Alexis de. **A democracia na América: leis e costumes**. 4ª edição. Tradução de Eduardo Brandão. São Paulo: Martins Fontes, 2019.

TUSHNET, Mark. The issue of state action/horizontal effect in comparative constitutional law. **I.CON. Oxford University Press**, v. 1 num, p. 79–98, 2003.

VASCONCELLOS, Manoel da Cunha Lopes e. **Digesto ou Pandectas do Imperador Justiniano vol. I**. São Paulo: YK Editora, 2017.

VICENTE, Dário Moura. A autonomia privada e seus diferentes significados à luz do direito comparado. **Revista de Direito Civil Contemporâneo**, v. 8, p. 275–302, 2016.

VILLEY, Michel. **A formação do pensamento jurídico moderno**. 2ª edição. Tradução de Claudia Berliner. São Paulo: WMF Martins Fontes, 2019.

VILLEY, Michel. **Filosofia do Direito: definições e fins do Direito: os meios do Direito**. 3ª edição. São Paulo: Martins Fontes, 2019.

VILLEY, Michel. **O direito e os direitos humanos**. 2ª edição. Tradução de Maria Ermantina de Almeida Prado Galvão. São Paulo: WMF Martins Fontes, 2016.

WALDRON, Jeremy. **God, Locke and Equality**. Cambridge: Cambridge University Press, 2002.

WALDRON, Jeremy. **Political political theory**. Cambridge: Harvard University Press, 2016.

WALDRON, Jeremy. **The dignity of legislation**. Cambridge: Cambridge University Press, 1999.

WIEACKER, Franz. **História do direito privado moderno**. Tradução de A. M. Botelho Hespanha. Lisboa: Fundação Calouste Gulbenkian, 2015.

ZIMMERMANN, Reinhard. Direito Romano e Cultura Europeia. **Revista de Direito Civil Contemporâneo**, v. 7, Tradução de Otávio Luiz Rodrigues Junior e Marcela Paes de Andrade Lopes de Oliveira. p. 243–278, 2016.

ZIMMERMANN, Reinhard. **The new german law of obligations**. Oxford: Oxford University Press, 2010.